Gustav Sichelschmidt

Der Humorist der entzauberten Welt
Eine Biographie

Gustav Sichelschmidt

Wilh. Busch.

Der Humorist der entzauberten Welt
Eine Biographie

Droste

Bildnachweis

Abb. Seiten 9, 20, 58, 143, 293, 300: entnommen dem Band
Hermann, Adolf und Otto Nöldeke »Wilhelm Busch«
(Lothar Joachim Verlag, München 1909)
Abb. Seiten 16, 19, 53, 79, 82, 96, 107, 127, 147, 154, 166, 168, 190,
192, 259: entnommen der rororo-bildmonographie
»Wilhelm Busch« von Joseph Kraus
(Rowohlt Taschenbuch Verlag, Reinbek 1970)
mit freundlicher Genehmigung
der Wilhelm Busch-Gesellschaft, Hannover.
Die Anschrift des Urhebers der Titelzeichnung konnte trotz intensiver
Bemühungen des Verlages nicht ermittelt werden.

Die Deutsche Bibliothek – CIP-Einheitsaufnahme
Sichelschmidt, Gustav:
Wilhelm Busch: von der Weisheit des Herzens;
der Humorist der entzauberten Welt;
eine Biographie / Gustav Sichelschmidt. – Düsseldorf: Droste, 1992
ISBN 3-7700-0966-5

© 1992 Droste Verlag GmbH, Düsseldorf
Schutzumschlagentwurf: Helmut Schwanen
unter Verwendung einer Zeichnung von Popp
Gesamtherstellung: Clausen & Bosse, Leck
ISBN 3-7700-0966-5

Inhalt

Kindheit und Jugend

Keine Menschenseele wäre auf den Gedanken gekommen, den entlegenen hannoverschen Kiez Wiedensahl auch nur eines Wortes zu würdigen, wäre ihm nicht das unverhoffte Glück zuteil geworden, der Geburtsort Wilhelm Buschs, also eines der populärsten Deutschen überhaupt, zu sein. Der 15. April 1832, Buschs Geburtstag nur drei Wochen nach Goethes Tod, war in der Tat eine Sternstunde für dieses Dorf, dessen Häuser sich an der langgezogenen Dorfstraße locker hintereinanderreihen. Besonders markante Akzente setzt diese menschliche Siedlung in der niedersächsischen Landschaft keineswegs.

Gleichwohl zog es Wilhelm Busch im Laufe seines Lebens immer wieder geradezu magisch zum Ort seiner Geburt zurück. Hier hat er dann auch in anspruchsloser Umgebung seine berühmten und offenbar unsterblichen Bildergeschichten zu Papier gebracht. Mit seinem oft allzu emphatisch vorgetragenen Bekenntnis zu Wiedensahl, das niemand kannte und auch nicht einmal kennen wollte, hat er immer wieder riskiert, als unverbesserlicher Hinterwäldler und Provinzler, der er im Grunde natürlich nie war, verlästert zu werden.

Busch hat mit dieser Verketzerung problemlos leben können. Entsprechende Anzüglichkeiten von Freunden hat er in der Regel mit einem verlegen-ironischen Lächeln quittiert. Er selbst wenigstens wußte es, daß er nicht in den ihm immer unerträglicher werdenden großen Städten seinen künstlerischen Auftrag erfüllen konnte. Der unerbittlichste Beobachter unserer Literatur brauchte zu seinem Metier, selbstgefälligen und von sich selbst überzeugten Zeitgenossen auf seine drastische Weise den Star zu stechen, absolute Distanz zu den Objekten seiner gepfefferten Satiren. Er mochte sich zuweilen selbst als ein zweiter Antäus empfinden, dem erst durch die enge Berührung mit dem vertrauten heimatlichen Boden Riesenkräfte erwuchsen.

Die Beobachtungen, die Busch von seinen Exkursionen in die Welt mit in seinen »Dachsbau« zurückbrachte, konnte er als künstlerisches Rohmaterial in der Zurückgezogenheit Wiedensahls in aller schöpferischen Ruhe zum Kunstwerk verdichten. Bei aller Anlage zur Einsamkeit brauchte er stets die Eingebundenheit in den Kreis seiner Familie. Diesen Rahmen hat er nie mutwillig gesprengt.

Wilhelm Busch war zutiefst ein Produkt der niederdeutschen Landschaft. Schließlich hatte in dieser Umwelt auch Till Eulenspiegel sein Unwesen getrieben und seine nicht immer nur lustigen Streiche ausgeheckt. In Märchen, Sagen, Volksschwänken und Volksweisheiten sprach sich die Seele dieser vorwiegend bäuerlichen Umwelt ungeschminkt aus. Busch hat zweifellos vom geistig-seelischen Fluidum dieser deutschen Kernlandschaft, wie er sie bei seiner Geburt vorfand, künstlerisch gehörig profitiert. Jedenfalls wäre er in keiner anderen deutschen Landschaft seinem geistigen Wesen entsprechend als eben in dieser zu denken gewesen.

Im Jahre 1901 schrieb Busch eine knappe volkskundliche Studie über den 800-Seelen-Ort seiner Geburt. »Wiedensahl, platt Wiedensaol, hat seinen Namen von dem in der Mitte des Ortes befindlichen Teiche, dat saol genannt, so daß jemand, der Freude am Vermuten findet, sich denken mag, die Bedeutung des ganzen könnte vielleicht Wald-, Weiden- oder Heiligensee sein«, heißt es da. »Neben der Pfarre lag einst der Edelhof. Einer der edlen Herren, die dort gehaust, ist wohl ein grimmiger Kerl gewesen, denn es heißt, er habe aus Ärger über einen Hahn, der oft über die Hecke flog und im adligen Garten kratzte, seinen Nachbarn, den Pastor, maustot geschossen.«

Busch muß es immer wieder gereizt haben, einige Sagen des Ortes, makabre vor allem, aber hin und wieder dann eben auch heitere, aufzuschreiben und weiterzuspinnen. Er hat das in der weisen Erkenntnis getan, daß die Zeit doch alles »umkramt,

Das Geburtshaus und das alte Wohnhaus der Eltern

wenn auch an so entlegenen Orten etwas zögerlicher als anderswo auf der Welt.« Immer auch hat er sich mit den Zuständen und Geschehnissen seiner Kinderzeit befaßt, also jener Tage, als noch das Halseisen als Wahrzeichen der Gerichtsbarkeit am steinernen Kirchhofstor in Wiedensahl hing.

»Alle ländlichen Häuser waren mit Stroh bedeckt«, erinnert er sich noch als Siebzigjähriger genau. »Über dem offenen Herde unter der Oosten hing der Kessel oder stand der Topf auf dem Dreifuß. In der Döntze am drehbaren Holzarm schwebte abends der Krüsel mit Tran gefüllt. Noch immer wurde der Tabak, dreißig Pfund für 'n Taler, auf dem Wiedensahler Jahrmarkt von den Landsberger Bauern verkauft. Noch immer holten sich die Großväter aus dem Wald ihren Tunder und dörrten und klopften ihn tüchtig, damit er gut Funken fing.«

Man weiß, daß Buschs Vater, übrigens ein Bauernsohn aus

dem westfälischen Ilwese, es als Dorfkrämer in Wiedensahl zu einigem Ansehen gebracht hatte. In seiner kurzgefaßten Selbstbiographie aus dem Jahre 1886 bedenkt ihn der Sohn mit nicht unbedingt schmeichelhaften Attributen wie etwa »klein, kraus, rührig, mäßig und gewissenhaft, stets besorgt, nie zärtlich, zum Spaß geneigt, aber ernst gegen Dummheiten«. In einer neuen Version dieser Aufzeichnungen unterschlug er kurzerhand diese Eigenschaften. Immerhin aber fand er es mitteilenswert, daß Friedrich Wilhelm Busch beständig Pfeife, aber niemals Zigarren rauchte. Zum Anzünden benutzte er nie Streichhölzer, sondern Zunder, Stahl, Stein oder Fidibus. Auch muß Vater Busch bereits einen unwiderstehlichen Drang zur Einsamkeit gehabt haben. Jedenfalls ging er des Abends nach getaner Arbeit gern noch einmal durchs Dorf spazieren. In der Zeit, wenn die Nachtigallen schlugen, zog es ihn allerdings in den Wald. Es muß doch wohl ein verborgener Poet in ihm gesteckt haben.

Als jüngerer Sohn einer seit langem an der Weser ansässigen Bauernfamilie war Vater Busch in Loccum in die Kaufmannslehre gegangen. 1831 hatte er die junge Witwe des verstorbenen Wiedensahler Wundarztes Stümke geheiratet und den Kramladen seiner Schwiegermutter übernommen, den er dann durch Fleiß und Geschick zu einiger Blüte brachte.

Die Charakteristik seiner Mutter fiel in Buschs Selbstbiographie »Was mich betrifft« entschieden kürzer, wenn auch positiver aus. Der Sohn schildert sie als »still, fleißig, fromm«. Er vergißt auch nicht zu erwähnen, man hätte sie abends stets über ein Buch gebeugt gesehen. Ihr Vater Johann Georg Kleine war aus dem Hessischen ins Niedersächsische geflohen, um von seinem Landesvater nicht als Soldat an England verschachert zu werden. Er durfte sich nach dieser Flucht nicht wieder bei seinen Verwandten in Hessen blicken lassen. Jahrelang hat er danach noch in Wiedensahl als Wundarzt praktizieren können.

Buschs Eltern lebten, wie er versichert, »einträchtig und so häuslich miteinander, daß einst über zwanzig Jahre vergingen, ohne daß sie zusammen ausfuhren«. Dafür sproß der Kindersegen um so reichlicher. Zwei Jahre nach Wilhelm kam als nächstes Kind seine Schwester Fanny zur Welt, die später noch einen zentralen Platz in dessen Leben einnehmen sollte. Dann folgten außer einem früh verstorbenen Mädchen noch vier Brüder, die mehr oder weniger mit dem Leben Wilhelm Buschs verbunden blieben.

Man darf sich Buschs Vater nun keineswegs als einen versponnenen Dorfkrämer alten Stils vorstellen, eher schon als rührigen Unternehmer, der den Ehrgeiz besaß, durch geschicktes Lavieren seinen Umsatz zu steigern und seine Überschüsse gezielt in Grundstücken anzulegen. Es lag ihm ungemein daran, seinen Kindern einen sozialen Aufstieg zu ermöglichen.

Wilhelm Busch kam dem eigentlichen Lebensgeheimnis seines Vaters erst viel später auf die Spur, als er nämlich entdeckte, daß dieser nicht nur mit Hingabe Verse deutscher Poeten in seiner Freizeit las, sondern sich auch selbst in der brotlosen Kunst des Reimeschmiedens versucht hatte. In seinen Sturm- und Drangjahren benutzte er zu diesem diskreten Zweck die leeren Seiten seines Rezeptbuches. Offensichtlich muß dieses für einen Dorfkrämer immerhin ausgefallene »Hobby« so etwas wie die Selbstbestätigung eines Mannes gewesen sein, der höhere geistige Ansprüche an sich selbst stellte. Dabei schwärmte der dichtende Kaufmann keineswegs im Stile der Almanachlyrik der Spätromantik gefühlvoll drauflos; es gelangen ihm vielmehr auch bittere Spottgedichte, die er sich bei Heinrich Heine abgeguckt hatte. Alles in allem bewegte er sich mit seinen Standardthemen schon ganz in einer Richtung, auf der ihm später sein genialer Sohn folgen sollte. Selbst eine fast fanatische Aversion gegen die katholische Kirche und jede Erscheinungsform eines heuchlerischen Pfaffentums scheint der Vater auf den Sohn vererbt zu haben.

Natürlich bezog Wilhelm in der Wiedensahler Dorfschule die ersten Grundbegriffe niederer Bildung. Beeindruckend müssen diese ersten Versuche, ihn ins Weltreich des Geistes einzuführen, für ihn keineswegs gewesen sein. Jedenfalls nimmt er später nie Bezug darauf. Seine erste Lektüre waren, wie nicht anders zu erwarten, Gesangbuchverse, biblische Geschichten und darüber hinaus auch eine Sammlung von Märchen des Dänen Hans Christian Andersen.

Ein Erlebnis hielt Busch allerdings für wichtig genug, um es später mit aller Freude am Detail in der Chronik seines Lebens zu vermerken: »Beim Küster diente ein Kuhjunge, sechs Jahre älter als ich. Er hatte in einen rostigen Kirchenschlüssel, so groß wie Petrus seiner, ein Zündloch gefeilt, und gehacktes Fensterblei hatte er auch schon genug; bloß das Pulver fehlte ihm noch zu Blitz und Donner. Infolge seiner Beredsamkeit machte ich einen stillen Besuch bei einer gewissen steinernen Kruke, die auf dem Speicher stand. Nachmittags zogen wir mit den Kühen auf die einsame Waldwiese. Großartig war der Widerhall des Geschützes. Und so beiläufig ging auch ein altes Bäuerlein vorbei, in die Richtung des Dorfes.

Abends kehrt ich fröhlich heim und freute mich so recht auf das Nachtessen. Mein Vater empfing mich an der Tür und lud mich ein, ihm auf den Speicher zu folgen. Hier ergriff er mich am linken Flügel und trieb mich vermittels eines Rohrstockes im Kreise umher, immer um die Kruke herum, wo das Pulver drin war. Wie peinlich mir das war, ließ ich weithin verlautbaren. Und sonderbar! Ich bin weder Jäger noch Soldat geworden.«

Buschs Erinnerungen umschweben immer wieder das zweifellos stilisierte Bild dieser frühen Wiedensahler Jahre. Nie ist er aber der Gefahr einer Verniedlichung des ländlichen Lebens erlegen, in der sich die Dorfgeschichten jener Jahre gefielen. Noch in seiner Prosaskizze »Meiers Hinnerk« aus seinem vorletzten Lebensjahr stellt er das Dorfleben in seiner ganzen unsentimentalen Drastik dar. Diese Geschichte, die 1907 im niedersächsischen Kalenderbuch »Der Heidjer« erschien, gehört zu seinen Reminiszenzen an das alte Wiedensahl, dessen Bild er im Herzen trug. Daß er sie ein wenig verklärte, wird man ihm nicht verübeln wollen.

»Grad ausgestreckt in der Ebene und Hof an Hof lag das alte friedliche Dorf, die Häuser mit Stroh bedeckt. Und jedes Haus hatte rückwärts sein Gärtchen und hinter jedem Gärtchen sein Ackerfeld, und durch jedes Feld ging ein Grasweg, ein breiter nach der heckenumgrenzten Wiese, und hinter sämtlichen Wiesen stand der hohe schattige Wald«, malt er rückblickend das Bild seines Heimatdorfes.

»Gelehrsamkeit war Hinnerk sein Fall nicht«, heißt es dann weiter in diesem fein ausgetüftelten Charakterbild eines Dorfjungen. »Dennoch, während die beschränkten Tiere am Boden Futter suchten, zog er sofort seinen Katechismus aus der zugeknöpften Jacke hervor. Mit helltönender Stimme, in steter Wiederholung, prägte er die Aufgabe für den folgenden Schultag in den widerspenstigen Schädel. Seine Kollegen im Felde, weithin vernehmlich, übten dieselbe Lektion. Sie wußten warum. Küster Bokelmann, der Meister der Schule, besaß einen kiffigen Rohrstock, der die schlummernden Seelenkräfte, selbst im voraus, vorzüglich zu ermuntern verstand.«

Mit neun Jahren brach für den jungen Wilhelm das Wiedensahler Jugendidyll wohl etwas zu brüsk ab. Die Eltern schickten ihn zur weiteren Ausbildung zu Onkel Georg Kleine, dem Bruder der Mutter, der in Ebergötzen, östlich von Göttingen, eine Pfarrstelle verwaltete. Er war, wie sich herausstellen sollte, gerade der richtige Mann, um dem jungen Adepten der Wissenschaften die höheren Weihen der Bildung zu vermitteln.

Natürlich vollzog sich der Abschied vom heimischen Wiedensahl nicht ganz komplikationslos. »Am Abend vor der Abreise plätscherte ich mit der Hand in der Regentonne, über die ein Strauch mit weißen Rosen hing, und sang Christine, Christine versimpelt vor mich hin«, entsinnt er sich noch nach Jahren. »Früh am morgen wurde das dicke Pommerchen in die Scherdeichsel des Leiterwagens gedrängt. Das Gepäck ist aufgeladen; als ein Hauptstück der wohlverwahrte Leib eines alten Zinkedings von Klavier, dessen lästig geschnitztes Beingestell in der Heimat blieb. Die Reisenden steigen auf, Großmutter, Mutter, vier Kinder und ein Kindermädchen, Knecht Heinrich zuletzt. Fort rumpelt's durch den Schaumburger Wald. Ein Rudel Hirsche springt über den Weg; oben ziehen die Sterne; im Klavierkasten tunkt es. Nach zweimaligem Übernachten bei Verwandten wurde das Ebengötzener Pfarrhaus erreicht.«

Unvorstellbar für heutige Verhältnisse: Drei Tage lang hatte diese umständliche und aufwendige Expedition quer durch Niedersachsen gedauert. Eben das war auch ein plausibler Grund dafür, warum der sich nun selbst überlassene Junge erst nach drei Jahren wieder die Reise nach Wiedensahl zu Eltern und Geschwistern antreten konnte. Man hat die spätere Empfindlichkeit des »Singles« und Einsiedlers Busch mit dem frühen Verlust der Heimat und der intimeren familiären Bindungen in einen kausalen Zusammenhang zu bringen versucht. Das ist jedoch mit Sicherheit nicht der Fall gewesen. Ähnliches oder sogar noch Schlimmeres wurde in jenen Tagen den meisten Dorfkindern zugemutet, die auf der Leiter der Bildung bis zu den höchsten Sprossen emporsteigen sollten, ohne daß sie ein Trauma zurückbehalten hätten. Buschs eigene Überzeugung war und blieb, daß das Schicksal des Menschen schon bei seiner Geburt vorbestimmt ist. Daran gab es für ihn überhaupt nichts zu rütteln, obwohl er sich nicht einem lethargischen Fatalismus ergab. Er hat auch nie daran gedacht, Kritik an der Art und Weise zu üben, mit der man mit ihm in seinen Kinder- und Jugendjahren verfahren war. Er unterstellte seinen Eltern immer nur die besten und redlichsten Absichten.

Trotz allem liest man heute nicht ohne Rührung die Schilderung Buschs von seiner Heimkehr nach drei langen Jahren. Er traf die Mutter auf der Dorfstraße, als sie gerade auf dem Weg ins Feld war. »Ich kannte sie gleich«, erinnert er sich dieser herzbewegenden Szene, »aber sie kannte mich nicht, als ich an ihr vorbeiging. So hatte ich mich verändert.«

Gleichwohl: Das Verhältnis Buschs zu seiner Mutter war keinen Augenblick getrübt, solange sie lebte. Er hat es ihr nie vergessen können, daß sie ihm in seinen akademischen »Bummeljahren«, als er sich mühsam genug auf den Weg zu sich selbst begeben hatte und er von vielen bereits als verkrachte Existenz abgeschrieben war, die Stange gehalten hatte. Offenbar hat sie keinen Augenblick nachgelassen, an seinen guten Stern zu glauben, wenn sie auch jahrelang auf eine harte Probe gestellt wurde. Während Vater Busch die künstlerische Laufbahn des Sohnes mit verständlicher Skepsis verfolgte, kratzte die Mutter ihre letzten Spargroschen zusammen, um ihm über so manche materielle Flaute hinwegzuhelfen. Am Ende fand sie sich in ihrem Glauben an ihren Ältesten bestätigt. Sie erlebte noch seinen geradezu meteorhaften Aufstieg zu ungeahnter Popularität. Als sie am 16. Januar 1870 stirbt, bricht für Busch eine ganze Welt zusammen. Später widmete ihr der Sohn eines seiner anrührendsten Gedichte:

»O du, die mir die Liebste war,
Du schläfst nun schon so manches Jahr.
So manches Jahr, da ich allein,
Du gutes Herz, gedenk ich dein.
Gedenk ich dein, von Nacht umhüllt,
So tritt zu mir dein treues Bild.
Dein treues Bild, was ich auch tu,
Es winkt mir ab, es winkt mir zu.
Und scheint dir auch mein Wort zu kühn,
Nicht gut mein Tun,
Du hast mir einst so oft verziehn.
Verzeih auch nun.«

Zweifellos gehören diese anspruchslosen Kettenreime zu den bleibenden Muttergedichten unserer Literatur überhaupt. Hier spricht sich unmittelbar die scheue Seele eines introvertierten Mannes aus, der alle Höllen der Einsamkeit durchschreiten mußte, um seinen irdischen Auftrag erfüllen zu können und sich auf dem Weg zu den Müttern zu seinen Ursprüngen zurückzutasten.

Von Georg Kleine, dem Pfarrherrn in Ebergötzen, dessen sorgender Obhut der junge Wilhelm Busch anvertraut worden war, gibt es eigentlich nur Gutes zu berichten. »Der Onkel«, so läßt sich der dankbare Neffe später über ihn aus, »war ein statt-

Pastor Kleine nach einer anonymen Zeichnung

licher Mann, ein ruhiger Naturbeobachter und äußerst milde; nur ein einziges Mal, wenn schon öfters verdient, gab's Hiebe, mit einem trockenen Georginenstengel, weil ich den Dorftrottel geneckt.«

Daß dieser Onkel, der durch seine disziplinierte Lebensweise das neunzigste Lebensjahr überschritt, neben seinen dezidierten naturwissenschaftlichen Begabungen auch ein ausgeprägtes pädagogisches Talent besaß, verschweigt Busch in seinen späteren Aufzeichnungen keineswegs. Es lag dem pragmatisch denkenden Pfarrer nichts daran, lediglich abstraktes Wissen zu vermitteln; er hat den ihm anvertrauten Adepten vielmehr ganz allgemein in das kaum auslotbare Reich des Geistes eingeführt und ihm eine solide Allgemeinbildung vermittelt, die ihm später ungemein zustatten kam. Unter seiner behutsamen Führung durchlief Busch in seinen Ebergötzener Jahren auch eine prägende Charakterschulung. Im übrigen muß der junge Wilhelm trotz seiner Neigung zu phantasievollen Streichen durchaus kein problematischer Schüler gewesen sein. Er erfüllte voll und ganz die Erwartungen, die man an ihn stellte, und machte es anderen nicht schwer, ihn an den Klippen der Pubertät vorbeizuführen.

Zu Buschs Lieblingsbeschäftigungen gehörte schon damals die Lektüre von Märchen, in denen sich der Volksgeist unverfälscht artikulierte. Er pflegte sie förmlich zu verschlingen. Aber auch das Zeichnen betrieb er ohne besondere Anleitung. Er zeichnete so ziemlich alles, was er in seiner Umgebung als darstellungswert fand: eine struppige Weide am Bach, der das Ebergötzener Tal durchzog, vor allem aber bezeichnenderweise auch menschliche Originale und schrullige Käuze, die in seiner Umwelt keineswegs eine Rarität waren. Weihnachten 1841 erstattete Wilhelm in einer kalligraphisch mustergültigen Schrift seinen Eltern Bericht von seinen schulischen Fortschritten. »Teure Eltern«, heißt es etwas formell und umständlich in diesem Brief, »um Euch noch einen kleinen Beweis zu geben, daß ich in Ebergötzen nicht so dumm geblieben, als ich hingekommen bin, und daß ich meine Zeit nicht müßig hingebracht habe, schicke ich Euch diejenigen Bücher, die ich bisher vollgeschrieben hatte. Aller Anfang ist schwer, das werdet ihr auch an meinen schriftlichen Arbeiten erkennen aber ich tröste mich mit dem Sprichworte: mit der Zeit bricht man Rosen, und verliere darum die Geduld nicht, wenn's auch langsam geht.«

Der geistliche Onkel, der seinem Schüler wahrscheinlich bei der Abfassung dieses Briefes vorsorglich über die Schultern geguckt hatte, dürfte kaum jemals Modell zu den skurrilen Schulmeistertypen gestanden haben, die Busch zum Entzücken aller, die unter irgendwelchen »Schulwebeln« gelitten hatten, später aufs Papier zauberte. Bei der Konzeption dieser nicht immer Sympathie erweckenden Konturwesen hat Busch wohl seine Erfahrungen an seine Zeit in der Wiedensahler Klippschule mit einbringen können. Hier spielte der Rohrstock sicher noch eine erfrischend pädagogische Rolle, die Busch übrigens als probates Mittel gegen die habituelle Bosheit noch ungehobelter Kinder keineswegs ablehnte.

Onkel Kleine machte hier eine bemerkenswerte Ausnahme. Er war offenbar Persönlichkeit genug, um durch seine geistige Überlegenheit jede allzu drastische Erziehungsmethode von vornherein auszuschließen. In seinem Falle trifft Buschs Kernspruch »Nur des Geistes Kraft allein schneidet in die Seele ein« allerdings ins Schwarze. In Ebergötzen nahm Busch als Privatschüler des Ortspfarrers unter den Dorfkindern eine geradezu elitäre Stellung ein. Mit ihnen knüpfte er kaum engere Kontakte an. Eine Ausnahme machte allerdings der Sohn des Müllers, Erich Bachmann, mit dem er eine Freundschaft schloß, die bis ans Ende seines Lebens dauern sollte. Mit Bachmann hatte er ausführlich Gelegenheit, Streiche auszuhecken, wie sie auch in der Biographie eines Genies nicht fehlen dürfen. Man nimmt an, daß einige von ihnen sich dann später in seinem »Max und Moritz« niedergeschlagen haben.

»Wir gingen vors Dorf hinaus, um zu baden«, erinnert sich Busch etwas später. »Wir machten eine Mudde aus Erde und Wasser, die wir ›Peter und Paul‹ benannten, überkleisterten uns damit von oben bis unten, und spülten's im Bach wieder ab.«

Vom gemeinsamen Angeln von Forellen weiß er folgendes zu berichten: »Den anderen Tag gingen wir auch einmal den Bach hinunter, und wo die Weiden stehen, da war eine recht tiefe Stelle, und da sahen wir, daß Forellen drin schwammen. Schnell riefen wir die zwei Müllerburschen. Die kamen mit Spaten und Eimern. Das Wasser wurde abgedämmt, die tiefe Stelle leergeschöpft, und herauf ans hohe Ufer wurden die Fische geworfen. Die zappelten und wären gleich wieder ins Wasser gesprungen; aber da hieß es: Federmesser raus, durch den Schwanz gestochen, daß das Blut herauslief, und abends lagen sie in der Pfanne und brieten und brodelten.«

Selbstbildnis

Erich Bachmann nahm auch am Privatunterricht im Pfarrhaus teil. Natürlich war er der Realistischere von beiden. Er
holte den Freund immer wieder von seinen Höhenflügen auf
diese Erde zurück. Als Kunststudent hat Busch dann ein Porträt seines Freundes und analog dazu sein eigenes gezeichnet.
Dabei sind die Gesichtszüge des künftigen Mühlenbesitzers in
jedem Fall klarer und selbstbewußter ausgefallen als die eigenen. Offenbar hatte der gleichaltrige Busch mit seinem etwas
schwärmerischen Ausdruck noch nicht so recht Besitz von dieser Welt ergriffen. Bemerkenswert aber in jedem Fall die bereits so saloppe Zeichentechnik des angehenden Künstlers, der
mit einem Minimum an Strichen auskam, um das innerste We-

19

Wilhelm Buschs Freund Erich Bachmann

sen eines Menschen zu enthüllen. Der große Beobachter muß sich schon damals in ihm geregt haben.

Erich Bachmann und nicht etwa irgendjemand aus der eigenen Zunft der Künstler oder Literaten kann man rückblickend als den eigentlichen Lebensfreund Buschs bezeichnen. Später wird er fast Jahr für Jahr Einkehr in der Mühle von Ebergötzen halten, um wieder ein wenig Ruhe nach einem strapaziösen Leben in Großstädten zu genießen. Immer konnte er mit dem Jugendfreund ungezwungen plaudern. Der Gesprächsstoff ging ihnen nie aus. Oft saßen sie bis in die späte Nacht zusammen. Die niedersächsische Tugend des Festhaltens am Vertrauten verband sie bis zuletzt. Auch die Briefe, die zwischen den äußerlich so ungleichen Freunden hin- und hergingen, belegen wieder einmal, wie wohl sich Busch im Verkehr mit unverbildeten Menschen gefühlt haben muß. Und seltsame Fügung des Schicksals: Nur wenige Wochen nach dem Tode Bachmanns starb Wilhelm Busch dem Freunde nach.

In einem Brief an Maria Anderson, seiner holländischen Briefpartnerin in den siebziger Jahren, deutet Busch an, was ihn immer wieder so unwiderstehlich nach Ebergötzen zog: »Noch immer erschüttert es mich, wenn das enge felsige Tal mich umfängt, in dem die Quellen sich zu dem Bach vereinen, worin ich vor dreißig Jahren Forellen mit der Hand gefangen. Kein Ort ist mir so vertraut wie Ebergötzen, ich lese es wie ein Buch, wie eine Chronik. Bei jedem neuen Besuch fang ich ein neues Kapitel an. Der Müller in der alten Mühle ist seit meinem zehnten Jahr mein Freund, der liebste und beste, den ich habe.«

Bezeichnend für die Plastizität der Buschschen Prosa ist auch seine Schilderung einer anderen wichtigen Bekanntschaft seiner Ebergötzener Jahre. Es handelt sich dabei um den Wirt und Krämer des Ortes, der einen ungewöhnlichen Eindruck auf ihn hinterlassen haben muß.

»Haarig bis an die Augen und hinein in die Halsbinde und wieder heraus unter den Rockärmeln bis an die Fingernägel«, beschreibt er dieses Original. »Angetan in gelblich-grüner Joppe, die das Mienenspiel einer blauen Hose nur selten zu bemänteln suchte, stets in ledernen Klappantoffeln, unklar, heftig, nie einen Satz zu Ende sprechend, starker Schnupfer, geschmackvoller Blumenzüchter, dreimal vermählt, ist er mir bis zu seinem Tode ein lieber und ergötzlicher Mensch geblieben.«

Dieser Wirt war es übrigens auch, bei dem der junge Busch einen dicken Liederband fand, den er auf dem Klavier herunterspielte. Wichtiger für ihn aber war noch, daß sich dieser Dorfphilosoph die freireligiösen Schriften jener Zeit hielt, mit denen sich der nachdenkliche Privatschüler nun zum ersten Male konfrontiert sah.

Kurioses und keineswegs Alltägliches weiß Busch auch vom Lehrer der Ebergötzener Schuljugend zu berichten. Dieser besaß, wie er betont, keinerlei Gewalt über ihn, wenigstens »solange er lebte«. Dann aber kam alles anders: »Er hing sich auf, fiel herunter, schnitt sich den Hals ab und wurde auf dem

Friedhof dicht unter meinem Kammerfenster begraben. Und von nun an zwang er mich allnächtig, auch in der heißesten Sommerzeit, ganz unter der Decke zu liegen. Bei Tage ein Freigeist, bei Nacht ein Geisterseher.«

Als Pastor Kleine 1846 die Nachfolge seines Schwiegervaters, des Pastors Petri, in Lüthorst antritt, vollzieht Busch abermals einen entscheidenden und folgenreichen Ortswechsel. Die Szenerie für den unbestechlichen Beobachter menschlicher Schwächen erweitert sich damit erheblich. Unmittelbar vor seinem Fenster im Pfarrhaus eröffnet sich nämlich für ihn eine immer abwechslungsreiche »Schaubühne ehelichen Zwistes«.

Der sogenannte Hausherr spielte in dieser ehelichen Tragikomödie am Ende die Rolle des besiegten Tyrannen. »Ein hübsches, natürliches Stück«, empfindet Busch dieses Straßentheater noch im Rückblick. »Zwar das Laster erliegt, aber die Tugend triumphiert nicht.« Da dieses Theater sich unmittelbar vor seiner Tür abspielt, zeigt er sich über alle Details bestens informiert. Danach muß schließlich der Ehemann der eigentlich Unterlegene gewesen sein: »Denn sie stand schließlich oben an der Tür und schwang den Reiserbesen, während er als seine letzte Waffe unten am Bach seine Zunge herausstreckte.«

Der geborene Skeptiker machte sich demnach schon früh Gedanken über die Möglichkeiten, die menschliche Raubtiernatur doch noch zu bändigen. Er gelangt jedoch bei diesen Überlegungen nicht gerade zu sonderlich positiven Resultaten. Man brauchte ihm eigentlich nicht erst die Augen über die moralische Unzulänglichkeit der menschlichen Natur zu öffnen. Sie war für ihn von Anfang an eine unabänderliche Tatsache, von der er sich zeit seines Lebens nichts herunterdiskutieren ließ.

Diese Einsicht von der konstitutionellen Bosheit des Menschen war überhaupt der Angelpunkt seines Denkens. Ihr hatte er es schließlich zu verdanken, daß er später bei der Rezeption der Schopenhauerischen Grundthesen nicht die geringsten Schwierigkeiten hatte. Diese kritische Einstellung zum

Menschlich-Allzumenschlichen war letztlich dann auch die Quelle seines versöhnenden Humors, der alles wieder ausbügelte. Schon in seiner Lüthorster Zeit bewegten ihn Gedanken, die er so viel später in »zu guter Letzt« mit unüberbietbarer Drastik so formulierte:

»Man ist ja von Natur kein Engel,
Vielmehr ein Welt- und Menschenkind,
Und ringsumher ist ein Gedrängel
Von solchen, die dasselbe sind.

In diesem Reich geborner Flegel,
Wer könnte sich des Lebens freun,
Würd es versäumt, schon früh die Regel
Der Rücksicht kräftig einzubläun?

Es saust der Stock, es schwirrt die Rute,
Du darfst nicht zeigen, was du bist.
Wie schad, o Mensch, daß dir das Gute
Im Grunde so zuwider ist.«

Diese Grundanschauung von der Unausstehlichkeit der Menschen hat Busch später in seinen berühmten Bildergeschichten immer wieder variiert. Allerdings stand der honorige Lüthorster Dorfpfarrer hoch über all seiner Kritik. Auch an dessen pädagogischer Methodik hatte er nicht das Geringste auszusetzen. Wenn seine Erziehungsmaßnahmen hin und wieder nicht so recht zu Buche schlugen, so suchte er die Schuld für dieses Versagen eher bei sich selbst.

Man kann nicht von Georg Kleine reden, ohne zu erwähnen, daß er nicht nur ein versierter Naturwissenschaftler war, der den Erkenntnissen seiner Wissenschaft immer dicht auf den Fersen blieb; er war auch auf einem Gebiet ein anerkannter Fachmann und eine unumstrittene Kapazität. Er betrieb nämlich seine Bienenzucht nicht nur, um der stets reichen Erträgnisse willen. Er ließ vielmehr seiner wissenschaftlichen Neugier ganz einfach die Zügel schießen, um hinter die Geheimnisse dieser ebenso klugen wie fleißigen Insekten zu kommen.

Als Herausgeber des »Bienenwissenschaftlichen Central-blattes für Hannover« focht er damals gerade gemeinsam mit einem katholischen Kollegen wahrhaft fulminante Kämpfe über das weltbewegende Thema der »Parthenogenesis«, also der Selbstbefruchtung der Bienen, aus.

Busch selbst glossierte diese naturwissenschaftliche Passion seines Onkels folgendermaßen: »Ernsthafter fesselte mich das wunderbare Leben des Bienenvolkes und der damals wogende Kampf um die Parthenogenesis, den mein Onkel als gewandter Schriftsteller und Beobachter entscheidend durchfocht. Der Wunsch und der Plan, nach Brasilien auszuwandern, dem El-dorado der Imker, blieb unerfüllt. Daß ich überhaupt prakti-scher Bienenzüchter geworden, ist freundlicher Irrtum.«

Immerhin befaßte sich Busch mit dem seltsamen Bienenvolk zeit seines Lebens. Das Thema ließ ihn einfach nicht los. Noch im Jahre 1867 steuerte er dem Fachorgan seines Onkels gleich zwei Beiträge bei. Sachkundig versucht er die Frage »Kennen die Bienen ihren Herrn?« zu beantworten. Einen Monat später behandelt er das Thema »Unser Interesse an den Bienen« in einem Essay, in den er all seine Kenntnisse von dieser diffizilen Wissenschaft einbringt. Recht eigentlich liefert er damit schon einen Beitrag zur modernen Verhaltensforschung.

Er entwickelt sogar so etwas wie ein magisches Naturgefühl, wenn er seine Ausführungen in die Sätze ausklingen läßt: »Sin-nig vertieft, steht der Bienenfreund inmitten seiner Scharen und läßt mit harmlosem Stolze die furchtsame Welt an sich vor-überziehen. Er sieht mit Befriedigung unter seinen Augen die wohlgeordneten Staaten aufblühen, in denen Haupt und Glie-der, durch innige Bande vereint, in schönster Harmonie zusam-menwirken. Wie ein Kopf sich bestrebt, seine mannigfaltigen Begriffe in einem einzigen Prinzip zur Ruhe zu bringen, so be-trachtet und genießt ein wahrer Imker Wind, Regen und Son-nenschein, das Aufblühen der Jahreszeiten und ihr Verwelken unter dem gemeinsamen Gesichtspunkt seiner Bienen ...

So sitzt nun der heitere Bienenzüchter stundenlang vor den vielgeliebten Bienen, rauchend und grübelnd, über vieles im klaren, über manches im dunkeln; der Bau, die Brut- und Geschlechtsverhältnisse sind ihm durch Lehre und Anschauung bekannt genug; aber gewisse absonderliche Dinge, wie die willkürliche Eierlage der Königin, die Anlage der Diagnose bei den Arbeitsbienen und ihr demgemäßes Handeln, alles das, was er im Gefühl seiner Menschenwürde Instinkt zu nennen pflegt, wird seinem Kopfe wohl so lange anstößig bleiben, bis er, in sein eignes Herz vertieft, sich entschließen kann, den kleinen, aber rechtmäßigen Anteil des gemeinsamen Erbes seinen bescheidenen Brüdern nicht länger vorzuenthalten. Er wird dann auch in innerer Seele die Quelle finden, aus der sein Interesse an der Natur, also auch seine Liebe zu den Bienen, hervorströmt; er wird sich das Gefühl der innigen, alles umschlingenden Sympathie zum Bewußtsein bringen, die nur in voller Einheit, in einer gemeinsamen Wurzelverwandtschaft aller Dinge ihren letzten Grund haben kann.«

Zwar wanderte Busch den Bienen zuliebe nicht nach Brasilien aus, wie er in finanziell bedrängter Lage wirklich einmal erwogen hatte. Es ist für die deutsche Literatur schon ein Glücksfall, daß er den Deutschen erhalten blieb und seine eigentliche Mission erfüllen konnte. Aber die Bienen haben immer wieder seine schöpferische Phantasie beschäftigt. In einem seiner frühen Beiträge zu den »Münchener Bilderbogen«, in den »Kleinen Honigdieben«, hat er ihnen eine bemerkenswerte Referenz erwiesen, ganz zu schweigen von seiner fulminanten Bienengeschichte in Bildern »Schnurrdiburr oder die Bienen« aus dem Jahre 1869, in der er das kleine Völkchen literaturfähig gemacht hat.

Zum Lobe von Pfarrer Kleine muß noch gesagt werden, daß die Bildung, die er seinem aufgeschlossenen Schüler zuerst in Ebergötzen und seit dem Herbst 1846 in Lüthorst am Fuße des Solling zu bieten hatte, entschieden den Rahmen des üblichen Volksschulpensums sprengte. Busch eignete sich jedenfalls in diesen Jahren einen Wissensfundus an, den er mit den Jahren ausbauen konnte. Selbst die Metrik wurde gepaukt und kam dem späteren Poeten ungemein zustatten. Ferner erwähnt er: »Dichter, heimische und fremde, wurden gelesen. Zugleich fiel mir die ›Kritik der reinen Vernunft‹ in die Hände, die, wenn auch damals nur spärlich durchschaut, doch eine Neigung erweckte, in der Gehirnkammer Mäuse zu fangen, wo es nur gar zu viele Schlupflöcher gibt.«

Im April 1847 war es dann so weit: Wilhelm Busch wurde von seinem Onkel in der Lüthorster Kirche konfirmiert. Er war zu diesem Zwecke mit einem schwarzen Schoßrock und einem Zylinder ausstaffiert worden und trat mit den feierlichsten Gefühlen zur kirchlichen Feier an. Die äußeren Insignien der Würde stempelten ihn bereits zum Erwachsenen. Dabei mußte er sich eingestehen, daß er eigentlich mit seinen fünfzehn Jahren schon mächtig an den Heilswahrheiten des Katechismus zweifelte. Vor allem quälte ihn der Widerspruch zwischen der Allwissenheit Gottes und dem freien Willen des Menschen.

Im Herbst des gleichen Jahres zeichnet sich eine markante Zäsur im Leben Buschs ab. Die pädagogischen Exerzitien seines Onkels waren an ihr natürliches Ende gekommen. Er sah sich mit einem Schlage in den fragwürdigen Stand eines Erwachsenen versetzt, und man machte sich Gedanken darüber, welcher Beruf für ihn der rechte sein könnte. Obwohl der eher schmächtige als robuste Junge eine ungewöhnliche Sprachbegabung verriet und er auch mit dem Zeichenstift in der Hand Erstaunliches zuwege brachte, bestand der Vater im fernen Wiedensahl darauf, den Sohn zu einem Maschinenbauer ausbilden zu lassen. Also siedelte der Sechzehnjährige nach Hannover über, wo er an der Polytechnischen Schule in die Geheimnisse des Maschinenbaus eingeweiht werden sollte.

»Sechzehn Jahre alt, ausgerüstet mit einem Sonett nebst zweifelhafter Kenntnis der vier Grundrechnungsarten, erhielt ich Einlaß zur Polytechnischen Schule«, heißt es über diese Etappe seines Lebens in seinem autobiographischen Abriß. »Hier ging mit meinem Äußern eine stolze Veränderung vor. Ich kriegte die erste Uhr – alt, nach dem Kartoffelsystem – und den ersten Paletot – neu, so schön ihn der Dorfschneider zu bauen vermochte. Mit diesem Paletot, um ihn recht sehen zu lassen, stellt ich mich gleich am ersten Morgen sehr dicht vor den Schulofen. Eine brenzliche Wolke und die freudige Teilnahme der Mitschüler ließen mich ahnen, was hinten vor sich ging. Der umfangreiche Schaden wurde kuriert nach der Schnittmethode, beschämend zu sehn; und nur noch bei äußerster Witterungsnot ließ sich das einst so prächtige Bekleidungsstück auf offener Straße blicken.«

Seine Aufnahme in die Schule bestand Busch nur mit knapper Not. Immerhin war er gewitzt genug, sein Sonett dem Immatrikulationsausschuß mit vorzulegen. Offenbar überzeugten diese Verse so sehr, daß man diesem literarisch so versierten jungen Mann nicht den Zugang zu einem technischen Beruf verwehren wollte.

Den besten Willen bei der Durchführung seines Studiums konnte man Busch damals nicht absprechen. Das Kollegium bestätigte ihm ausdrücklich seinen Eifer. Daran änderte auch die Tatsache nichts, daß er die Ränder seiner Kolleghefte mit den Karikaturen seiner Lehrer verunzierte. Mit der Zeit begann er allerdings einzusehen, daß er sich zwar in der reinen Mathematik, die ihm bis dahin ein Buch mit sieben Siegeln gewesen war, zu unerwarteten Leistungen aufgeschwungen und es zu einer »Eins mit Auszeichnung« in dieser Disziplin gebracht hatte, in der angewandten Mathematik sich allerdings »mit immer matterem Flügelschlage« bewegte.

Anfangs hatte Busch noch bei Verwandten in der Schmiedestraße einen Unterschlupf gefunden, wo man ein wachsames Auge auf ihn hatte. Sein Onkel, der Justizrat Ebhardt, nahm sich des aufgeschlossenen jungen Mannes vom total platten Lande liebevoll an. Dieser porträtierte sich sogar mit seinem Onkel auf einem legeren ländlichen Spaziergang, wobei seine Schlappschuhe und seine unfrisierte Mähne vor allem ins Auge fallen.

Schließlich geriet der junge Wilhelm in die weltgeschichtlichen Ereignisse der Revolution anno 1848. Zum ersten und sicher auch zum letzten Mal sah er sich in die Rolle eines Mannes versetzt, der sich aktiv in die Querelen der Weltgeschichte verstrickt sieht. Die Studenten der Polytechnischen Schule hatten sich nämlich unter der Führung nicht gerade sachkundiger Professoren für die Erhaltung des bestehenden Systems einzusetzen und machten sich mit diesem Einsatz bei der aufgebrachten Bevölkerung nicht gerade beliebter. Erreicht wurde damit allerdings nichts.

»Den Stock in der Hand, eine weiße Binde um den Arm, zogen wir durch die Straßen und riefen den Frauen ›Guten Abend, Bürgerin!‹ zu. Nur waren wir als Schergen der Ordnung beim Volke recht unbeliebt. Aus den Haustüren im Rösehof gossen unsichtbare Hände uns Schmutzwasser an die Beine.

Bald kriegten wir Waffen, alte Steinschloßflinten, die Ohrfeigen austeilten und die Gesichter mit Pulverdampf schwärzten, wenn wir draußen exerzierten. Unsere Uniform war bloß angedeutet durch eine Mütze mit schwarzrotgoldenem Streifen drumherum. Das dreikantige Bajonett, im Bandelier zu tragen, diente als furchtbares Seitengewehr.

Meine Kompanie hatte die Ehre, als erste die Hauptwache am Markt abzulösen. Freundlich grinsend standen uns die Soldaten gegenüber. Sie hinterließen uns munter belebte Matratzen zur behaglichen Ruhestatt. Daß man uns keine scharfen Patronen anvertraute, war ärgerlich. Einstmals, während der Nacht, hatten wir an der Ecke der Ballhof- und Knochenhauerstraße eine leichte Barrikade zu nehmen. Oben aus der Herberge flogen Backsteine herunter, unten bewarf uns von weitem die verwegene Menge. Vergebens verfolgten wir sie. Schießen konnten wir nicht. Da sprang ein Kollege, der die Geduld verlor, aus dem Gliede voran und pickte einem Kerl das Bajonett durch die Hose, daß er blökte wie ein Ochse. Im Lindener Hospital hat man ihn wieder kuriert. Und dies, soviel mir bekannt, war unsererseits die einzige grausame Bluttat während der ganzen Revolution.«

Alles in allem konnte sich Busch bei seinem ersten und letzten militärischen Einsatz zu keinem noch so moderaten Fanatismus aufschwingen. So gehörte er auch nicht zu denjenigen, die dem Direktor des Polytechnikums eine Katzenmusik darbrachten und die darauf von der Anstalt gnadenlos religiert wurden. »Für uns andre, die brav gewesen«, berichtet er treuherzig, »ging der Unterricht weiter.«

Immerhin hatte Busch bei diesem fragwürdigen politischen Intermezzo das fidele Kneipenleben in den Wachstuben mitgemacht und sich bei dieser Gelegenheit das Biertrinken angewöhnt. Es ergaben sich dann auch Konsequenzen aus seinem neuen Lebenswandel. Busch zog kurzerhand von seinem Onkel fort in die Kleine Brandstraße zu seinem Studienfreund Karl Bornemann aus Alfeld; denn – so meinte er – »wer sich im Rauchen und und Biertrinken übt, will einen eigenen Hausschlüssel haben«.

Der Meister der deutschen Karikatur deutete sich in der folgenden Zeit bereits in seinen zeichnerischen Improvisationen an, die er in seinen Kolleghaften unterbrachte. Aber auch im Zeichenunterricht stach er die anderen glatt aus. Allerdings handelte es sich dabei in der Regel um das Nachzeichnen lithographierter Vorlagen, aus denen Busch mit schwarzer Kreide auf aufgerauhtem Papier Erstaunliches herausholte. Schon in diesen frühen Versuchen fällt auf, daß er sich auf die knappste Linie konzentrierte, um ungewöhnliche Effekte damit zu erzielen. Aus dieser Begabung hat er dann später weidlich Kapital schlagen können.

Während Busch sich die Landeshauptstadt auf seine Art eroberte, während er Ausstellungen besuchte und wohl auch bei Konzertveranstaltungen anzutreffen war, schwärmte er heimlich für Jenny Lind, die »schwedische Nachtigall«. In der Schule tat er sein Bestes, um nicht unangenehm aufzufallen. Mit dem Herzen war er allerdings schon lange nicht mehr bei der Sache.

In einem Brief, den er am 30. September 1848 von Hannover nach Wiedensahl hinübergehen läßt, legt er noch einen braven Rechenschaftsbericht über seine erbrachten schulischen Leistungen vor. Es heißt darin: »Ehegestern habe ich mich wieder in die Polytechnische Schule aufnehmen lassen und bin für den nächsten Kursus eingeschrieben für Elementarmathematik, Chemie, Zeichnen und Bossieren. Die Elementarmathematik hätte ich meinen Zeugnissen nach eigentlich nicht wieder mitzumachen brauchen. Indes ich weiß am besten, wie es mit mir steht. Es ist für mich nicht allein nötig, daß ich den Vortrag verstanden habe, sondern mein künftiger Lebenszweck erheischt mehr als das; ich muß ihn auch durchweg und zwar zu jeder Zeit im Gedächtnisse bereit haben. Dazu aber ist der verflossene Kursus viel zu unvollständig gewesen… Besonders ein Hauptteil der Elemente, die Trigonometrie, ist so flüchtig vorgetragen, daß es für jemanden, der noch unbewandert in Mathematik ist, unmöglich wird, ihn vollständig sich zu eigen zu machen. Ich sagte das dem Direktor Karmarsch bei der Aufnahme, was er sehr günstig aufnahm. Er sagte: es zeuge von vieler Einsicht.«

Gleichzeitig konnte Busch aber schon gewisse Zeifel nicht unterdrücken, ob er sich überhaupt auf dem richtigen Wege befand. Während einer Ferienreise gewinnt er dann auch einen gehörigen Abstand zum Lehrbetrieb seines Instituts, in dem er sich längst nicht mehr heimisch fühlt.

Mit einem Kommilitonen, Sohn eines betuchten hannoverschen Druckereibesitzers, macht er sich auf den Weg, um wieder einmal gehörig Landluft zu schnuppern. Das vorgesehene Reiseziel, die Insel Helgoland, erreicht man allerdings nicht. Busch zieht es nämlich wieder einmal unwiderstehlich nach Ebergötzen, das ihm so sehr ans Herz gewachsen ist. Die Stadt Bünde in Westfalen findet er unterwegs dann aber auch so interessant und anziehend, daß er hier ein paar Tage Station macht, um Land und Leute zu studieren. Der Zufall will es, daß einer seiner Wanderkumpane damals einige aufschlußreiche Notizen über den in die Welt verschlagenen jungen Wiedensahler der Nachwelt überliefert.

»Das war ein seltsamer Passagier«, heißt es da. »Seine Physiognomie war ganz eigentümlich. Er schien sich fortwährend über die ganze Welt lustig zu machen, und seine Fratzen haben uns oft köstlich amüsiert. Dabei war er ein höchst gescheiter, geistreicher Kopf, in allen Fächern zu Hause und jeden Augenblick mit den schlagendsten Einfällen bei der Hand. Ein Komiker war an ihm verdorben, denn er verstand, alles ins Lächerliche zu ziehen... Bünde muß doch wohl Anziehungskraft haben. Busch machte aus einem vorgenommenen Tage viere.«

In Ebergötzen muß ihn Erich Bachmann mit offenen Armen empfangen haben. Am Ende dieser Reise in den Semesterferien steht dann noch ein Abstecher nach Wiedensahl, das er nach einem Gewaltmarsch zu Fuß erreicht.

Damals wird er einen Berufswechsel bereits in seinen Gedanken bewegt haben. Über seine inneren Kämpfe, die unweigerlich damit verbunden waren, finden wir keinerlei Notizen. Nur in seinen autobiographischen Aufzeichnungen bekommt man lakonisch zu hören: »Nachdem ich drei bis vier Jahre in Hannover gehaust, verfügt ich mich, von einem Maler ermuntert, in den Düsseldorfer Antikensaal.« Kein Wort also davon, welche Kämpfe mit seinem pragmatisch denkenden Vater diesem kühnen Entschluß vorangegangen waren.

Als er später als der wohl prominenteste Schüler der Anstalt einen Beitrag zur Feier des 75. Jubiläums der Technischen Hochschule in Hannover beisteuerte, bekennt er freimütig in diesem Aufsatz: »Vor allem die Voraussetzungen der höheren Mathematik, von denen Berkeley behauptet, sie wären shocking to sense, und deren hohe Bedeutung ich erst später erkannte, machten mich stutzig. Mein Eifer erlahmte. Auf Anraten des Malers August Klemme ging ich auf weiteres nach Düsseldorf zur Akademie.«

Die Immatrikulationsakten des Polytechnikums vermerken unter dem 9. März 1851 über den Schüler Wilhelm Busch recht einsilbig: »Von der Hochschule abgegangen, um in Düsseldorf Maler zu werden.« Die Würfel über Buschs Leben waren also gegen den entschiedenen Widerspruch des besorgten Vaters, der seinen Ältesten bereits als wohlbestallten Maschinenbauer gesehen hatte, gefallen. Busch hatte seinen Rubikon überschritten und den ersten Schritt in Richtung auf den Parnaß gewagt. Der Weg, den er bis zur Erlangung des gesteckten Zieles noch zu bewältigen hatte, war allerdings schwer und, wie ihm schien, endlos.

Immerhin hatte er den Traumberuf seiner Zeit angepeilt. Er wird seine Sehnsucht, ein angesehener Maler zu werden, nie erfüllen können. Dafür aber wird er der Chronist seines eigenen Scheiterns als Künstler. Seine Bildergeschichten, an die sich der Ruhm seines Namens heftet, umkreisen immer wieder das Thema des Scheiterns. Er hatte in der Tat seine hochgespannten Hoffnungen Stück um Stück zu begraben. Allerdings war er mit einer guten Portion Selbstironie ausgestattet, die es ihm ermöglichte, seine Enttäuschung mit einem wehmütigen Lächeln zu überspielen.

Umwege zum Parnaß

Mit einer kaum zu bändigenden Begeisterung für die neue Lebensaufgabe scheint sich der frisch gebackene Musenjünger, froh, dem Zwang eines ungeliebten Studiums entronnen zu sein, in das Abenteuer eines neuen riskanten Lebensabschnitts gestürzt zu haben. Jedenfalls versuchte er sogleich, die keineswegs ungefährliche Problematik seines spontanen Entschlusses mit jugendlicher Forschheit herunterzuspielen. »Ich kam, soviel ich weiß, grad an zu einem jener Frühlingsfeste, für diesmal die Erstürmung einer Burg, die weithin berühmt waren«, kann man in seinem kurzgefaßten Lebenslauf nachlesen. »Ich war sehr begeistert davon – und von dem Maiwein auch.«

Entschieden weniger begeistert allerdings zeigte sich Busch vom sterilen und einfallslosen Lehrbetrieb der Düsseldorfer Kunstakademie, in die er im Frühling 1851 mit hohen Erwartungen seinen Einzug gehalten hatte. Unter der Ägide von Wilhelm von Schadow zeichnete sich dieses Institut nicht gerade durch einen avantgardistischen Elan aus. Schadow, der Sohn des großen Berliners Schadow, war zum Katholizismus konvertiert. Dementsprechend waren die Bibel und das christliche Mittelalter die bevorzugten Sujets seiner kraftlosen neuromantischen Malerei. Daß einige Professoren der in Stagnation geratenen Akademie tapfer gegen den akademischen Muff ankämpften, änderte nichts an der Tatsache, daß sich das bigotte Kunstideal, das von Opportunisten vertreten wurde, rigoros durchsetzte. Busch konnte sich noch am ehesten für den Genremaler Ludwig Knaus erwärmen, der mit Bildern wie »Der Spieler« gegen den sterilen Konservatismus total angepaßter Professoren rebellierte. Knaus' Bilder aus dem Volksleben entzündeten allerdings spontan den künstlerischen Elan des Musenjüngers aus dem Niedersächsischen, der im Rheinland nicht so recht Wurzeln zu schlagen vermochte.

So »tüpfelte« sich Busch recht und schlecht einige Monate durch den Antikensaal, ohne daß irgendein Funke übersprang und zündete. Nur das Bewußtsein, seinen Vater nicht zu enttäuschen, spornte ihn zu einem etwas forcierten Eifer an. Aber schließlich holte ihn die Düsseldorfer Langeweile doch ein, so daß er früher, als gedacht, die Segel strich, um sein Glück anderswo herauszufordern.

Seinen Eifer übertrieb er andererseits auch wieder nicht und ließ ihn keineswegs in tierischen Ernst ausarten. Ohne ein gewisses spielerisches Element konnte er sich eine ergebnisreiche Kunstausübung überhaupt nicht denken. Er brachte gelegentlich schon damals seinen Humor mit ins Spiel, wenn ihm eine Sache besonders am Herzen lag. So diktierte er sich am 22. September 1851 eine »oktroyierte Verfassung«, die seinen Arbeitsalltag genauestens reglementierte, um nicht seine besten Jahre zu verspielen. In zehn inhaltsvollen Paragraphen verrät der Neunzehnjährige bereits eine fast preußische Disziplin:

»§ 1. Besagtem W. B. wird aufgegeben, sich morgens um sieben Uhr dreißig aus den Federn zu erheben. NB früher, wenn's beliebt.

§ 2. Bis halb neun muß er mit Anziehen, Kaffeetrinken, seiner Morgenpfeife etc. unwiderruflich zu Ende sein.

§ 3. Von halb neun bis zwölf Uhr mittags hat er möglichst fleißig auf der Akademie zu arbeiten.

§ 4. Von zwölf bis halb zwei ist Bummelns- bzw. Essenszeit, wie auch die Zeit für Besuch der Bibliothek.

§ 5. Von halb zwei bis zum Dunkelwerden: Arbeiten auf der Akademie.

§ 6. Vom Dunkelwerden bis zum Aktzeichnen ad libitum zu verfahren.

§ 7. Das Aktzeichnen ist nie zu versäumen.

§ 8. Die übrigbleibende Zeit ist vorzüglich dem Studium der Geschichte und der Komposition zu widmen. NB zu Abend zu speisen und Pfeife zu schwelgen, ist nicht untersagt.

§ 9. Von den genannten acht Paragraphen ist nur mit Einwilligung des Verstandes und Gemütssinnes eine Abweichung gestattet.

§ 10. Für den Sonntag gelten die vorigen Paragraphen nicht; die Benutzung derselben steht ganz in der Willkür des oben genannten Individuums.

Von Mitte Oktober an treten alle jene Paragraphen in Wirksamkeit. Für jede Widersetzlichkeit wird besagtes Subjekt-Objekt von einem mörderischen Katzenjammer höchst maltraitiert werden.«

Man sieht, daß der Hedonist, der auch irgendwie in Busch steckte, bei diesem prallen Tagesprogramm durchaus zu seinem Recht kam. Nie nahm sein Arbeitsfetischismus solche Formen an, daß darüber die Kunst des Lebens, wie er sie gerne praktizierte, gelitten hätte. Dabei war er sich stets über die Schwäche der menschlichen Natur, vorzugsweise seiner eigenen, durchaus bewußt. Nicht umsonst verordnete er sich im Übertretungsfalle schwerwiegende Koventionalstrafen.

Die muntere Stadt Düsseldorf hat so gut wie keine Spuren in der künstlerischen Biographie Buschs hinterlassen, sieht man von einer »gewissen Fertigkeit in der Verwendung von Gummi, Semmel und Kreide« ab, wie er ironisch anmerkt. Also packte er kurzentschlossen sein Bündel und folgte einem spontanen Impuls seines Herzens, der ihn unwiderstehlich nach Antwerpen zog. Er wollte die niederländischen Maler, zu denen er mehr als nur ein platonisches Verhältnis unterhielt, vor Ort kennen und lieben lernen.

Es war Ende April 1852, als Busch sich ins Register der Antwerpener Académie Royale des Beaux-Arts eintragen ließ. Sein Quartier hatte er am »Eck der Käsbrücke« bei einem Bartscherer bezogen. »Er hieß Jan und sie hieß Mie«, berichtet er sichtlich gerührt über die beiden, die ihn offensichtlich bald ins Herz geschlossen hatten. »Zu gelinder Abendstunde saß ich mit ihnen vor der Haustüre im grünen Schlafrocke, die Tonpfeife im Munde, und die Nachbarn kamen herzu, der Korbflechter, der Uhrmacher, der Blechschläger, die Töchter in

35

schwarzlackierten Holzschuhen. Jan und Mie waren ein zärtliches Pärchen, sie dick, er dünn; sie balbierten mich abwechselnd, verpflegten mich in einer Krankheit und schenkten mir beim Abschied eine warme rote Jacke nebst drei Orangen.«

Ansonsten ließ Busch sich von dem angenehmen Gefühl tragen, hier in den Niederlanden endlich so etwas wie eine künstlerische Heimat gefunden zu haben. Hier war er, wie er selbst bekennt, zum ersten Mal der »alten Muttersprache der Kunst« begegnet. Er durchstreifte mit wachen Sinnen die Museen und vermerkt unter dem 26. Juni 1852 in seinem Tagebuch die schwerwiegenden Worte: »Von diesem Tage an datierte sich die bestimmtere Gestaltung meines Charakters als Mensch und Maler. Es sei mein zweiter Geburtstag.«

»In Antwerpen sah ich zum ersten Mal im Leben die Werke alter Meister: Rubens, Brouwer, Teniers und später Frans Hals. Ihre göttliche Leichtigkeit der Darstellung, die nicht patzt und kratzt und schabt, diese Unbefangenheit eines guten Gewissens, welches nichts zu vertuschen braucht, dabei der stoffliche Reiz eines schimmernden Juwels, haben für immer meine Liebe und Bewunderung gewonnen; und gern verzeih ich's ihnen, daß sie mich zu sehr geduckt haben, als daß ich's je gewagt hätte, mein Brot mit Malen zu verdienen wie manch anderer auch.«

In der Tat schwand sein zunächst ungebrochen jugendliches Selbstgefühl mit jedem Museumsbesuch zusehends dahin. Immer mehr auch empfand er seine Absicht, einmal in die höheren Ränge der Malerei aufzurücken, als geradezu hochstaplerisch. Die großen Vorbilder, denen er sich in Antwerpen gegenüber sah, drückten ihn förmlich zu Boden. Erst in seiner letzten Schaffensphase als Maler konnte er sich von diesen verpflichtenden Idolen lösen und einige Werke zustande bringen, die seiner Zeichenkunst um nichts nachstanden. Gleichwohl blieb die Malerei für ihn immer ein magischer Versuch, die Welt im Bild zu bewältigen. Fast tausend Bilder fand man noch in seinem Nachlaß vor. Sie alle zeugen von seinem heroischen Kampf um eine eigene künstlerische Sprache.

Angesichts solcher künstlerischen Vorbilder wankte Busch förmlich der Boden unter den Füßen, auf dem er seine Existenz als Maler errichten wollte. Nachdem er Frans Hals gesehen und erlebt hatte, resignierte er. Später, als seine Altersgenossen sich als Maler längst etabliert hatten und zum Teil bereits einen abgesicherten Platz in der Kunstgeschichte erringen konnten, versuchte er sich immer noch in aller Heimlichkeit mit dem Mute der Verzweiflung daran, doch noch seinen Durchbruch zu erzwingen. Nie wagte er sich mit seinen Bildern aus seiner Reserve hervor. Er war von seinem Talent nie so recht überzeugt. Darüber hinaus fürchtete er auch eine Menge von Belästigungen, die er hätte bewältigen müssen, sobald er sich auf den Ausstellungsbetrieb eingelassen hätte. Eben dazu war ihm seine Zeit zu wertvoll. Er wollte um keinen Preis seine mit Zähnen und Klauen verteidigte Unabhängigkeit aufgeben und ließ sich nicht einmal auf Diskussionen über künstlerische Probleme ein. Er hielt sie nicht für förderlich. Sie hätten ihn in der Tat auch um keinen Schritt weitergebracht. Er konnte nur bei sich selbst in eine harte Schule gehen.

Die Antwerpener Tage waren von heftigen inneren Konflikten über seine eigentliche künstlerische Berufung überschattet. Trotzdem signalisierte er nach Wiedensahl hinüber volle Zufriedenheit mit seinen Verhältnissen. Auch der Lehrbetrieb sagte ihm scheinbar zu. Allerdings würde die Malerei hier mehr handwerksmäßig betrieben, schränkt er die euphorische Darstellung, die er seinen Angehörigen zuschickt, etwas ein. Es bleibe ihm noch genügend Spielraum, selbst das geistige Moment zu entwickeln. Von seinem Lehrer Joseph Laurent Dykmans weiß er zu berichten: »Er sieht immer auf das Großartige. Danach sollte man erwarten, daß er auch seine eigenen Bilder in derselben Weise malt. Aber dem ist nicht so. Er malt kleine Genrebilder, quadrat, aber so ausgeführt, daß man bei Personen die einzelnen Haare auf dem Kopf erkennen kann.«

Von diesem Meister des kleinen Formats hat sich Busch im wesentlichen die Methodik des Malens angeeignet. Natürlich empfand er diesen Lehrer nicht gerade als einen Ausbund humaner Bildung, dafür aber als einen gewieften Praktiker, dem er schon so einiges abgucken konnte. Im übrigen ging Busch auch insofern bei diesem Dykmans in die Schule, als er sich angewöhnte, mit breitem Pinsel zu malen.

Andere Lehrer wie der Akademiedirektor Wappers rückten demgegenüber für den wißbegierigen Niederdeutschen von vornherein in den Hintergrund. Sie huldigten noch allzu pathetisch wie eh und je einer allzu glatten Historienmalerei, mit der Busch überhaupt nichts anzufangen wußte.

Erdrückend blieben für ihn in diesen Antwerpener Monaten die unvergleichlichen Gemälde der Niederländer in den Museen der Stadt. Vor allem entdeckte er in Frans Hals seine große Liebe, von dem er sich gern etwas abgesehen hätte. Noch ein halbes Jahrhundert später macht er diesem Genie mit dem lockeren Pinsel und seiner ansteckenden Heiterkeit seine Reverenz: »Die göttliche Leichtigkeit der Darstellung malerischer Einfälle, verbunden mit stofflich juwelenhaftem Reiz, diese Unbefangenheit eines Gewissens, welches nichts zu vertuschen braucht, haben für immer meine Liebe und Bewunderung gewonnen.«

Damals konnte Wilhelm Busch noch nicht ahnen, daß seine eigentliche Stärke und Berufung auf einem ganz anderen Gebiet lagen. Zwar versucht er auch jetzt schon, seine Skepsis sich selbst gegenüber mit einem moderaten, ironisch gefärbten Humor wenigstens eine Zeitlang zu überspielen. Aufs ganze jedoch wirkt die Erkenntnis seiner eigenen Unzulänglichkeit eben doch deprimierend auf ihn. Sein noch ganz unbestimmter Gestaltungswille verläuft sich irgendwie im luftleeren Raum und läßt ein peinigendes Gefühl von Ohnmacht in ihm zurück.

Mit diesen Selbstzweifeln war aber bereits eine Identitätskrise des jungen Busch vorprogrammiert. Irgendwie war er an eine kaum noch zu überwindende Barriere angelangt, die er nicht so ohne weiteres überspringen konnte. Auch finanziell war er am Ende und schließlich nur noch auf die Gutmütigkeit seiner Wirtsleute angewiesen. Gleichwohl hatte es noch am 1. Dezember in einem Brief nach Wiedensahl geheißen: »Ich denke, jetzt zu dem Punkte gekommen zu sein, wo ich meine Vorstudien so ziemlich beendet nennen kann. Im Kurzen hoffe ich deshalb wieder bei Euch zu sein, um dann verschiedene Studien nach der Natur zu malen und drauf ein Bild anzufangen. Die Zeit meiner Ankunft will ich jetzt noch nicht bestimmen; vielleicht überrasche ich Euch einmal... Am 20. des Monates erwarte ich wieder Geld von Euch. Schickt mir etwa 40 Taler. So lange die dann reichen, werde ich noch hierbleiben.«

Die Kräfte Buschs hatten sich im Winter dann eben doch erschöpft. Er war körperlich und seelisch am Ende und mußte wegen einer kaum zu diagnostizierenden Krankheit das Bett hüten. Hingebungsvoll wird er von Jan und Mie, übrigens die Großeltern des flämischen Dichters Felix Timmermans, gepflegt. Er kann sich nur schwer wieder von diesem Kollaps erholen, was er nun dringend braucht, ist zunächst einmal ein gehöriger Abstand von dem allzu hektischen Kunstbetrieb. Längst sehnt er sich nach der ländlichen Stille seiner Heimat zurück. Er muß nun, wenn überhaupt, erst wieder neue Ausgangspositionen gewinnen, um sich selbstsicher auf dem glatten Parkett der Kunst bewegen zu können.

Immerhin: Hinter ihm lag ein Jahr, in dem sich der wahrscheinlich entscheidendste Umbruch in seinem Leben vollzogen hat. Und da er kein Kind von Traurigkeit war, hatte er auch nach besten Kräften am deftigen Antwerpener Volksleben teilgenommen. Zum Schluß seines Aufenthaltes erlebte er auch noch den Besuch der Queen Victoria in der Stadt. Er muß dabei mitten in der Masse eingekeilt gestanden und aus Leibeskräften sein »Vive le roi!« und »Vive la reine!« geschrien haben. Die englische Königin, vergißt der unerbittliche Beobachter und Spötter nicht zu erwähnen, machte den Eindruck einer prüden, etwas verklemmten und altjüngferlichen Pastorentochter. Mit solchen Eindrücken ausgestattet und um einige menschliche Erfahrungen bereichert, machte sich Busch endlich auf den Weg nach Wiedensahl, um dort sein künftiges Leben zu überdenken und sich die weiteren Etappen seiner künstlerischen Laufbahn abzustecken. Im Augenblick bleibt

dem Gescheiterten keine andere Wahl, als in allen nur möglichen Lebensgebieten herumzudilettieren. Fatal ist bei alledem nur, daß er seinem Vater, der von den für ihn undurch-
schaubaren Eskapaden seines Ältesten keineswegs entzückt
ist, auf der Tasche liegt. Es wird sogar noch ein gutes Weilchen
dauern, ehe er auf eigenen Füßen steht und nicht mehr auf die
Hilfe anderer angewiesen ist. Solange wird ihm die Mutter von
ihren ersparten Talern einiges zustecken. Erst mit dreiunddrei-
ßig Jahren, als er mit seinem »Max und Moritz« einen Geniestreich vorlegt, der schlagartig Furore macht, kann man Busch
als einen ernstzunehmenden etablierten Künstler betrachten.

Mangelnden Fleiß konnte ihm allerdings nicht einmal der
Vater ankreiden. Im Gegenteil: Er entwickelt beim Sammeln
von Märchen und Sagen aus seiner engeren Heimatregion
einen ungewöhnlichen Eifer. Hin und wieder sucht er auch den
Onkel in Lüthorst auf, bei dem er ungleich mehr Verständnis
als daheim findet. Und so verbringt er seine Tage damit, im
Lande umherzustreifen und den alten Leuten ihre Erzählungen
vom Munde abzulauschen, ehe sie ganz in Vergessenheit geraten wären.

»Von Märchen wußte das meiste ein alter, stiller, für gewöhnlich wortkarger Mann«, erzählt er von seiner Sammeltätigkeit.
»Für Spukgeschichten dagegen, von bösen Toten, die wiederkommen zum Verdrusse der Lebenden, war der Schäfer Autori-
tät. Wenn er abends erzählte, lag er quer über dem Bett, und
wenn's ihm trocken und öd wurde im Munde, sprang er auf und
ging vor den Tischkasten und biß ein neues Endchen Kautabak
ab zur Erfrischung. Sein Frauchen saß daneben und spann.«

Busch ging mit wissenschaftlicher Akribie bei seiner Arbeit
zuwege. Für ihn selbst fiel bei dieser Sammeltätigkeit der wertvolle Effekt ab, daß er in dieser Zeit sein Sprachgefühl ungemein verfeinern konnte. Er hatte den Leuten lange genug aufs
Maul geschaut und besaß längst ein Gespür für eine markante
und farbige, womöglich sogar drastische und phrasenlose Sprache.

Auch sonst sucht Wilhelm, sich nach besten Kräften nützlich

zu machen. Offenbar war es ihm wie dem jungen Goethe ergangen, der ebenfalls unverrichteter Dinge, seelisch und körperlich hart angeschlagen, aus Leipzig heimkehrte. Nun hatte er sich auf eine langwierige Suche nach sich selbst begeben. Er hatte allerdings kein festes Ziel vor Augen, nach dem er seine Fahrt hätte ausrichten können, dafür aber die vorwurfsvollen Blicke der Angehörigen im Nacken.

Immer wieder porträtiert er die Geschwister, um dem Vater Proben seiner künstlerischen Fortschritte vorweisen zu können. Aber es bleibt kaum jemandem verborgen, daß dieser junge Mann an einer Wegkehre angekommen ist und nicht mehr so recht weiter weiß. Lange noch wird er als das schwarze Schaf der Familie gelten, dessen Extravaganzen man zwar schweigend übergeht, wenn man es nicht vorzieht, sie kritisch zu kommentieren. Lebt er nicht einfach in den Tag hinein, ohne sich Gedanken über ein weiteres Lebenskonzept zu machen? Mit seinem »Gekritzel«, wenigstens darüber ist man sich einig, wird er sich kaum je aus eigenen Kräften über Wasser halten können.

Gleichwohl läßt sich sagen, daß seine Märchensammlung, in die er so viel Fleiß investiert hat und der er den Titel »Ut oler Welt« verlieh, schon einen kompetenten Beitrag zur deutschen Volkskunde darstellt, wenn auch viele der von ihm fixierten Märchen bereits in anderer Form vorlagen.

Leider entwickelte der so vom Schicksal geschlagene junge Mann auch mit der Wahl des Verlegers kein besonderes Glück. Der Einbecker Buchhändler Ehlers hatte sich für das Projekt interessiert. Als es sich aber dann darum handelte, geeignete Holzstöcke für die Illustrationen zu besorgen, die Busch angefertigt hatte, kapitulierte der wackere Einbecker. Erst im Jahre 1910, also zwei Jahre nach Buschs Tod, konnte sein Neffe Otto Nöldeke das Ergebnis der Sammelleidenschaft seines Onkels geschlossen in Buchform vorlegen. Diese Publikation sollte in erster Linie wissenschaftlichen Zwecken dienen.

Der Gestalter genialer Bildergeschichten konnte sich bei dieser volkskundlichen Arbeit sehr wohl in die volkstümliche

Sprachgestaltung einüben. Er konnte sogar schon seinen Humor spielen lassen. Dem Umgang mit dem keineswegs zimperlichen heimatlichen Platt verdankt er seine Abneigung gegen alles nur Papierene in der Literatur. Hier war er bis zu den Quellen echter Volksliteratur vorgedrungen.

Wie einem inneren Zwang folgend, setzte Busch seine »Bummeljahre« fort. Immer wieder bezog er in Lüthorst Quartier. Hier konnte er sich in aller Abgeschiedenheit in die Lektüre Darwins und Schopenhauers vertiefen, in denen er sich bestätigt fand. Später wird er diesen Umgang mit erlauchten Geistern in der Floskel herunterzustimmen versuchen: »So was läßt nach mit der Zeit. Ihre Schlüssel passen ja zu vielen Türen in dem verwunschenen Schloß dieser Welt; aber kein ›hiesiger‹ Schlüssel, so scheint's, und wär's der Asketenschlüssel, paßt zur Ausgangstür.«

Natürlich hört Busch nie auf, mit seinem Skizzenbuch in der Hand durch die Landschaft zu streifen. Auffallend sind schon damals seine skizzenhaften, fast stenographisch verkürzten Zeichnungen, die mit ganz wenig Strichen auszukommen scheinen und doch vieles aussagen, was anderen verborgen blieb. Immer mehr, hat man den Eindruck, bewegt sich der junge Künstler auf seine eigentliche Domäne zu, die schon darauf wartet, von ihm beackert zu werden.

Natürlich war Buschs pessimistisch getönte Philosophie nicht gerade dazu angetan, seine gedämpften Lebensimpulse wieder zu stimulieren. Nur konnte er beim besten Willen Schopenhauers Grundideen keinesfalls widersprechen. Hier mußte demnach eine tiefere Affinität vorliegen, die mehr war als nur ein äußerliches Arrangement mit dem derzeitigen Modegeschmack, von dem der so lange vernachlässigte Schopenhauer, der sich als bedeutender Stilist auswies, endlich profitierte. Die Schopenhauersche Idee von der unheilbringenden, geradezu dämonischen Gewalt des Lebenswillens, der die gesamte Schöpfung beseelt und dem auch die Menschen sich zwanghaft unterordnen, deckte sich völlig mit den eigenen Lebenserfahrungen, die der stille Beobachter, dem nichts Menschliches ent-

ging, bisher einsammeln konnte. Viele seiner späteren Bildergeschichten sind in diesem Sinne eigentlich nichts anderes als
eine künstlerisch überzeugende Aufbereitung der Ideen Darwins und Schopenhauers, dessen ätzendem Pessimismus Busch
allerdings durch seinen Humor den giftigen Stachel zu nehmen
vermochte.

Unter den mißtrauischen Augen des Vaters schmiedete Wilhelm Busch bereits wieder Zukunftspläne, als Freund
Klemme, der ihn auch nach Düsseldorf und Antwerpen gelockt
hatte, begeisterte Briefe aus München schrieb. Für Busch stand
seitdem fest, daß er sein Glück nun noch einmal versuchen
wollte, und zwar diesmal in der bayerischen Metropole. Onkel
Kleine und die Mutter legten ein Wort für ihn beim Vater ein.
Die Mutter selbst hatte ohnehin noch eine stille Reserve für
ihren Ältesten zurückgehalten, ihre Einnahmen vom Eier- und
Butterverkauf, die sie auf die hohe Kante gelegt hatte. Mit diesem finanziellen Fundus und vielen gutgemeinten Ermahnun-
gen machte sich Busch Anfang 1854 nach München auf, einem
immer noch ungewissen Schicksal entgegen.

Buschs Münchener Zeit dauerte von 1854 bis 1868. Doch
hielt er sich nur während einem Drittel der Zeit in der Stadt
selbst auf. Immer wieder trieb es ihn aus München mit seiner
»Bierphysiognomie« aufs platte Land hinaus. Seine eigentliche
Karriere als Künstler begann allerdings in dieser Stadt und
zwar im Jahre 1858, als der Münchener Verleger Caspar Braun
ihn für seine »Fliegenden Blätter« entdeckte.

Als er, von Lüthorst kommend, Anfang November 1854 in
München eintraf, brachte der damals Zweiundzwanzigjährige
eigentlich nur seinen guten Willen und unbändigen Fleiß als
tragfähigen Fundus für seine künstlerische Karriere mit. Sonst
war er für alle ein unbeschriebenes Blatt.

Am 25. November 1854 wurde Busch feierlich an der Königlichen Akademie der Künste zu München immatrikuliert. Wilhelm von Kaulbach, der Direktor des Instituts, hatte ihn in
seine eigene Malklasse aufgenommen. Gewichtiger für seine
weitere Biographie stellte sich jedoch sein Eintritt in den

Künstlerverein »Jung-München« heraus, der etwa zum gleichen Zeitpunkt erfolgte. Dieser Verein bot ihm nämlich erst die Voraussetzung für seinen späteren steilen Aufstieg zum wohl volkstümlichsten deutschen Künstler des 19. Jahrhunderts überhaupt.

Busch war allerdings innerhalb dieser Vereinigung von jungen Kunstbeflissenen, die für sich Anspruch erhoben, noch nicht verkalkt zu sein, eine brillante Erscheinung. Mit dem Begriff »Jung-München« assoziiert man heute eigentlich nur noch den illustren Namen Wilhelm Busch, der bei seinem Eintritt noch keine durchschlagenden künstlerischen Meriten aufzuweisen hatte, der aber mit den Jahren seiner Vereinigung zu einem hohen Ansehen auch über den lokalen Münchener Rahmen hinaus verhelfen sollte.

Schon äußerlich gab der stattliche, gutaussehende und stets sorgfältig, um nicht zu sagen: elegant gekleidete Hannoveraner unter den Münchener Künstlern eine imponierende Figur ab. Zwar zeigte er sich auch hier zunächst als introvertierter, stets etwas distanzierter Beobachter, dessen kommunikative Fähigkeiten sich aber immer mehr zu regen begannen. Man fing an, in Künstlerkreisen seine trockenen, aber immer ins Schwarze treffenden Bemerkungen und Bonmots zu schätzen, aber auch zu fürchten. Sie waren oft genug von einer umwerfenden Komik. Auch gehörte ein keckes und vielsagendes Augenzwinkern zum Erscheinungsbild des jungen Hannoveraners.

Natürlich führten die Jung-Münchener so etwas wie ein lokkeres Bohemeleben. Dabei konnte es nicht ausbleiben, daß Busch im Hinblick auf seinen Vater von Gewissensbissen heimgesucht wurde. Oft wurden ganze Nächte in den Münchener Bierkneipen durchgezecht, und erst im Morgengrauen wankte man nach Hause. »Das Krähen des Hahns, der der Hel geweiht, war uns freilich bedeutungsvoll«, gesteht er später in einem Brief an Maria Anderson. »Petrus ging hinaus und weinte bitterlich. Ich selber habe ihn oft gehört, wenn ich in der Fremde vom nächtlichen Gelage kam. Er rief mir dann ein wohlbekanntes Haus vor die Seele, das Haus meiner Eltern.«

Mit der Akademie erlebte Busch allerdings abermals ein Fiasko. Er verstieg sich sogar zu der kühnen Behauptung, daß bei der gerade in München vorherrschenden akademischen Strömung »das kleine, nicht eben geschickt gesteuerte Antwerpener Schifflein gar bald wieder auf dem Trockenen saß«. Er ging sogar noch weiter und behauptete klipp und klar, in der von Kaulbach geleiteten Akademie das Malen, das er sich mühsam in Antwerpen angeeignet hatte, wieder zu verlernen. Der Stil, mit dem man hier altväterlich und einfallslos die Kunst verwaltete, war jedenfalls nicht der seine. Die vorherrschende Historienmalerei interessierte ihn nicht einmal am Rande. Er mußte sich schon autodidaktisch weiterhelfen, wenn er seine malerischen Ambitionen befriedigen wollte. Das hohle und aufgesetzte Pathos klassizistischer Epigonen fand er verabscheuungswürdig. Soviel künstlerische Impotenz hätte er nicht an einem Ort vermutet. Aber er machte sich nichts weis: Er war in eine Welt unerträglichen Schwulstes geraten, in die Makart-Welt, die er als degoutant ablehnte.

Ein Glück für ihn nur, daß er in seinem Künstlerverein Gleichgestimmte antraf. Bei »Kappler« in der Promenadenstraße, wo man zu tagen pflegte, konnte er wenigstens seinem bedrückten Herzen ein wenig Luft machen, ohne mißverstanden zu werden. Außerdem konnte er an dieser Stelle sein in diesen Jahren schwer zu zügelndes Epikureertum voll ausleben. Daß er sich in dieser Gemeinschaft bereits auf den Weg künftiger Erfolge begeben hatte, konnte er damals noch nicht ahnen. Und so trank, rauchte und parlierte er nach Herzenslust. Darüber hinaus fand er in dieser Umgebung unverkennbarer Originale ausreichend Motive für sein Skizzenbuch, in denen die Karikaturen überwogen. Diese verrieten in der Tat einen Witz, den man diesem Nordlicht nicht so ohne weiteres zugetraut hätte. Kein Zweifel: er verfügte über eine lockere, geradezu spielerische Hand, die es ihm erlaubte, in ein paar gekonnten Strichen das Wesen einer Persönlichkeit einzufangen. Auf diesem Gebiet, das mußte man neidlos zugeben, war er unschlagbar.

Otto Bassermann, Buschs späterer Verleger, witterte hinter dem Freund doch schon eine große, wenn auch noch schlummernde Begabung für das Satirische. Er verfertigte damals einen Karmen mit dem vielsagenden Titel »Was alles ich sein möchte«:

»Ich möchte Wilhelm Busch wohl sein,
Sein geistig Aug' ist scharf und fein.
Philosophie ist ihm nur Spiel.
Er spricht gescheit, nur etwas viel.
Und sagt man ›ja‹, so sagt er ›nein‹.
Ich möchte doch der Busch nicht sein.«

Den an einem Augenübel erkrankten Verlegerssohn Bassermann wird Busch später als Sekretär und Vorleser in die bayerischen Berge begleiten. Auch mit Ernst Hanfstaengl reiste er auf das Landgut von dessen Eltern auf Hochschloß Pähl. Von hier war es nicht weit zum Kloster Andechs, dessen Mönche ein berühmtes Bier brauten. Diese Möglichkeit, für ein paar Kreuzer, die man unter den Maßkrug legte, seinen Durst zu stillen, ließ Busch sich nicht entgehen.

Busch selbst hatte offenbar keine besonders hohe Meinung von seinen kleinen »Späßchen«, die ihm gleichsam spielend unter der Hand gelangen. Es ging ihm nicht so recht in den Kopf hinein, daß er aus seinem Humor Kapital schlagen konnte. Es handelte sich nämlich bei ihm schon damals um eine Mangelware, mit der man ökonomisch umzugehen hatte.

»Die Veröffentlichungen der dort verübten Späßchen, besonders der persönlichen Verhohnhackungen, ist mir unerwünscht«, äußert er sich noch 1886 über dergleichen Kunstprodukte. Aber wohlwissend setzt er zu dieser Feststellung noch hinzu: »Was hilft's? Dummheiten, wenn auch vertraulich in die weite Welt gesetzt, werden früher oder später doch leicht ihren Vater erwischen, mag er's wollen oder nicht.«

Sonst ist Busch natürlich kein Spielverderber und zeigt sich Späßen, soweit sie in den Grenzen des noch Zumutbaren bleiben, durchaus nicht abgeneigt. »Man ist ein Mensch und erfrischt und erbaut sich gern an den kleinen Verdrießlichkeiten und Dummheiten anderer Leute«, entschuldigt er seine Schwäche. »Selbst über sich selber kann man lachen mitunter, und das ist ein Extrapläsier, denn dann kommt man sich sogar noch klüger und gedockener vor als man selbst.«

Und weiter räsonniert er in ähnlicher Weise über das Wesen des Humors etwa so: »Lachen ist ein Ausdruck relativer Behaglichkeit. Der Franzel hinterm Ofen freut sich der Wärme um so mehr, wenn er sieht, wie sich draußen der Hansel in die rötlichen Hände pustet. Zum Gebrauch in der Öffentlichkeit habe ich jedoch nur Phantasiehanseln genommen. Man kann sie auch besser herrichten nach Bedarf und sie eher tun und sagen lassen, was man will. So ein Konturwesen macht sich leicht frei von dem Gesetze der Schwere und kann, besonders wenn es nicht schön ist, viel aushalten, eh' es uns weh tut. Man sieht die Sach' an und schwebt derweil in behaglichem Selbstgefühl über den Leiden der Welt, ja über dem Künstler, der gar so naiv ist.«

Damit ist bereits zur Genüge erklärt, warum es Busch stets strikt ablehnte, sich auf Kosten anderer lustig zu machen. Seine Karikaturen von den Jung-Münchenern waren daher auch nur für den inneren Gebrauch bestimmt. Sie waren aus den Kommerszeitschriften nicht mehr wegzudenken, die man periodisch erscheinen ließ.

Im Sommer brachen die jungen Künstler und Bohemiens gern in das Voralpengebiet auf, wo man billiger leben konnte. Vor allem bevorzugte man Brannenburg oder die Gegend rings um den Starnberger See. Was Wilhelm Busch anbelangt, so schloß er sich diesem Ortswechsel nur allzu gern an. Die urigen Bayern reizten sein Malerauge ungemein. Viele von ihnen hat er in seinem Skizzenbuch festgehalten.

Unvergeßlich ist ihm eine Szene geblieben, in die er bei seinen oberbayerischen Streifzügen hineingeriet. »An einem Spätnachmittag kam ich zu Fuß vor einem Dörfchen an, wo ich zu bleiben gedachte. Gleich das erste Häuschen mit dem Plät-

47

scherbrunnen und dem Zaun von Kürbis durchflochten sah verlockend idyllisch aus«, berichtet er. »Feldstuhl und Skizzenbuch wurden aufgeklappt. Auf der Schwelle saß ein steinaltes Mütterlein und schlief, das Kätzchen daneben. Plötzlich aus dem Hintergrund des Hauses kam eine jüngere Frau, faßte die Alte bei den Haaren und schleifte sie auf den Kehrichthaufen. Dabei quäkte die Alte wie ein Huhn, das geschlachtet werden soll. Feldstuhl und Skizzenbuch werden zugeklappt. Mit diesem Rippenstoße führte mich das neckische Schicksal zu den trefflichen Bauersleuten und in die herrliche Gegend, von denen ich nur ungern wieder Abschied nahm.«

Busch hat in seinen bayrischen Jahren nie länger als sechs Monate hintereinander in München leben können. Er mußte immer wieder einmal nach Hause reisen, um heimische Luft zu atmen. Für diesen Zweck hielt er sich immer einen bestimmten Betrag für die Heimfahrt zurück. Dabei macht er bezeichnenderweise zuerst immer in Lüthorst bei dem vielgeliebten Onkel Station, um ihm von seinen Münchener Abenteuern und den Fortschritten seiner Kunst zu berichten. Schon im April 1855 verbringt er einen Monat in Lüthorst und Wiedensahl und versucht bei dieser Gelegenheit sogar noch, seine Märchensammlung fortzusetzen. Im Herbst taucht er abermals in der Heimat auf. Dabei macht er Zwischenstation in Hameln, wo er den Wappenmaler und Heraldiker Friedrich Warnecke aufsucht, der später in Berlin den heraldischen Verein »Herold« gründen wird. Er versieht Busch mit dem Auftrag, Familienwappen im Kloster Loccum und in der Stadthagener Marienkirche abzuzeichnen. Damit verschafft er ihm eine bescheidene Einnahme.

Als Busch dann im September wieder einmal und diesmal für anderthalb Jahre München den Rücken kehrt, findet er Gelegenheit, über Sinn und Nutzen seines Akademiestudiums zu reflektieren. Dabei kommt er zu dem Resultat, daß er von seinen Professoren sein Heil nicht zu erwarten hat. Er sieht sich daher zunächst einmal noch ein wenig in der Welt um. Offenbar hält er das Leben selbst für seinen besten Lehrmeister.

Während seines Aufenthaltes in Lüthorst gefällt er sich in

der Rolle eines Maitre de plaisir. Er beteiligt sich an den Aufführungen einer Laientheatergruppe, schauspielert nicht ohne Geschick, entwirft attraktive Programmhefte und betätigt sich schließlich auch noch als witziger Theaterautor. Dabei zeigt er sich durchaus imstande, reale Vorgänge aus seinem Lebensumkreis mit einem gehörigen Schuß Humor theaterwirksam aufzuarbeiten. Wenn er seinen Mutterwitz spielen läßt, zeigt sich das Publikum unwiderstehlich amüsiert.

»Einer hat gebimmelt und alle haben gebummelt«, heißt die Satire, die er den Leuten in Dassel, einem bei Lüthorst gelegenen Ort, auftischt. Bezeichnenderweise widmet er dies heute unlesbare Opus den »drei schönen hochverdienten Nebenbuhlerinnen der drei Grazien Johanna, Charlotte und Marie zur Erinnerung an vergnügt verlebte Tage mit drei tiefen Bücklingen und dito drei Kratzfüßen«.

Im Mai 1858 bringt Busch aus der Heimat frische Impulse nach München mit. Er wirkt auf seine Freunde nun reifer und ausgeglichener. Als er kurz nach seiner Ankunft die Nachricht vom Tode seiner Schwester Anna erhält, zeigt er sich tief erschüttert. Er fährt mit den Freunden bis in den September hinein nach Oberbayern, malt in Öl und füllt sein Karikaturenbuch mit neuen, immer erstaunlicheren Beiträgen, ohne zu ahnen, daß er sich langsam auf den entscheidenden Wendepunkt seines Lebens zubewegt. Am Starnberger See haben die Freunde dann Gelegenheit, Buschs Mut und Gelassenheit zu bewundern, als er bei Wind und Wetter bei einer Überfahrt über den aufgepeitschten See eine geradezu stoische Ruhe bewahrt. In diesem Sommer seines Wohlbehagens kreuzt auch der alte Ludwig Richter in Brannenburg Buschs Weg. Die jungen Künstler feiern ihn enthusiastisch. Busch aber kann damals noch nicht ahnen, wie sehr er über diesen vielgeliebten und populären Zeichner des langsam verwehenden Biedermeier hinauswachsen sollte.

Als er im Herbst gewissenhaft wie immer sein Studium an der Akademie wieder aufnimmt, ahnt er keineswegs, daß er kurz vor seinem großen Durchbruch steht und daß die Zeit des Bum melns und des tastenden Herumsuchens nach seiner eigentlichen künstlerischen Mission sich seinem Ende zuneigt.

Seine Karikaturenbücher kursieren im Kreise seiner Freunde und erregen spontan Heiterkeit. Er selbst spürt es auch immer mehr, daß er sich hier auf seinem ureigenen Gebiet bewegt und daß seine Fortschritte unverkennbar sind. Der Vorsitzende der Jung-Münchener, Theodor Pixis, bestätigt noch im nachhinein, daß es für die Mitglieder der Vereinigung jedesmal ein Heidenspaß war, wenn sie sich an den saloppen Zeichnungen Buschs ergötzen konnten. Nun bedurfte es eigentlich nur noch des richtigen Mannes, der die Möglichkeit hatte, Busch aus seiner bedrückenden Anonymität zu erlösen und ihn auf die richtige Fährte zu seinem Ruhm zu setzen. Dieser Mann erschien dann tatsächlich im Herbst 1858 auf der Szene in Gestalt des Herausgebers der »Fliegenden Blätter« und der »Münchener Bilderbogen«. Er hieß Caspar Braun und muß ein geradezu divinatorisches Gespür für durchschlagende Begabungen des Komischen besessen haben.

Der Durchbruch

Caspar Braun, Herausgeber der angesehensten deutschen satirischen Zeitschrift, brauchte offenbar nicht lange zu überlegen, ob hier ein originelles Talent im Kommen war. Dieser Busch, das spürte er auf Anhieb, war der geborene Karikaturist. Er hatte nicht nur den durchdringenden Blick eines unbestechlichen Beobachters, er verfügte auch über eine hohe künstlerische Potenz, die Großes erwarten ließ. Aber auch das spezifische norddeutsche Timbre besaß in der damaligen satirischen Literatur einen gewissen Reiz der Einmaligkeit. Dieser junge Mann war nicht austauschbar; man mußte ihn an den Verlag Braun & Schneider fesseln, ehe andere ihn für sich entdeckten. Als Braun dem Wiedensahler die Mitarbeit in den »Fliegenden Blättern« anbot, hatte dieser endlich das rettende Ufer erreicht. Zum ersten Mal bot sich ihm die Gelegenheit, von seiner für brotlos gehaltenen Kunst einige Einnahmen zu erzielen. Damit konnte er sich nun allmählich materiell von seinem Vater abnabeln.

»Es kann 1859 gewesen sein«, so erzählt er später beiläufig, »als die ›Fliegenden Blätter‹ meinen ersten Beitrag erhielten: zwei Männer auf dem Eise, von denen einer den Kopf verliert. Ich hatte auf Holz zu erzählen. Der alte praktische Stich stand mir wie andern zur Verfügung; die Lust am Wechselspiel der Wünsche, am Wachsen und Werden war auch bei mir vorhanden. So nahmen denn bald die kontinuierlichen Bildergeschichten ihren Anfang, welche, mit der Zeit sich unwillkürlich erweiternd, mehr Beifall gefunden, als der Verfasser erwarten durfte.«

In der Tat: die Karikaturen, die er eigentlich nur zur Belustigung für sich und die Freunde verfertigt hatte, verschafften ihm nun den Zugang zur literarischen Öffentlichkeit in Deutschland. Noch hatte er allerdings einige Jahre künstlerischen Kärrnerdienst zu leisten, ehe 1865 sein »Max und Moritz« erscheinen konnte, jene unüberbietbare »Lausbubengeschichte in sieben Streichen«. Er hatte sogar noch eine ganze Durststrecke zu durchlaufen, ehe sein Namen ins Bewußtsein der Massen drang.

In den ersten Fingerübungen war natürlich noch keineswegs der ganze Busch enthalten. Er hat sich von diesen frühen Versuchen immer dann, wenn sie ihm unter die Augen kamen, entschieden distanziert. »Dummheiten«, pflegte er später zu sagen, »wenn auch vertraulich in die Welt gesetzt, werden früher oder später doch leicht ihren Vater erwischen, mag er's wollen oder nicht.« Er zierte sich also am Ende nicht mehr, wenn man in den Arbeiten seiner Frühzeit schnüffelte.

Als Mitarbeiter der »Fliegenden Blätter« hatte Wilhelm Busch mit 27 Jahren endlich seinen Ritterschlag zum etablierten Künstler erhalten. Das Braunsche Organ besaß nämlich für Deutschland den gleichen Rang, den in Frankreich etwa der »Charivari« und in England der »Punch« einnahm. 1844, also vier Jahre vor der Revolution, die die satirische Publizistik im Lande gehörig Blüten treiben ließ, hatte Caspar Braun gemeinsam mit dem Buchhändler Friedrich Schneider dieses Periodikum mit großdeutscher Grundtendenz aus der Taufe gehoben. Busch war bald der beliebteste Mitarbeiter bei den Lesern, die sich seinen Namen zu merken begannen. 1859 war er bereits mit 18, im Jahr darauf sogar mit 30 Beiträgen vertreten. Neben ihm konnte eigentlich nur Adolf Oberländer bestehen, der ebenfalls die komische Seite des Lebens erfaßte, allerdings nicht über die ätzend satirische Schärfe Buschs verfügte.

Von 1859 bis 1872 lieferte Busch nicht weniger als 136 Arbeiten bei Braun ab. Oft handelte es sich naturgemäß um reine Brotarbeit. Bei dem »Münchener Bilderbogen« brachte es Busch auf 50 Beiträge, die nicht allesamt von besonders exquisitem Rang sein konnten. Aber langweilig oder degoutant, so-

Caspar Braun

viel läßt sich sagen, waren sie nie. Er schuf sie hinter verschlossenen Türen, zuerst in München, dann aber zunehmend in Wiedensahl.

Die Entwicklung zur endgültigen Meisterschaft läßt sich an Hand dieser Arbeiten unschwer verfolgen. Erstaunlich vor allem, wie Busch sich auch als Künstler des gestaltenden Wortes immer weiter in den Vordergrund arbeitete. Eine der seltenen Doppelbegabungen begann sich zu regen.

Hatte sich Busch zunächst an Texte gehalten, die man ihm zur Illustration vorlegte, so machte er sich von solchen präfabrizierten Vorlagen langsam frei. An Einfällen dazu fehlte es ihm keineswegs. Oft handelte es sich, wie er freimütig bekannte, lediglich um »Produkte des drängenden Ernährungstriebes«, der gestillt sein wollte, ohne daß er dem Vater länger auf der Tasche lag. Noch empfand er sich, wie er in einem bewußten Understatement formulierte, als einen »Jünger einer sorglos in Holzschuhen tanzenden Muse«. Sein »vergeßlicher Stadtschreiber«, mit dem er debütierte, war sicher noch kein Geniestreich, aber immerhin witterte man bereits die Klaue eines Löwen.

Immerhin: Nach langen und enervierenden und krisenreichen Lehrjahren war der Künstler Busch endlich in seine Gesellenjahre eingetreten, die man etwa bis 1844 datieren kann. Von da ab legte er Jahr für Jahr seine bedeutenden, fast einmaligen Bildergeschichten vor. »Max und Moritz« stellt in seiner künstlerischen Biographie sozusagen das Gesellenstück dar, das allerdings wie ein Donnerschlag wirkte. Seitdem konnte er geradezu souverän mit den erworbenen künstlerischen Mitteln schalten und walten. Nicht nur ausgesuchte Experten, sondern auch instinktbegabte Laien erteilten ihm durchaus positive Zensuren. Allerdings begann man erst viel später zu begreifen, daß unter dem Firnis eines versöhnenden Humors sich einer unserer unerbittlichsten Satiriker verbarg, der den Leuten in einer inzwischen entzauberten Welt seine bitteren Wahrheiten um die Ohren schlug. Seine fanatische Wahrheitsliebe prädestinierte ihn geradezu dazu, seine Zeit, die irgendwie aus den Fugen zu gehen drohte, unerbittlich zu demaskieren.

Der Mann aus dem deutschen Norden, den viele für eine verkrachte Existenz, für einen Bankerotteur gehalten hatten,
hatte sich als Satiriker unüberhörbar zu Wort gemeldet. »Der
harte Winter«, »Der kleine Maler mit der großen Mappe« oder
»Die kleinen Honigdiebe« deuteten in ihrer Originalität bereits
die Generallinie an, auf der sich der Künstler Busch dann zeit
seines Lebens bewegen wird. Je mehr er seine eigenen Texte
schrieb, um so mehr gewann er an eigenem Profil. Seine Zeichnungen wurden immer markanter und seine Texte von Mal zu
Mal prägnanter. Der große Aphoristiker Busch, der in unserer
Literatur kaum seinesgleichen hat, entwickelte sich ganz im
Stillen. »Ich bin zu meinen Versen gekommen wie der Hund zu
Flöhen«, so lautete seine sarkastische Antwort auf viele nahe-
liegende Fragen, wie er denn um Gottes willen soviel Virtuosität auch des verbalen Ausdrucks erreicht habe.

»Der Maler Lossow veranlaßte mich, einige Sachen zu illustrieren«, stellte er rückblickend fest. »Die Dinger gefielen,
und da kam ich auf den Gedanken, selber zu versuchen, ähnliches zu machen. Ich mußte Biergeld haben. Die Sache gelang;
meist aber wurden die Texte, die illustriert werden sollten, vom
Verlag geliefert, und da war oft gar nicht viel dran. Was ich
selber lieferte, waren Bilderfolgen, meist ohne Texte, wie ich
denn in erster Linie zeichnerische und nicht literarische Einfälle gehabt habe. Der Verlag wollte immer einen Text dazu
haben, und so versuchte ich, so gut es eben gehen mochte, welche dazu zu machen.

Heute redet man immer von meinen Versen als von der
Hauptsache, während doch die Bilder das Wesentliche sind.
Freilich, die Verse lassen sich zitieren, die Bilder bleiben auf
dem Papier. Bei den ›Fliegenden‹ honorierte deren Verleger,
der alte Braun, die Sachen selber, und er gab fast gar nichts
dafür. Ich forderte aber auch nichts, weil ich dachte, ich könnte
doch kein Geld nehmen dafür, was mir selber soviel Pläsier
gemacht hatte, es zu zeichnen.«

Durch Buschs Zeichnungen, hatte man bald herausgefunden, wehte ein entschieden heftigerer Wind als durch die

üblichen Biedermeieridyllen, an die das deutsche Publikum gewöhnt war. Er schien geradezu von der infamen Lust besessen zu sein, »Situationen in Fluß zu bringen« und nicht nur rein statuarisch Zustände zu Papier zu bringen. Als hätte er es darauf abgesehen, ahnungslose Biedermeierspießer aus ihrer Friedhofsruhe aufzuschrecken und ihnen ein unverstelltes Bild ihrer entmythologisierten Zeit zu präsentieren, entfesselte er eine künstlerische Dynamik, die man bis dahin überhaupt nicht gekannt hatte und die man nur schwer ertragen konnte. Daran hinderte ihn auch die Tatsache nicht, daß er auf Holz zu erzählen hatte und zu einer gewissen Statuarik gezwungen war. Er half sich aus dem Dilemma, indem er sich immer mehr auf möglichst wenige Striche konzentrierte, um dem Stichel des Hylographen eine möglichst leicht zu übertragende Vorlage zu liefern.

Im Grunde handelte es sich bei Buschs Hervorbringungen immer wieder um relativ anspruchslose »Slapsticks«, die unmittelbar und ohne große Überlegungen auf die Lachmuskeln seiner Zeitgenossen wirken sollten. Wegen der herausragenden Qualität der Buschschen Zeichnungen übernahm Braun zuerst »Die kleinen Honigdiebe« mit in seine »Münchener Bilderbogen«, in denen besonders wichtige und gelungene Beiträge der »Fliegenden Blätter« noch einmal einem breiteren Publikum vorgelegt werden sollten.

Erstaunlich schnell hatte Busch die nachromantischen Einflüsse von Moritz von Schwind und Pocci überwunden. Er befand sich, wie man leicht feststellen konnte, auf direktem Wege zu sich selbst. Auch alle Versuche, etwa im Sinne von Hoffmanns »Struwwelpeter« penetrant pädagogisch zu wirken, hatte er schnell aufgegeben. Die echt Buschsche Ironie, die er mit Charme einzusetzen wußte, lag bald wie ein heimlicher Glanz über seinen Zeichnungen. Ein solches Naturtalent des Komischen wie Busch hatte es, wie sich bald herausstellte, lange nicht mehr in diesem tierisch ernsten Land gegeben. Sensiblere Gemüter konnten die Drastik, die Busch von den Märchen übernommen hatte, dann auch nicht so ohne weiteres goutieren.

Caspar Braun hatte mit dem in seinen Honoraransprüchen

höchst bescheidenen Wilhelm Busch offenbar den Fang seines Lebens gemacht. Seine Honorare ließ er bewußt spärlich fließen, doch reichten sie vorerst aus, den Künstler über Wasser zu halten, der sich von nun an wenigstens ohne Gewissensbisse vor seinem Vater sehen lassen konnte. Er fuhr nach wie vor in die Heimat, um sich vom hektischen Münchener Kunstbetrieb ein wenig zu distanzieren. Wenn der Prophet auch nichts im eigenen Vaterland zu gelten pflegt, so sprach sich die Tatsache seiner wachsenden Popularität selbst bis nach Wiedensahl herum.

Das Jahr 1860 bringt ihm viele Aufträge für die Fastnachtsveranstaltungen der Jung-Münchener. Im Mai fährt er mit Bassermann und anderen Künstlern nach Dresden, um sich dort an den Museumsschätzen zu delektieren. Der Sommer sieht ihn dann wieder in Wiedensahl. Dann aber packt die Krankheit zu. Den Oktober und Teile des Novembers muß er wegen einer Typhuserkrankung im Bett zubringen.

Während dieser unfreiwilligen Muße hat er ausreichend Zeit, seine künstlerische Situation einmal genauer zu überdenken. Wieder regt sich in ihm der dezidierte Schopenhauerianer, der die Welt beim besten Willen nicht durch eine rosarote Brille sehen kann und auch nicht will. Gottlob ist er mit einer guten Portion Humor gesegnet, die seine menschliche Erscheinung so hoch erfreulich macht.

»Man ist Mensch und erfrischt und erbaut sich gern an den kleinen Verdrießlichkeiten und Dummheiten anderer«, so lautet noch immer seine Meinung. Er ist dann auch der klassische Darsteller der menschlichen Schadenfreude geworden. Es handelt sich bei ihr um ein Leitmotiv, das in seinen Geschichten immer wieder aufklingt.

»Seit den Tagen Deiner Abreise hat mich das Schleimfieber«, schreibt er vom Krankenbett an Bassermann. »Anfangs hab ich mich stark dagegen gesträubt, ich ging aus während ein paar schöner Tage, aber plötzlich warf es mich unwiderstehlich nieder. Einige Zeit glaubte ich, es sei aus mit mir. Nachdem ich nun drei Wochen ununterbrochen das Bett gehütet, kann ich

Wilhelm Busch nach einer Photographie
aus der Münchner Zeit (um 1862)

seit etwa acht Tagen wieder auf sein, worin ich es jetzt fast bis
auf einen ganzen Tag gebracht habe. Mein Appetit hat sich vor-
trefflich wieder eingefunden, so daß ich von Tag zu Tag meine
Kräfte wachsen fühle und wieder etwas Fleisch sammle. Es war
auch gar zu erbärmlich. Freilich, auch jetzt schlottert mir noch
die Hose an den Gebeinen. Popo und Bauch sind wie weggebla-
sen. Nun, ich gräme mich nicht darum; nur kostet es doch etwas
viel Geld, besonders, wenn ich das mitrechne, was in der Zeit
hätte verdient werden können.«

Busch hatte sich inzwischen so sehr in der Kunstmetropole
an der Isar eingelebt, daß man ihm für den Februar 1862 die

Ausgestaltung des Münchener Künstlerfaschings übertrug. Monatelang ist er mit der Vorbereitung zu diesem Fest, das im Zeichen der »deutschen Märchenwelt« stehen soll, voll und ganz eingedeckt. Leider wirft diese strapaziöse Kleinarbeit keinerlei materiellen Gewinn für ihn ab. Im Gegenteil muß Busch, in der Ausübung seines künstlerischen Metiers merklich gehindert, noch einiges zu dem spektakulären Ereignis hinzuschustern. So gerät er wieder einmal in eine Geldmisere, die ihm merklich zu schaffen macht.

Für das geplante Fest verfertigte er auch noch das Libretto für eine Oper »Hänsel und Gretel«. Der Komponist Georg Kremplsetzer, immerhin eine lokale Zelebrität in München, setzt diesen Text in Musik, und da beide einen unverkennbaren Theatersinn entwickeln, wird die Uraufführung für die Stadt ein gesellschaftliches Ereignis. Selbst der Hof ist zu diesem Anlaß zur Stelle. Aber damit hat er dann auch seine letzten Aktivitäten für die Jung-Münchner abgeschlossen, die ihm viel zu verdanken haben.

Der Verein hat inzwischen, wie sich zeigt, nämlich seinen Kulminationspunkt überschritten. Neue schöpferische Impulse vermittelt er nicht mehr. Für Busch hat er jedenfalls seine Schuldigkeit getan. Unerträgliche Vereinsmeiereien verleiden ihm jedes weitere Engagement. Auch der Versuch, eine Sezession von produktiven Kräften zu gründen, schlägt fehl. Busch sieht sich von nun an immer mehr auf sich selbst verwiesen. Er ist gescheit genug, seine schöpferischen Kräfte für seine eigene Mission zusammenzuraffen.

Relativ früh hat er gelernt, daß das Glück des Individuums »im eigenen Kopf liegt, in der harmonischen Ausbildung seines Wertes. Sodann muß er etwas davon auf die nächste Umgebung übertragen. Die Volksbeglückung en gros wird aber eine Arbeit der Danaiden bleiben bis ans Ende der Welt«. Diese so ganz und gar nicht jugendliche Weisheit hatte er auch seinem Freund Bassermann zu bedenken gegeben, der in naiver Begeisterung bereit war, sich zur Befreiung Schleswig-Holsteins in ein kriegerisches Abenteuer zu stürzen. Damals hatte der gänz-

59

lich unpolitische Busch bereits seine künstlerische Tätigkeit von München nach Wiedensahl verlegt, wo dann seine berühmten Bildergeschichten fast ausnahmslos entstanden.

Für das Jahr 1863 liefert Wilhelm Busch abermals 23 Beiträge für die »Fliegenden Blätter«, darunter auch seinen »Müller und Schornsteinfeger«, mit dem er sich bereits auf die künftigen Bildergeschichten zubewegt. Seine Verse gewinnen zunehmend an Prägnanz und Eingängigkeit. Und schon beginnt man daran herumzurätseln, ob diese Verse, die sich förmlich dem Gedächtnis aufdrängen, oder aber die Zeichnungen, bei denen jeder Strich sitzt, den Vorzug verdienen. Jedenfalls ist, alles in allem, den Deutschen ein literarischer Spaßmacher geschenkt worden, der sich der Alltagssprache bedient, um sich zu artikulieren. Hochgestochenheit ist so ganz und gar seine Sache nicht. Irgendwie bewegt er sich in der Nachfolge des sonst ganz anders timbrierten Heinrich Heine. Was er dann eine Zeitlang Jahr für Jahr dem deutschen Leserpublikum vorzulegen hat, ist Gebrauchsliteratur im besten Sinne. Dieser im Grunde noch so bäuerliche Mensch hat es einfach nicht nötig, Volkstümlichkeit zu affektieren. Alles scheint echt an ihm zu sein. Erstaunlich vor allem, daß ihm immer wieder etwas Neues einfällt, daß er der menschlichen Komödie immer neue Kapitel hinzuzufügen hat.

Im Herbst 1864 ist es dann soweit, daß Busch sich zum ersten Mal mit einer Sammlung von kurzen Bildergeschichten an die Öffentlichkeit traut. Ludwig Richters Sohn, Heinrich Richter, der in Dresden einen Verlag gegründet hat, zeigt sich bereit, dieser neuen Koryphäe der heiteren Literatur ein Forum zu bieten, obwohl Busch durchaus als Antipode seines biedermeierlichen Vaters gelten kann.

Vier so gewichtige Stücke wie »Katze und Maus«, »Krischan mit der Piepe«, »Hänsel und Gretel« und nicht zuletzt der »Eispeter« faßt man in dem wohlausgestatteten Band »Bilderpossen« zusammen und hofft auf ein Publikum, das auf dergleichen Komik eingestimmt ist. Aber die Käufer wollen sich nicht so recht einstellen. Der etwas brüskierend-schnodderige Ton paßt eben nicht in das sonstige Verlagskonzept des Dresdeners, der immer noch die nachromantische Süßlichkeit seines Vaters kultiviert. Zumindest der allzu drastische »Eispeter« muß als offener Affront gegen die Traditionen des deutschen Bilderbuchs empfunden werden.

Außerdem stellt sich heraus, daß Heinrich Richter als Verleger keine besonders glückliche Hand hat. Er versteht sich nicht darauf, für sein neues Verlagswerk, das so ganz aus dem Rahmen des Gewohnten fällt und dessen exquisiten Rang man kaum übersehen kann, effektvoll die Werbetrommel zu rühren. Die »Bilderpossen« werden ein glatter verlegerischer Mißerfolg, der Busch dann doch irgendwie nachdenklich stimmt und ihn nicht gerade zum Verfertigen neuer Publikationen ermuntert.

Vielleicht ist der jugendliche Stürmer doch in der Darstellung menschlicher Grausamkeit etwas zu weit übers Ziel hinausgeschossen. Vor allem »Der Eispeter«, diese Erziehungskomödie mit einem allzu makabren Ausgang, scheint die Leser mächtig zu düpieren. Was hatte Busch sich da nur alles einfallen lassen? Es handelt sich um die Geschichte eines Lausejungen, der sich trotz aller Warnungen der zu Recht besorgten Eltern aufs Eis begibt und schließlich als Opfer jugendlicher Gehorsamsverweigerung nur noch als ein bizarr geformter Eisklumpen ins Elternhaus zurückgeschafft wird. Beim Auftauen vor dem gemütlichen Ofen verwandelt sich der Sohn des Hauses in einen flüssigen Aggregatzustand. Diese undefinierbare Flüssigkeit löffeln die gramgebeugten Eltern tiefbewegt in einen tönernen Topf, den sie dann sehr zum Entsetzen der sonst für alle Späße aufgeschlossenen Leser zwischen dem Eingemachten im Keller verstauen, ohne zu vergessen, den Topf mit der Aufschrift »Peter« und mit ein paar Pietät erheischenden Kreuzen zu versehen.

Dieser »Gag«, den Busch sich da hatte einfallen lassen, war selbst für abgebrühte Gemüter starker Tobak. Als Otto Bassermann im Jahre 1880 sich daranmachte, dieses schockierende Buch in einer zweiten Auflage herauszubringen, kappte er kurzentschlossen den provozierenden Schluß dieser Story, die in ihrer Skurrilität die Leser das Lachen im Halse ersticken ließ. Aber auch diesmal wollte sich ein flüssiger Verkauf nicht einstellen, wie Bassermann ihn von den anderen Busch-Ausgaben gewöhnt war.

Bei »Krischan mit der Piepe« bediente sich Busch des heimatlich-vertrauten Platt, dem er beachtliche Wirkungen abzugewinnen versteht. Die Treuherzigkeit dieser Knittelverse divergiert erheblich mit der strengen Strafe, die den rauchenden Krischan betrifft, der am Ende die väterliche Ermunterung zu hören bekommt: »Jaja, min Jung! so mot et gahn! / Krischan, lat de Piepe stahn!«

Dem altbekannten Märchen »Hänsel und Gretel« weiß Busch keine neuen Nuancen abzujagen. Bestenfalls erfindet er zu allem Schrecklichen noch ein Ungeheuer von Menschenfresser dazu, der sich schon auf den saftigen Fraß freut, ehe er selbst in einen Käfig gelockt und schließlich mitsamt seinem nicht ganz alltäglichen Gefängnis im Sumpf versenkt wird.

Max und Moritz

Inzwischen war Wilhelm Busch an dem Punkt angelangt, an dem er sich selbst die Frage stellte, ob es auch in Zukunft für ihn oppurtun sein könnte, es bei seiner Mitarbeit bei einigen Zeitschriften zu belassen, oder ob er nicht doch zu Publikationen ausholen sollte, die monographischen Charakter hatten. Eigentlich war er über die Kärrnerarbeit, für Zeitschriften laufend neues Material zu liefern, längst hinausgewachsen, Zeitschriften hielt er zu Recht für gefräßige Ungeheuer, die regelmäßig gefüttert sein wollen. »Erst gibt man ihnen die besten und nahrhaftesten Speisen, ja Delikatessen; nach und nach zwingt einen das nimmersatte Vieh, in den zugeworfenen Brocken immer weniger wählerisch zu werden, bis man zu faulem, stinkendem Fleisch und leeren Wurstpellen kommt. Bücher kann ich machen, wenn ich Lust habe und mir was einfällt.«

Busch zog prompt die Konsequenzen aus dieser Überlegung und kaprizierte sich zunehmend auf die Herstellung von Büchern. Mit seiner Bildergeschichte von den beiden Lausbuben Max und Moritz hatte er ein Manuskript in der Schublade, das alle Kriterien einer inzwischen erreichten Meisterschaft aufwies.

Nach dem Mißerfolg der »Bilderpossen« bietet er seine »Lausbubengeschichte in sieben Streichen«, über deren exquisiten Rang er sich offenbar noch nicht im klaren ist, ohne Honorarforderungen seinem Dresdener Verleger an. Dem geht offenbar wieder einmal das spezifisch verlegerische Flair ab, so daß er sich das Geschäft seines Lebens entgehen läßt. Zwar hatte er sich auch mit seinem Vater wegen dieses Verlagsprojekts beraten. Das Manuskript ließ man sogar in Dresdener

Künstlerkreisen kursieren. Begreiflicherweise löste es dort helles Entzücken aus, aber schließlich zweifelten diese Fachleute daran, ob ein noch in biedermeierlicher Idyllik eingestimmtes Publikum überhaupt ein Organ für die geradezu umwerfende Drastik dieser dramatischen Bildergeschichte aufbringen würde. Natürlich waren die Dresdener Künstler von Busch ungemein eingenommen. Richter hörte aber nicht auf sie mit der Begründung: »Solche Leute kaufen ja keine Bücher.«

Nach Empfang der schmerzlichen Absage aus Dresden wandte sich Busch umgehend an seinen alten Caspar Braun, der über ein untrügliches Witterungsvermögen für verlegerische Chancen verfügte. Am 5. Februar 1865 schreibt er von Wiedensahl aus nach München hinüber: »Lieber Herr Braun! Wie sehr würde es mich freuen, einmal wieder etwas von Ihnen zu hören! Ich schicke Ihnen nun hier die Geschichte von Max und Moritz, die ich zu Nutz und eigenem Pläsier auch gar schön in Farben gesetzt habe, mit der Bitte, das Ding recht freundlich in die Hand zu nehmen und hin und wieder ein wenig zu lächeln. Ich habe mir gedacht, es ließe sich als eine Art kleiner Kinder-Epopöe vielleicht für einige Nummern der Fliegenden Blätter und mit entsprechenden Textveränderungen auch für die Bilderbogen verwenden.

Zu einer weiten Reise konnte ich mich in dieser kalten Jahreszeit nicht entschließen und bin auch dazu nicht eingerichtet, sonst hätte ich wohl schon zu Weihnachten mein Bündel geschnürt, um Ihnen persönlich zu sagen, wie sehr ich wünsche, nun bald wieder recht fleißig für Sie zu arbeiten. – Abgesondert von allem Verkehr und eingeschneit bis über die Ohren, beschleicht einen das Gefühl der gänzlichen Einsamkeit, und der Wunsch wird rege, diejenigen Bekanntschaften sich zu erhalten, welche durch die Jahre erprobt sind. Das sind halt doch die besten!«

Caspar Braun wäre nicht der ausgepichte Verlagsexperte gewesen, der er nun einmal war, hätte er nicht gleich beim ersten Einblick in das Manuskript die große Chance gewittert, die da auf ihn zukam. Er hatte einen potentiellen Bestseller in den

Händen und griff daher ohne alle Umschweife zu. Allerdings dachte er nicht daran, diesen Geniewurf, wie Busch ihm vorgeschlagen hatte, auf einzelne Nummern seiner »Fliegenden Blätter« zu zerstückeln, sondern schlug eine Buchausgabe vor. Busch fand sich auch sogleich mit einer einmaligen Abfindung von 1000 Gulden (1700 Goldmark) zufriedengestellt. Damit konnte das Werk, das seinen Namen bald in alle Welt trug, seinen meteorhaften Aufstieg antreten. Das bekannteste Kinderbuch der Weltliteratur war damit geboren und auf seinen erfolgreichen Lebensweg geschickt worden. Es wurde in den folgenden Jahren in mehr als dreißig Sprachen übersetzt und erlangte eine Gesamtauflage von mehr als zwei Millionen. Darüber hinaus wurde es als Theaterstück, Musical und Ballett verarbeitet. Auch der Film bemächtigte sich natürlich des Stoffes.

Grund zu höchster Befriedigung für einen Künstler also, über dessen bummliges Leben man sich bereits zu mokieren begann. Der Erfolg kam allerdings gewissermaßen über Nacht und völlig überraschend. Als Braun ihm den rasanten Absatz signalisierte, schrieb Busch mit betonter Zurückhaltung nach München zurück: »Geben die Götter, daß Ihr freundlich-prophetischer Blick in die Zukunft sich bewahrheiten und der unruhevolle Dornen- und Wanderstab endlich abgelegt und ein stilles Eckchen finden möge.«

Wenn Busch auch nicht von dem exorbitanten Erfolg seines »Max und Moritz« profitierte, so zahlte sich sein wachsender Ruhm doch wenigstens mittelbar auf seine späteren Buchpublikationen aus. Er hatte den großen Durchbruch geschafft, war, wie man so sagt, im Geschäft und hatte für die Zukunft kaum irgendwelche Rückschläge zu befürchten. Freilich bestand die Gefahr, die beiden Lausejungen würden allzu sehr seine späteren Bildergeschichten verdunkeln, die ihm eigentlich ebenso oder noch ungleich mehr am Herzen lagen. Aufs ganze gesehen besaß diese Kinder-Epopöe bei weitem nicht die künstlerische Reife seiner späteren Würfe, mit der er die Welt überraschte.

Wenn es bei Busch auch keineswegs zimperlich zuzugehen pflegte, so hat Heinrich Hoffmanns »Struwwelpeter«, der noch

ganz in der moraltriefenden Tradition der Aufklärungspädago-
gik stand, für ihn nie Modellcharakter besessen. Der Künstler
in Busch siegte stets über den Moralisten, der natürlich auch in
ihm steckte, der aber immer in Grenzen gehalten wurde. Er
hatte nicht einmal die Absicht, die These zu widerlegen, der
Mensch wäre von Natur aus gut, als er dieses Mordsspektakel
entfesselte. Er brachte nur seine wohldosierte Ironie mit ins
Spiel, als er nach allen Gesetzen einer höheren Dramaturgie
sein Papiertheater mit allen schockierenden Effekten in Szene
setzte und zwei natürliche Jungen mit ungebrochener Vitalität
in einer sterilen Bürgerwelt agieren ließ.

Mit der moraltriefenden Attitüde eines Überpädagogen ist
Busch zeit seines Lebens nicht aufgetreten. Er war sich über die
Grenzen der Erziehung sehr wohl im klaren. Er wollte jedoch
die saturierten Bürger, die in einer bereits entzauberten Welt
kaum noch einen Hauch von Geist verspürten, mit allen künstlerischen Mitteln der Drastik auf die ganze Jämmerlichkeit ihrer Existenz hinweisen. Seitdem sie sich von allem Numinosen
abgekoppelt und sich immer mehr einem geisttötenden Materialismus ausgeliefert hatten, vegetierten sie mehr dahin, als
daß sie lebten. In ihrer Arroganz und Bigotterie forderten sie
den geborenen Satiriker geradezu zu immer neuen Taten des
Geistes heraus. Mit dieser Kindergeschichte hatte Busch in der
Tat bereits das Grundmotiv seines Lebens aufgenommen, das
er immer wieder variierte. Noch der 75jährige gab einem jugendlichen Leser auf eine Anfrage folgendes zu verstehen:

»Max und Moritz machten beide,
Als sie lebten, keine Freude.
Bildlich siehst du jetzt die Possen,
Die in Wirklichkeit verdrossen,
Mit behaglichem Gekicher,
Weil du selbst vor ihnen sicher.
Aber das bedenke stets:
Wie man's treibt, mein Kind, so geht's.«

Immerhin: Wilhelm Busch hatte das völlig neue literarische Genre der Bildergeschichte erfunden und weiterentwickelt. Vorbilder irgendwelcher Art konnte man ihm jedenfalls nicht nachweisen. Hier bewegte er sich in seiner ureigenen schöpferischen Domäne und gab damit seinen Nachahmern kaum eine Chance. Sooft er auch imitiert wurde, seinen künstlerischen Rang hat niemand seiner Epigonen erreicht.

Es trifft auch in keiner Weise zu, daß Busch sich an den Genfer Illustrator Rodolphe Toepffer angelehnt oder ihm sogar ein paar Kunstgriffe abgesehen hätte. Dieser Künstler bewegte sich in seinen illustrierten Erzählungen, die Goethe noch so ungemein zu schätzen wußte, auf einem wesentlich anderen künstlerischen Terrain. Busch war als aggressiver Zeitkritiker, der die Bruchstellen seiner Epoche erkannte und schwer an ihnen litt, weit über diesen beschaulichen Vorgänger, den man ihm zu Unrecht unterstellte, haushoch hinausgewachsen. Er verfügte eben über jenen Schuß satirischen Pfeffers, der seinen Geschichten erst das rechte Leben einhaucht.

Darüber hinaus verlieh Busch den altdeutschen Knittelversen, die wegen ihrer vermeintlichen Kunstlosigkeit in keinem besonders hohen Ruf bei Deutschlands Poeten standen, eine neue Qualität. Hans Sachs hatte bekanntlich seine volkstümlichen Schwänke in dieser Weise versifiziert. Busch ließ ihn weit hinter sich. Doch war es auch dem wackeren Nürnberger Poeten schon darum gegangen, seinen verblendeten Zeitgenossen ihre Fehler und Torheiten wie in einem Narrenspiegel vor Augen zu führen. Im ganzen war der Mann aus Wiedensahl dann eben doch aus einem etwas härteren Holze geschnitzt als der Nürnberger Schumacher. In einem entfesselten Jahrhundert mußte ein engagierter Zeitkritiker alle Dezenz und Rücksichtnahme auf sensiblere Gemüter fahren lassen. Er mußte sich einer gewisssen Drastik bedienen, um überhaupt gehört zu werden.

Busch war zweifellos ganz in seinem ureigenen Element, als er seinen beiden kindlichen Bösewichtern die Zügel für alle nur erdenklichen Schandtaten lockerte. Sie brachen wie ein Unwetter in eine Welt ein, in der alles auf das Beste geordnet und reglementiert war, und lösten ein bestürzendes Chaos aus. Es gab keinen Streich, den sie nicht sogleich ausgeführt hätten, nachdem er ihrer unerschöpflichen Phantasie entsprungen war. Sie taten es ohne alles Mitleid für die Objekte ihrer entfesselten Bosheit. Alle angemaßte bürgerliche Würde, deren Hohlheit sie witterten, traten sie förmlich mit Füßen. Dieser unausgesprochene Affront gegen alle bürgerliche Wohlanständigkeit deutet bereits den Zusammenbruch der alten Ordnungen und eine Umwertung aller Werte an, von der dann bei Nietzsche noch ausführlicher die Rede sein sollte. Kaum einer aber hat überhaupt so mitleidlos den Nerv seiner Zeit bloßgelegt wie eben Wilhelm Busch.

Dem Wiedensahler ging es in seiner kaum zu bändigenden Lust, menschlichen Typen Form und Kontur zu verleihen, im Falle seiner beiden kindlichen Bösewichter keineswegs darum, Kinder zu denunzieren, von denen er nie angenommen hatte, es könnte sich bei ihnen von Natur aus um Engel handeln. Er wollte Rousseaus Fehleinschätzung vielmehr durch seine künstlerischen Taten widerlegen. Er dekuvriert daher Eltern und Erzieher als Narren und Heuchler, die ihrer Aufgabe nicht gewachsen sind, menschliche Bosheit, die eine Erscheinungsform des elementaren Willens zum Leben ist, in rechte Bahnen zu lenken.

Nein, man vergißt sie allesamt so schnell nicht wieder, die skurrilen Gestalten, die durch diese Kindergeschichte geistern. Unvergeßlich die beiden Titelhelden mit ihren infam verschmitzten Gesichtern, die beklagenswerte larmoyante Witwe Bolte, den Schneider Böck, den subalternen Lehrer Lämpel, den gutmütigen Onkel Fritze oder den resoluten Bauern Meck, der dem Spuk dann ein schnelles und gänzlich unsentimentales Ende bereiten wird, indem er Buschs Helden kurzentschlossen dem Müller ausliefert, der dann mit ihnen kurzen Prozeß macht. Daß sie zum bösen Ende sogar »Müllers Federvieh« zum Fraße vorgeworfen werden, braucht man nicht gerade als besonders dezenten Regieeinfall zu werten, aber einer gewissen inneren Logik folgt diese makabre Generalabrechnung für sieben wohlgelungene Bubenstreiche dann eben doch.

Diese unerbittliche Art der Bestrafung entspricht ganz der dichterischen Gerechtigkeit der deutschen Volksmärchen, in denen jedem sein Maß zugeteilt wird. Von durch nichts motivierten Happy-Ends hielt Busch überhaupt nichts. Er wollte und konnte das Leben in seiner inneren Logik nicht verfälschen.

Busch hat sich in bezug auf den Raubtiercharakter des Menschen nie einer Täuschung hingegeben. Er machte sich nicht gern etwas weis. Die Welt, wie sie sich aufgrund seiner Erfahrungen für ihn darbot, stellte ein einziges undurchschaubares Getümmel von Lebewesen dar, von denen ein jedes sich seinen Platz an der Sonne, meist auf Kosten anderer, ergattern möchte. Dem Bösen begegnete man auf Schritt und Tritt, und man zeigte sich mit Recht überrascht, wenn das Gute einem einmal den Weg kreuzte.

»Man sagt wohl so hin: Sei ein Mensch und du bist gut!« gab er zu bedenken. »O lügenhafter Dünkel! Bei den meisten Menschen, die mir begegnet sind, habe ich noch immer die Reißzähne von den Schneidezähnen ganz deutlich unterscheiden können. Der Wille ist das Starke, das Böse, das Wirkungsvolle. Der Intellekt ist Nummer zwei. Nicht wollen, Ruhe wäre das Beste. Wie soll das kommen? Da steckt's Mysterium.«

So desillusionierend konnte eigentlich nur ein echtes Naturprodukt der niederdeutschen Landschaft sprechen. Ohne die Kenntnis der Märchen- und Sagenwelt seiner Heimat ist Busch daher auch kaum überzeugend zu interpretieren. Auf weiten Strecken bewegt er sich ganz in den Spuren Till Eulenspiegels, der die Möglichkeiten des Humors dieser Landschaft sicher überzeugend inkarniert hat.

In der Tat: Nach diesem Exkurs braucht man zur »Vivisektion« Buschs keine Psychoanalytiker mehr zu bemühen, die auf ihre Fasson die spezifischen Grausamkeiten Buschs zu erklären versuchen, ohne deswegen dem eigentlichen Geheimnis dieses Genies auch nur um einen Schritt näherzukommen.

Mit ideologischen Scheuklappen versehene Psychologen gingen, wie man sich noch erinnert, nach 1945 sogar so weit, Busch als »Mitläufer oder sogar Hauptschuldigen« vor ein imaginäres Tribunal der Weltgeschichte zu zitieren. Dabei kann an der Meinung überhaupt nicht ernsthaft gerüttelt werden, daß Busch sich ganz im Rahmen des Traditionellen bewegte. Auch in unseren Märchen rollen die Köpfe ertappter Missetäter, müssen intrigante Frauen in glühenden Schuhen tanzen, werden notorische Faulpelze mit Pech besudelt, werden Augen ausgebohrt und Herzen mit feurigen Zangen aus lebendigen Leibern herausgezwickt. Natürlich hatte man in jener Zeit, als das Volk noch seine unangekränkelte Phantasie spielen ließ, nicht Rücksicht auf ramponierte Nerven von Großstädtern zu nehmen.

»Das Leiden, die Marter haben etwas schauderhaft Anziehendes«, schrieb er 1875 in einem Brief. »Sie bewirken Grauen und Ergötzen zugleich.« Natürlich rechnete er mit der Schadenfreude der Menschen, die sich am Leid der anderen nicht eben wenig verlustieren. Für ihn stand jedenfalls fest, die Schadenfreude sei die reinste Freude.

Busch setzte die Grausamkeit als künstlerisches Stilmittel bewußt in seine Geschichten ein. Er übertrieb sie oft sogar so sehr, daß sie mit der Wirklichkeit überhaupt nichts mehr zu tun hatten und daher gar nicht mehr ernst genommen zu werden brauchten. Seine Konturwesen konnten ungemein viel aushalten, ehe ihnen das angetane Leid überhaupt weh tun konnte. Seine Grausamkeiten, so Buschs Absicht, sollten genauso als reine Funktion angesehen werden wie die Brutalitäten in den Märchen, die sich auch in einem imaginären Raum bewegten. In dieser Übertreibung liegt ein wesentlicher Teil der umwerfenden Komik und der grotesken Wirkung der Buschschen Bildergeschichten. Sein durchschlagender Humor versöhnte zuletzt immer wieder mit Szenen, die vom Leser als allzu starker Tobak empfunden wurden.

Immer wieder stand der Bauer in Busch gegen eine lebensfeindliche bürgerliche Zivilisation auf, die er mit gutem Grund verabscheute und die er unerbittlich in seinen Satiren zerrupfte. Er war von der Schöpfung mit dem fragwürdigen Talent ausgestattet worden, Heuchelei und Verstellung auf Anhieb zu durchschauen und zu entlarven. Schon deswegen zog er die ländliche Zurückgezogenheit dem Außenseiterleben einer Großstadtexistenz vor, die ihn immer von neuem in eine kreislaufschädigende Rage versetzt hätte.

»Volkslied, Märchen, Sage sind an einem fast beständigen Dorfbewohner wie ich natürlich auch nicht lautlos vorübergegangen«, bekannte er. »Etwas davon hab ich wiedergesagt, das Beste behielt ich.« Lange genug hatte er den Märchenerzählern das Geheimnis ihrer Faszination auf ihre Zuhörer abgejagt. Auch sie knauserten nicht mit grausamen Passagen. Sie hatten nach Buschs Auffassung sogar etwas »schauderhaft Anziehendes«.

Natürlich betreibt der Zeitkritiker Busch auch eine gewisse Schocktherapie, um seine Leser hellsichtiger für die Schrecken einer entzauberten Welt zu machen, in der sie zunächst unsichtbaren Dämonen ausgeliefert waren. Dazu bedient er sich oft einer umwerfenden Komik, die in einem sublimen Sinne bereits die höchste Stufe der menschlichen Steigerungsmöglichkeiten darstellt, weil sie eine klärende Distanz zum Gegenstand des ständigen Anstoßes ermöglicht.

Es gehört zu den sicher schmerzlichen Enttäuschungen Buschs, daß man ihn einfach als einen der großen unzeitgemäßen Zeitkritiker erst gar nicht zur Kenntnis nahm. Er galt ganz allgemein bestenfalls als eine Art Literaturclown, als ein »terminbeflissener Freudenlieferant« (Theodor Heuss), der belustigende Geschichten nur so aus dem Ärmel schütteln konnte. Er hielt unter diesem Signum seinen Einzug in die deutschen Bürgerhäuser und avancierte mit den Jahren zum Auflagenmillionär. Aber selbst die zünftige Literaturwissenschaft wußte mit einem Autor wie diesem nichts Rechtes anzufangen, da er akurat zwischen Literatur und bildender Kunst angesiedelt war. Außerdem war den Wissenschaftlern mit akademischer Grundausstattung seine so schnell errungene Volkstümlichkeit doch ungemein suspekt. Man entzog ihm deshalb für lange Zeit Beachtung und Wohlwollen. Er paßte einfach nicht in ein wissenschaftliches Schablonendenken.

Im übrigen exemplifiziert die Mär von »Max und Moritz« bereits die Grundzüge Schopenhauerscher Denkkategorien, als wollte Busch den Beweis dafür antreten, daß in jedem Fall das Böse dem Tugendhaften überlegen ist. Tugend wird vom natürlichen Menschen nämlich in den meisten Fällen als unverzeihliche Schwäche, ja als Verstoß gegen die Urgesetze der Natur empfunden. Von Darwin hatte Busch gelernt, daß auch der Mensch nach den unbarmherzigen Geboten der freien Wildbahn verfährt. Er hat nur wenig Chancen, das Gute in sich zu entwickeln, wenn er sich rings von Raubtieren umgeben sieht, die nur auf einen Augenblick der Schwäche lauern.

Kein Wunder daher, daß für Busch Jugend und Laster nachdenklich stimmende Synonyme sind. Kinder leben nun einmal ihre Vitalität noch ungezügelt und spontan aus und richten damit oft irreparablen Schaden an. Erst mit zunehmendem Alter könnte der Mensch sich so läutern, daß er es doch noch zu einem moralischen Lebenswandel bringt. Symptomatisch für diese im Grunde so pessimistische Grundeinstellung ist die innere Biographie der frommen Helene, die nach einem Leben, in dem sie als unbeherrschtes Triebbündel nicht immer auf dem Pfad der Tugend gewandelt war, leider doch als bigotte Sünderin kläglich endet.

Begreiflich, daß ungehobelte Kinder wie Max und Moritz oder später das Geschwisterpaar in »Plisch und Plum« neben einigen undressierten Tieren sich als Protagonisten in Buschs Geschichten tummeln. Sie folgen dem Gesetz der rücksichtslosen Auslese, das auch nur Sieger oder Besiegte kennt. Deshalb ist jedes Kind, das noch nicht durch bürgerliche Konventionen in seiner Entscheidungsfreiheit eingeengt ist, dem Erwachsenen überlegen. Es verrät eine alles aus dem Weg räumende Impulsivität und schreckt vor keiner Gewalttätigkeit zurück. Ungezogene Kinder sind eigentlich immer die wahren Sieger in »diesem Reich geborener Flegel«.

Provozierend geradezu daher die saloppen Verse Buschs:

»Ach, ich fühl es: Keine Tugend
Ist so recht nach meinem Sinn.
Stets befind ich mich am wohlsten,
Wenn ich damit fertig bin.

Dahingegen so ein Laster,
Ja, das macht mir mehr Pläsier.
Und ich hab die hübschen Sachen
Lieber vor als hinter mir.«

Die alltäglichste Realität, daran besteht für ihn kein Zweifel, ist das Böse. Das Gute ist bestenfalls ein Thema für Lyriker oder Romanciers, die an der Wirklichkeit vorbeischreiben. Immer wieder heißt es mit einem verzweifelten Seitenblick auf seine ach so negativen Helden: »Bosheit war sein Lebenszweck oder auch: »Bosheit war sein Hauptpläsier«.

Klassisch und geradezu unüberbietbar hat er diese hyperpessimistische Lebensauffassung in dem Vierzeiler aus der »Frommen Helene« formuliert: »Das Gute, dieser Satz steht fest / Ist stets das Böse, das man läßt.«

Max und Moritz, die beiden durchtriebenen Inkarnationen eines triebhaften Lebenswillens, werden schließlich doch noch Opfer der bürgerlichen Weltordnung, die sich solche Schandtaten nicht gefallen läßt. Trotz allem läßt sich nicht vertuschen, daß sie die heimliche Sympathie der Leser erringen. Buschs tief erschürfende Theorie verreißt dann auch nicht die Übeltäter, sondern die Objekte ihrer oft kaum zu tolerierenden Streiche. Er war nun einmal kein verbissener Moralist, der gegen das Böse anrannte, das er im Gegenteil für einen nicht wegzudenkenden Bestandteil der Weltordnung hielt. Für ihn besaß das triebhaft Böse eben auch in der ethischen Ordnung einen unverzichtbaren Stellenwert. Wo sich andere nicht verkneifen können, ihre Phantasiegeschöpfe Mores zu lehren, wenn sie vom Pfad der Tugend abweichen, ist und bleibt Busch zuerst und vor allem Künstler, der durch das Medium seiner Kunst Leben entfesseln und gestalten will. Überzeugen will er nicht.

Natürlich erregten die beiden Ausbunde von Bösewichtern nach ihrem Eintritt in die bürgerliche Welt von penetranten Moralisten auch höchst negative Zensuren. Ihnen paßte soviel Unmoral einfach nicht ins Konzept. Hier, fanden sie, wurden die elementarsten Grundsätze der Pädagogik förmlich mit Füßen getreten. Trotzdem konnten dergleichen moralische Bedenken gegen das Buch seinen Siegeslauf nicht aufhalten. Ein Bestseller war geboren, wie sich bald herausstellen sollte, ohne daß sein geistiger Vater an seinem materiellen Erfolg beteiligt worden war.

Es spricht für die engstirnige Prüderie des viktorianischen Zeitalters, daß man sogar höheren Orts fürchtete, das Seelenheil unschuldiger Kinder könnte durch die schockierenden Darstellungen von Streichen Schaden nehmen. Offenbar mutmaßte man, das verheerende Vorbild der beiden Übeltäter könnte Schule machen. Obwohl die drastische Strafe für ihre Verbrechen eigentlich eine abschreckende Wirkung ausüben sollte, könnten Kinder auf die Idee kommen, selbst ihre Phantasie spielen zu lassen und ähnliche Streiche aushecken.

Die Landesregierung der Steiermark schien in dieser Hinsicht keinen Spaß zu verstehen und verbot bis zum Jahre 1929 den Verkauf von »Max und Moritz« in ihrem Hoheitsbereich an Jugendliche unter 18 Jahren. Aber auch viele Eltern sahen diese Räuberpistole nur höchst ungern in den Bücherbeständen ihres Nachwuchses. Immer wieder wurde die Gefahr einer unkritischen Nachahmung sowie Aufmüpfigkeit gegen autoritäre Strukturen beschworen. Man empfand es geradezu schockierend, daß ein Bewohner evangelischer Pfarrhäuser keinerlei sichtbare Skrupel zeigte, um die mühsam gehütete bürgerliche Moral leichtfertig zu unterminieren, ohne daß ihm jemand gehörig auf die Finger klopfte.

Dabei hatte Busch dergleichen kleinkarierten Einwänden bereits beizeiten vorgebeugt. Den Abschreckungseffekt hatte er seiner Meinung nach sogar dick genug aufgetragen. Er hatte neugierige Leser gleich zu Beginn der Story überzeugend genug beschworen: »Aber wehe, wehe, wehe, wenn ich auf das Ende sehe! Ach, es war ein schlimmes Ding, wie es Max und Moritz ging. Drum ist hier, was sie getrieben, abgemalt und aufgeschrieben.« Aber selbst solche beschwörenden Verse konnten die akkreditierten Sittenwächter und Moraltrompeter nicht von der Unschuld des Autors überzeugen. Man mißtraute seiner sublimen Ironie, die man nicht als ein Alibi für menschliches Wohlverhalten zu akzeptieren gedachte.

Die frühen Bildergeschichten

Seit 1862 hatte Wilhelm Busch noch die niederdeutsche Stadt Wolfenbüttel mit ins Programm seiner »Ringelreisen« mit einbezogen. Dort hatte sein Bruder Gustav in eine Posthalterei eingeheiratet und es schließlich zum Besitzer einer ansehnlichen Konservenfabrik gebracht. Im Hause des Bruders vor den Toren der Stadt besaß Busch so etwas wie ein unausgesprochenes Heimatrecht. Bis zum Tode Gustav Buschs im Jahre 1888 wird er Jahr für Jahr in Wolfenbüttel Station machen. Vor allem aber gehörte es zu seinen feststehenden Lebensgewohnheiten, in Wolfenbüttel Silvester zu verleben und dabei die Bowle zu genießen, die seine Schwägerin exzellent anzusetzen verstand.

Im Frühjahr 1864 kam es in Wolfenbüttel zur Begegnung mit einem jungen Mädchen, das für eine Ehe mit Busch ernsthaft in Frage gekommen wäre. Es handelte sich dabei um die damals 17jährige Anna Richter, Tochter eines wohlhabenden Vaters aus dem benachbarten Ort Schöningen, die unter Anleitung der tüchtigen Schwägerin den Haushalt erlernen sollte.

»In Wolfenbüttel blieb ich über vierzehn Tage bei durchweg sonnigem Wetter«, berichtet er im Mai an Bassermann. »Herrlich! Erdbeerbowlen, Waldpartien und ländliche Spiele. Wie man nur so kindisch sein kann! Aber schön war's! – Besonders die Partie nach der Köhlerhütte, tief im dunkelgrünen Wald. Mit Wein in Menge und recht lustigen Frauenzimmern, beim Heimwege am späten Abend, Mädchen am Arm, flimmerte alles von tausend und tausend Funken, teils aus dem Kopf heraus, teils drum herum von Johanneswürmchen, wie ich so viele noch nie beieinander gesehn. Ein hübsches Kind, das ich da wiederfand, bot mir aufs neue manch heimlich-gute Stunde.«

Der 32jährige Busch soll kurz danach beim Kurzwarenhänd-
ler Richter in Schöningen um die Hand seiner Tochter angehal-
ten und dabei eine gelinde Abfuhr erhalten haben. Dem biede-
ren Vater schien das Metier eines Künstlers dann eben doch
wohl zu brotlos zu sein, als daß er einem Mann, der sich durch
Zufallsarbeiten notdürftig über Wasser hielt, seine Tochter anvertraut hätte.

Später hat sich Anna Richter mit einem kleinen Beamten
vermählt. Busch tröstete sich mit einem bewegenden Gedicht
über sein Schicksal hinweg:

»Sie war ein Blümlein hübsch und fein,
Hell aufgeblüht im Sonnenschein.
Er war ein junger Schmetterling,
Der selig an der Blume hing.

Oft kam ein Bienlein mit Gebrumm
Und nascht und säuselt da herum.
Oft kroch ein Käfer kribbelkrab
Am schönen Blümlein auf und ab.

Ach Gott, wie das dem Schmetterling
So schmerzlich durch die Seele ging.

Doch was am meisten ihn entsetzt,
Das Allerschlimmste kam zuletzt.
Ein alter Esel fraß die ganze
Von ihm so heiß geliebte Pflanze.«

So ohne weiteres hat Busch das Erlebnis mit der jungen Anna
nicht wegstecken können. Noch sehr viel später, in seinem
Briefwechsel mit der Holländerin Maria Anderson, hat er auf
deren dezente Nachfrage über seine Ehelosigkeit auf die damalige Romanze angespielt und seine Mittellosigkeit für diese
schmerzliche Entsagung ins Feld geführt.

Die Gründe von Buschs Ehelosigkeit liegen zweifellos tiefer.

Man braucht keineswegs psychoanalytische Kategorien zu bemühen, um ihnen auf die Spur zu kommen. Auf jeden Fall ist die Vorstellung von einem in ein Ehejoch gespannten Autor der berühmten Bildergeschichten, die in aller Zurückgezogenheit und Stille heranreiften, auch im nachhinein kaum nachzuvollziehen. Schließlich stellt sich angesichts des ungewöhnlichen Lebenswerks, das er zurückließ, die berechtigte Frage, welches Opfer im privaten Bereich er bringen mußte, um für diese Leistung zu zahlen.

Der geniale Künstler, dessen Stärke im distanzierten Beobachten, aber keineswegs in einer ungebrochenen Teilnahme am bürgerlichen Leben lag, wäre kaum auf die Dauer an der Seite einer Frau in einer festen ehelichen Bindung zu denken gewesen. In seinem »Balduin Bählamm« hat er das ganze Dilemma eines schöpferischen Menschen, der den Ballast einer ganzen Familie hinter sich herzuziehen hat, auf seine ironische Weise dargestellt. Buschs Bindungsängste hat man also unter dem Aspekt seines Schöpfertums zu sehen. In dieser Hinsicht gibt es nicht eben viel an ihm herumzurätseln. Dem Schicksal eines verhinderten Künstlers im Stile seines Bählamm hat er sich entziehen müssen.

Drei Jahre nach dieser kurzen Wolfenbütteler Romanze verschlägt es Busch auf der Heimreise von München ins Haus des Frankfurter Bankiers Keßler, in dem sein Bruder Otto, promovierter Philologe und Schopenhauer-Experte, als Erzieher der Kinder des Hauses wirkt. Johanna Keßler, die Hausherrin, die sich auch als Kunstmäzenin betätigt, beginnt sich auf Anhieb für den bereits prominenten Künstler, aber auch für den Menschen Busch zu interessieren. Otto Busch hat der wohlhabenden Bankiersfrau Gemälde seines Bruders gezeigt. Der als Experte hinzugezogene Frankfurter Maler Anton Burger hatte dann auch ungemein positiv auf diese Bilder reagiert.

Dieser vage Hinweis genügte, um Johanna Keßler in ihrer Vorstellung zu bestärken, aus dem genialen Zeichner Busch, von dem alle Welt sprach, ließe sich mit einiger Geduld auch

Johanna Keßler (um 1870)

ein Maler machen, der mit großformatigen Bildern, an denen ihr zur Ausgestaltung ihres Hauses ungemein gelegen war, die Fachwelt beschäftigen würde. Sie war daher entschlossen, Busch zu betreuen und ihn in ihrem Hause alle Möglichkeitten seiner weiteren künstlerischen Entfaltung zu bieten. Die charmante und geistvolle Hausherrin aus dem Frankfurter Nobelviertel, deren Villa in der Wiesenau ans Rothschildsche Grundstück grenzte, war vielleicht die einzige, wenn auch uneingestandene Liebe in Buschs Leben gewesen. Sein späterer Biograph Eduard Daelen hat dann auch recht indezente Andeutungen über das Verhältnis der beiden zueinander gemacht und damit eine »wahre Sintflut unliebsamen Gewäsches in der guten Stadt Frankfurt« ausgelöst.

Busch dehnte vom Jahre 1867 an seine intensive Reisetätigkeit auch auf Frankfurt aus. In den nächsten fünf Jahren verbrachte er sogar drei Viertel seiner Zeit in der Mainmetropole, die ihm sehr ans Herz wuchs. Die natürliche Vertraulichkeit zwischen ihm und der angesehenen Bankiersfrau ermunterte ihn zu immer neuen Besuchen im Hause Keßler. Offenbar empfand er ein erwärmendes Gefühl von Geborgenheit in der Nähe dieser Frau. Nach der Verdrängung der ersten zarten Regungen, die mehr als Sympathie füreinander andeuteten, kam Busch sein Glauben an die Reinkarnation sehr zustatten. Er war nämlich fest davon überzeugt, daß alles, was ihm das Schicksal in diesem Leben vorenthielt, ihm im nächsten wie von selbst zufallen würde. Dieser Glaube bezog sich vor allem auch auf unausgelebte Beziehungen zwischen zwei Menschen.

Ganz in dieser Überzeugung tröstete er sich selbst in einem vertraulichen Brief, den er an Johanna Keßler sandte. »Derweil wir wandeln«, heißt es darin, »geht alles Gute, was wir nicht getan, und all das Liebe, was wir nicht gedurft, ganz heimlich leise mit und mit, bis daß die Zeit für dieses Mal vorbei.«

»Es weht der Wind«, schließt dieser Busch-Brief wehmütig genug und verrät damit viel von der wirklichen inneren Verfassung seines Autors. »Das Schneegestöber hüllt mir Wald und Garten ein. Ich wollt, ich wär ein Eskimo, säße hinter dem Nordpol, tief unter der Schneekruste, tränke Lebertran und könnte mich wärmen, an was ich möchte. Bei Ihnen brennt das Feuer im Kamin. Da säß ich auch recht gern.«

Ein andermal heißt es dann ebenso sehnsüchtig so: »Wie war doch die Fahrt nach Kronberg so wunderschön! Der Lagerplatz unter den Eichen auf dem Felsen, und wie Sie und Burger sangen. Ein Gefühl der Reue und Sehnsucht überkommt mich, wenn ich denke, daß ich so schnell fortreiste. Aber ich komme wieder und bleibe länger, und dann müssen Sie aber auch wieder grad so gut und freundlich sein.«

Der große Spötter unserer Literatur war also keineswegs der zugeknöpfte Hagestolz, als der er so gerne dargestellt wird. Er lehnte es nur aus guten Gründen ab, Unbefugte in sein verwundbares Innere blicken zu lassen. Die letzten Hintergründe seines Gefühlslebens hielt er nur allzu gern sorgsam, fast scheu verdeckt.

Busch verstand diese neue Frankfurter Freundschaft auf eine noble und unauffällige Weise zu pflegen, ohne mit sich und anderen in einen Konflikt zu geraten. Schon bei seinem zweiten Besuch in Frankfurt hatte sich zwischen ihm und den beiden Töchtern des Hauses Nanda und Letty ein vertrauliches Verhältnis angebahnt, das man dem sonst so reservierten Junggesellen nicht zugetraut hätte. Als er damals wieder in Wiedensahl angelangt war, bestätigte er seine Ankunft mit den folgenden Worten: »Unter dem rücksichtslosen Einflusse eines gewaltigen Platzregens kam ich am vorigen Mittwoch hier an. Das war eine zuwidere Abkühlung nach all dem Frühlingssonnenschein, der mich in Stuttgart, Heidelberg und Frankfurt mit unverwüstlicher Heiterkeit umstrahlt hatte... Wie gern gedenke ich der niedlichen Waldwiese in Ihrem Garten, der schönen Bäume, unter denen das Haus hervorschaut, der verschlungenen Wege und wie Sie wohl selber darin umhergehen, und der freundlichen Kindergestalten, und all des Guten und all des milden Wohlwollens, welches mir bei Ihnen zuteil wurde.«

Kein Zweifel: Johanna Keßler sah sich durch ihre Verbindung mit einem prominenten Künstler, dessen Name in Deutschland immer mehr an Glanz gewann, geehrt und umhegte und verwöhnte ihn nach besten Kräften. Auch Busch zog

Nanda und Letty Keßler

es immer wieder in ihre Nähe. Im Mai 1869 nahm er wieder Wohnung im Keßlerhaus, mietete sich aber ein eigenes Atelier, nur fünf Minuten vom Keßlerschen Anwesen entfernt. Im Oktober des darauffolgenden Jahres richtete er sich in Frankfurt, dessen Atmosphäre ihm zusagte, einen eigenen Haushalt ein. In den folgenden Jahren assistierte er Johanna Keßler nicht nur bei der Anschaffung von Gemälden und wertvollem alten Porzellan, sondern traf auch die künstlerischen Arrangements für die Feste im Hause. Ansonsten ist diese Zeit mit einer lebhaften Skizziertätigkeit ausgefüllt. Auch beschäftigte er sich wieder, von der Hausfrau dazu ermuntert, mit der Malerei.

Erst 1872 siedelte Busch – und diesmal endgültig – wieder nach Wiedensahl über. Im November zog er zu seiner Schwester Fanny ins Pfarrhaus und lebte sich problemlos in die Familie seines Schwagers Nöldeke mit ihren drei Jungen ein. Von nun an wird er sich bis zu seinem Tode von seiner Schwester nie mehr trennen.

Mit seiner Zuneigung zu Frankfurt war München immer mehr in den Hintergrund getreten. Die Münchener »Bierphysiognomie« war für ihn auf die Dauer eben kaum zu ertragen. Aber den Sirenengesängen seiner Münchener Freunde konnte er nur schwer widerstehen. Sie sahen ihn gern in ihrer Mitte und empfingen ihn mit unverstellter Zuneigung.

Von seinem Münchener Aufenthalt aus dem Jahre 1867 liegt ein längerer Bericht an Otto Bassermann vor, der inzwischen seine Segel an der Isar gestrichen hatte und nach Heidelberg übergesiedelt war, wo er den väterlichen Verlag übernommen hatte.

»Da sitze ich nun wieder im alten München (Schwanthalerstr. 28)«, heißt es da, »umgeben von glatten Holzstößen, wie der Maurer zwischen seinen Bausteinen – ein Vergleich, den ich nicht weiter ausführen mag. Wieder wohne ich bei der Doktorswitwe, die aber diesmal ein gar hübsches Töchterlein hat. Aber was will das sagen? Nur zuweilen erlaubte ich mir einen schüchternen Seitenblick. Das Zimmer ist recht hübsch, eine Art Alkoven daneben, nur dürfte das Sofa ein wenig länger sein, damit der Zimmerherr, wenn er nachts um 12 oder 1 Uhr nach Hause kehrt, recht bequem hin- und ausgestreckt, seine ›Türken‹ oder den neuerdings recht beliebten ›Caporal‹ in süßem Sichversenken emporhauchen könnte. Beim ›Augustiner‹ im Garten wird mit Hanfstaengel die Dämmerstunde gehalten.«

Nach dem umwerfenden Erfolg von »Max und Moritz« versucht der frischgebackene Verleger Bassermann natürlich, den Freund an seinen Verlag zu binden. Er bittet ihn demnach um die Zusendung eines Manuskriptes. »Offen gestanden bin ich der Meinung, daß es von Dir eine freundschaftliche Überschätzung meiner literarischen Kräfte und Absichten ist, wenn Du glaubst, daß ich etwas fertig daliegen hätte«, lautet die Antwort Buschs auf diese Anfrage hin. »Alles, was ich in der Art einmal gemacht habe, bezieht sich auf enge Privatverhältnisse und Persönlichkeiten, ist in dem Moment einer individuellen Laune entstanden und verdient konsequentermaßen nur ein ephemeres Dasein. Ich kann allerdings nicht leugnen, daß ich zuweilen Pläne simuliert und ihre Ausführung begonnen habe, die für einen weiteren Kreis berechnet waren... Auch jetztunder schweben mir allerlei Dinge vor, die wohl zu gelungener Stunde einmal Gestalt und Farbe gewinnen. Wird dies der Fall sein, so werde ich sicherlich nicht verfehlen, sie ›Deinem geneigten Wohlwollen‹ zu unterbreiten. Von ungefangenen Fischen darf man ja am Ende nur ironisch reden.«

Die Anregung Bassermanns kam Busch nicht ungelegen. Er trug sich zu jenem Zeitpunkt ohnehin mit dem Gedanken, den Verlag zu wechseln. Von Braun und Schneider hatte er leider den Eindruck, sie würden seine gänzliche Unerfahrenheit in geschäftlichen Dingen weidlich ausnutzen, um ihn übers Ohr zu hauen. Man hielt ihn in München nicht nur durch Vorschußzahlungen in dauernde Abhängigkeit, sondern verweigerte sogar anderen Verlagen, die sich für Buschs Mitarbeit interessierten, die Angabe seiner Adresse.

Im Jahre 1865 hatte dieser wieder drei Beiträge für die »Fliegenden Blätter« und für die »Münchener Bilderbogen« das Kabinettstück »Der Virtuos« abgeliefert.

Dieser Geniestreich gehört neben »Max und Moritz« zu Recht zu den am weitest verbreiteten Arbeiten des Wiedensahlers. Hier nun konnte der Satiriker Busch wieder einmal all die ihm zur Verfügung stehenden Register ziehen. Diesmal nimmt er ein snobistisches Konzertpublikum, das zu beobachten er in München ausgiebig Gelegenheit gehabt hatte, aufs Korn. Der Virtuose mit seinen weitausholenden Bewegungen, den er sich auf einem arg malträtierten Flügel austoben läßt, bringt bei seinem ihm ganz hingegebenen Zuhörer die letzten Seelenschwingungen zu einem unüberbietbaren Ausdruck. Auch diesmal erlaubt sich Busch den geballten Einsatz des legitimen Stilmittels der Übertreibung, um den Überschwang menschlicher Emotionen transparent zu machen und ins Lächerliche zu ziehen.

Inzwischen stehen Busch, wie sich zeigt, alle Möglichkeiten, der menschlichen Mimik und Gestik eine extreme Aussagekraft zu verleihen, zur Verfügung. Im Fall seines »Virtuosen« ist seine zeichnerische Überredungskunst sogar so überzeugend und eindeutig, daß er getrost auf den Text verzichten kann. Er erreicht über alle Sprachgrenzen hinweg eine internationale Leserschaft. Die Bezeichnungen der einzelnen Sätze, die sein gefühlvoller Pianist zum Klingen bringt, genügen vollauf, um sich überall verständlich zu machen. Nicht nur der Interpret, sondern auch sein Zuhörer verändert der Ausdruckskraft der Musik entsprechend Gebärde und Gestalt. In einem grandiosen »Finale furioso« hat Busch offenbar die erdrückende Konfusion und Turbulenz seiner Zeit zu gestalten versucht. Er wollte wie immer sein Publikum nicht nur königlich amüsieren, sondern es auch in eine gewisse Nachdenklichkeit versetzen.

Mit zunehmender Meisterschaft hatte sich Busch immer mehr von seinem vertrauten München distanziert. Die Hektik der großen Städte, hatte er herausgefunden, lähmte auf die Dauer seinen schöpferischen Elan. Das war einer der entscheidenden Gründe, warum er sich in die hinterste deutsche Pro-

vinz zurückzog, wo er dann ungestört seinen Gedanken nachhängen konnte. Zurückblickend kann er darum auch nicht
ohne innere Genugtuung über die Richtigkeit dieses Entschlusses, den selbst seine besten Freunde nie so recht begriffen, sagen:»Fast alle Bildergeschichten habe ich, ohne wem was zu
sagen, in Wiedensahl verfertigt. Dann habe ich sie laufen lassen
auf den Markt, und da sind sie herumgesprungen, wie Buben
tun, ohne viel Rücksicht zu nehmen auf gar zu empfindliche
Hühneraugen; wohingegen man wohl auch annehmen darf,
daß sie nicht gar zu empfindlich sind, wenn sie mal Schelte kriegen.«

Für viele seiner zeitgenössischen und späteren Kritiker kulti-
vierte Busch sein»Diogenes-Dasein« doch wohl allzu sehr. Sie
unterschoben ihm, er habe sich so sehr vom Zeitgeschehen abgekoppelt, daß er dadurch seinen schöpferischen Elan selbst
gelähmt hätte. Busch wußte es besser. Er war sich durchaus
darüber im klaren, warum er diesen Schritt in die Isolation vollzog. In dieser Hinsicht zumindest hatte er sich durchaus auf die
Fährte Goethes begeben, der sich auch sehr bewußt aus der
Erscheinung zurücknahm und sich in sein Schneckenhaus verkroch, um sich ganz auf die Erfüllung seiner künstlerischen
Mission zu konzentrieren. Busch empfand da nicht anders. Sicher ist, daß sich seine schöpferischen Kräfte ohne diese be-
wußte Überlebenstaktik im Umgang mit dem Alltäglichen
schnell aufgebraucht hätten. Niemandem aber wäre damit ge-
dient gewesen, am allerwenigsten seiner immer enthusiasmier-
ten Gemeinde. Nur aus der sich selbst auferlegten Distanz
konnte er sich zum berufenen satirischen Chronisten seiner aus
den Fugen geratenen Zeit steigern.

Im übrigen waren Buschs Beobachtungsgabe und seine Ein-
drucksfähigkeit ohnehin so stark entwickelt, daß er kaum äußerer Anregungen bedurfte, um seine Phantasie immer wieder
aufzuladen. Über das moralische Manko der Menschen und
ihre nie so ganz astreinen Manieren wußte er längst so gründlich Bescheid, daß es sich für ihn erübrigte, ihnen immer wieder
unter die Weste zu gucken. Mit den Jahren gab es für ihn bei

solchen Erkundungszügen ins Untergründige des Menschen gar keine Überraschungen und Sensationen mehr. So folgte er seinem spontanen dunklen Drange, den riskanten Sprung über den großen Graben zu wagen und sich, wie er es in seiner »bummeligen« Sprache auszudrücken pflegte, in aller Stille ein wenig die Nase zu schneuzen.

Zweifellos zahlte sich dieser Mut zur Einsamkeit und sein Verzicht auf Kommunikation mit aller Welt für ihn und sein Werk voll aus. Vor jeder schöpferischen Aktion brauchte er äußerste Ruhe. Diese versetzte ihn allerdings auch in die Lage, »über die Peinlichkeiten der Welt ein wenig zu triumphieren«. Busch blieb bis zuletzt der geschworene Nonkonformist, der sich nicht von jeweiligen Moden und Zeittendenzen mitreißen ließ. Er sah, was er in seine entlarvende Optik einfing, immer nur unter dem Aspekt der Zeitlosigkeit. Und eben diese Art des Zurücknehmens aus der Welt mit allen damit verbundenen unliebsamen Konsequenzen erwies sich als ungemein produktiv für ihn. Nicht einmal der wachsende Ruhm, der ihm im übrigen gleichgültig war, erreichte ihn in seiner Zurückgezogenheit. Der volkstümliche Autor seiner Zeit hatte sich irgendwo im Niedersächsischen dem Zugriff der alles verschlingenden Welt entzogen. Man zweifelte schließlich daran, ob er überhaupt noch unter den Lebenden weilte. Lange hielt sich sogar das Gerücht, ein anderer würde unter Buschs Namen dessen erfolgreiches Werk fortsetzen.

Wie ernst es Busch mit seiner Einsamkeit war, bewies die Tatsache, daß er nicht einmal seinen intimsten Freunden einen Zugang zu jener Fluchtburg gewährte, in die er sich verschanzt hatte. Seinen Arbeitsraum hütete er wie das Allerheiligste. Selbst seinen Angehörigen gestattete er keinen Einblick darin. Treffen mit Bekannten und Freunden verlegte er generell an neutrale Orte, wo man ihm nicht so ohne weiteres in seine Karten gucken konnte. Er liebte es nun einmal, wie er selbst bekannte, sich an den Grenzen der Welt anzusiedeln, »wo das Getöse der großen Maschinen nur noch gedämpft brummend zu hören ist«. Immerhin hatte er ein ganzes Reich des Geistes zu bewahren und ließ sich daher die geheiligte Ordnung, die er in und um sich geschaffen hatte, durch Unbefugte nicht gern nehmen. Seine »sauer verdiente Weltbetrachtung« wollte er sich nicht durch Besserwisser und Klugschnacker zerreden lassen.

Vor allem aber verstörte ihn der forcierte Kunstbetrieb der großen Städte, jener Jahrmarkt der Eitelkeiten, auf den er am Ende nicht einmal mehr einen neugierigen oder kritischen Blick warf. Vom letztlich leerlaufenden und nur noch zeitraubenden Dauerpalaver der sogenannten Intelligenz mit ihrem unerträglichen Imponiergehabe, all dem »Getu's«, wie er diese Aktivitäten abqualifizierte, nahm er so gut wie keine Notiz. Er gehörte auch zu den wenigen Kunst- und Literaturschaffenden seiner Zeit, die keinen Briefwechsel mit sogenannten Kollegen unterhielt; er ging solchen Kontakten sogar geflissentlich aus dem Wege, damit andere ihm nicht seine sorgsam abgezirkelten Kreise störten. Ganz allgemein hielt er den Umgang mit sich selbst und den Menschen seiner nächsten Umgebung für ausreichend, um die Bedürfnisse seines geistigen Haushalts voll zu befriedigen.

In der mönchischen Abgeschiedenheit Wiedensahls entwickelte Busch dann auch seine Virtuosität im Umgang mit der Sprache. Ihre lakonische Behandlung entsprach so ganz seiner Natur. Den Trend seiner Zeitgenossen zu ausschweifenden Detailschilderungen hat er nie teilen oder auch nur goutieren können. Wie im Zeichnerischen bediente er sich auch in seiner Diktion der bewußten Verkürzung, um den Betrachter immer in einer schöpferischen Spannung zu halten. Man hatte schon bald seinem Stil das Attribut »stenographisch« beigefügt. In der Tat erlangte auch seine Sprache zunehmend eine Prägnanz und Simplizität, die den Schluß zuläßt, bei diesem Busch handele es sich in der Tat um einen der herausragenden deutschen Aphoristiker, der in wenigen alltäglichen Worten Zeitloses auszusagen versteht.

Schon früh stellten daher auch Bewunderer wie Kritiker Buschs die verständliche Frage, was er denn wohl zuerst aufs Papier gebracht habe, seine umwerfenden Konturwesen oder aber seine wie absichtslos dahergereimten Knittelverse. Er selbst hat immer darauf bestanden, daß es zuerst die Bildeindrücke waren, von denen er bei seiner Arbeit ausging. An ihnen entzündete sich seine Phantasie. Dem Umstand, daß er immer mehr das rechte Wort zum Bild fand, haben wir zu verdanken, daß beide, Wort und Bild, sich immer mehr zu einem Gesamtkunstwerk verbanden.

Mit diesen künstlerischen Voraussetzungen konnte sich Wilhelm Busch mit seinem »Max und Moritz« nicht nur die deutschen Kinderstuben wie im Fluge erobern. Er war nun in der Tat so etwas wie ein etablierter Künstler, der seinen Wirkungsrahmen wesentlich erweitern konnte. Zeitschriften wie »Über Land und Meer« und »Daheim« bemühten sich um seine Mitarbeit und honorierten ihn natürlich viel großzügiger als Caspar Braun, dem allerdings das Verdienst nicht abzustreiten ist, Busch die Steigbügel gehalten zu haben.

Buschs Name trug inzwischen ein unverkennbares individuelles Gütesiegel. Seine von Jahr zu Jahr wachsende unsichtbare Gemeinde erwartete von ihm jährlich zumindest eine neue Bildergeschichte, eine womöglich immer besser als die vorangegangene. Selbst auf die Gefahr hin, eines Tages an den Grenzen seiner künstlerischen Möglichkeiten angelangt zu sein und sich ausgeschrieben zu haben, forderte Busch seiner Phantasie das Äußerste ab. Kaum je stieg er von seinem Pegasus herunter.

Immerhin hatte er sich nun doch noch endlich seine spezifische künstlerische Domäne erobert, auf der er der unbestrittene Herrscher war. Mit Konkurrenten hatte er kaum zu rechnen. Und so ist es bis auf den heutigen Tag geblieben. Niemand hat ihm bisher das Wasser reichen können, soviel Imitatoren auch ihre Kräfte mit ihm maßen. Humor hat in diesem Land der Grübler und Problematiker, in dem man sich so gern in metaphysischen Dunst einnebelt und wie auf Sprachstelzen einherstolziert, stets den Rang einer Mangelware gehabt. Man kaschierte viel zu gern die eigene Gedankenarmut hinter einem oft unerträglichen Sprachschwulst. Um so mehr flogen die Herzen einem Manne zu, den man als »terminbeflissenen Freudenlieferanten« zu schätzen wußte. Man konnte mit sich nicht so leicht entscheiden, ob man denn nun den Verfertiger von Knittelversen, die sich so spielend dem Gedächtnis einprägten, oder aber den Karikaturisten wegen seiner umwerfenden Strichzeichnungen mehr bewundern sollte.

In Eduard Hallbergers Zeitschrift »Über Land und Meer« erschien im Sommer 1867 als erster Beitrag Buschs seine zweite größere Bildergeschichte »Hans Huckebein, der Unglücksrabe«. Sie stellte zweifellos den Höhepunkt seines Bilderbogen-Vorspiels dar und erschien dann auch zusammen mit »Das Pusterohr« und »Das Bad am Samstagabend« in Buchform.

Diesmal ist es ein Tier, das Busch mit der stagnierenden bürgerlichen Welt kollidieren läßt. Wie durch die bösen Buben Max und Moritz wird hier durch einen elementar empfindenden Raben die Welt der Erwachsenen demaskiert und lächerlich gemacht.

Buschs Sympathie gilt jedoch keineswegs den Opfern des entfesselten Lebenstriebes, den dieser Unglücksrabe auf eine geradezu tragische Weise inkarniert, sondern dem Übeltäter und Störenfried der bürgerlichen Ordnung, durch die mit einem Male ein beachtlich frischer Wind fegt.

Ursachen und Folgen des ungefesselten Lebenstriebes darzustellen, ist Busch nie müde geworden. Er konnte bei dieser Arbeit des Desillusionierens immer seine umwerfende Komik mit in das lustige und turbulente Unternehmen investieren, bei dem die Vertreter der praktischen Vernunft stets so schlecht davonkamen. Jedesmal unternimmt Busch auch einen Kreuzzug gegen bürgerliche Heuchelei. Deshalb faßt die von Hans Huckebein so übel zugerichtete Tante dann auch mit sichtbarer Genugtuung über den tragischen Ausgang dieses Vogellebens die Moral von der Geschichte in die aufreizenden Worte zusammen: »Die Bosheit war sein Hauptpläsier / Drum – spricht die Tante – hängt er hier.«

Das Herz des noch normal empfindenden Autors und Lesers aber schlägt in jedem Fall mit diesem seltsamen Vogel, der wenigstens für einen Augenblick die abgestandene Konvention und die Tristesse dieser Welt durch seine Spontaneität ein wenig aufhellte, um dann teuer dafür bezahlen zu müssen.

Es gibt in unserer gesamten Literatur kaum eine anrührendere Tiergeschichte als diese Biographie eines Tieres, die sich der Wiedensahler Meister ausdachte. Sie läßt auch immer etwas von der tierischen Natur des Menschen durchschimmern, der sich über diese zuletzt in Melancholie und Tragik endenden Geschöpfe Gottes so hoch erhaben dünkt.

Auch der bedauernswerte Hans Huckebein, der in der freien Wildbahn das relativ unbeschwerte Leben seiner Artgenossen hätte führen können, stolpert, nachdem ihn der kleine Fritz gefangen hat, durch seine Konfrontation mit der bürgerlichen Welt von einem Unheil ins andere. Er wird das hilflose Opfer einer Weltordnung, die scheinbar stets das Gute will, aber ebenso oft das Böse schafft.

Nachdem Busch dieses unglückliche Produkt seiner Phantasie durch alle Höllen eines Tierlebens geschickt hat und ihn schließlich noch ein bedauernswertes Opfer eines unfreiwilligen Alkoholgenusses werden läßt, sendet er ihm noch einen versöhnlichen Epilog hinterher. Ein jugendlicher Leser hatte ihn durch eine Anfrage zu diesen Versen inspiriert:

»So sehr sein Ende mich bewegt,
Ich durft es anders nicht vermelden. –
Er stirbt; – denn tragisch angelegt
war der Charakter dieses Helden.

Gar manches ist vorherbestimmt;
Das Schicksal führt ihn in Bedrängnis;
Doch wie er sich dabei benimmt,
Ist seine Schuld und nicht Verhängnis.

Drum bleibt's dabei! – Denn die Moral
Ist hier kein leeres Wortgeklingel –
Und lebte er auch noch einmal,
Er bliebe doch der alte Schlingel.«

In seinem »Huckebein« hat Busch wieder einmal die atembe-
raubende Grausamkeit des deutschen Volksmärchens sich austoben lassen. Seine so sympathischen Übeltäter müssen allesamt nach dem Gesetz, nach dem sie angetreten, ihr Karma auf
eine völlig unkonventionelle Weise ausleben. Daß sie dabei oft
unvorstellbare Qualen ausstehen müssen, geschieht im Sinne
einer höheren Gerechtigkeit, deren Gesetzmäßigkeit sich offenbar allem menschlichen Denken entzieht.

Im Jahre 1868 unternahm Busch den ersten Versuch, Bild
und Text einer seiner Geschichten zu einer topographischen
Einheit zu verschmelzen, als er seine »Kühne Müllerstochter«
in »Über Land und Meer« erscheinen ließ. Die couragierte
junge Dame hält sich in der Tat drei Räuber vom Halse, aber
sie tut es auf eine Weise, die dem Leser den Atem stocken läßt.
Trotzdem oder gerade deswegen hat diese schreckliche Moritat
sich die Herzen der Kinder erobern können, die für ein noch so
turbulentes Spektakel immer ein Organ besitzen. Im übrigen
sind diese elf Bilder einer possenhaften Bauerngeschichte voll
bäuerlicher Gewitztheit und umwerfender Komik.

Der erste Räuber, der sich wie auch die anderen durch eine
schmale Luke bei Nacht und Nebel ins Gelaß der Müllerin ein-
schleicht, wird unter einem herabstürzenden Mühlstein bis zur
Unkenntlichkeit plattgedrückt. Der zweite wird geschickt von
dem Mädchen im Getriebe der Mühle »wie Rollenknaster« auf-
gerollt. Aber auch mit dem dritten macht das ebenso kluge wie
tapfere Müllermädchen kurzen Prozeß. Als er sich anschickt,
»voll Geldgierigkeit« sich in der voluminösen Schatztruhe des
Müllers freimütig zu bedienen, schließt sich unversehens der
schwere Truhendeckel über ihm und schneidet ihm ganz unsentimental den Lebensfaden ab, indem er ihm den Kopf vom
Rumpf trennt. Zum bösen Ende reiht Meister Busch die drei

Leichname fein säuberlich sortiert nebeneinander auf und verkündet, nachdem er dieses Werk der Ordnung halber vollbracht hat, angesichts ihres hochverdienten Schicksals die folgende Moral:

»So starben die drei ganz unverhofft.
O Jüngling, da schau her!
So bringt ein einzig Mädchen oft
Drei Männer ins Malheur!!!«

1868 hatte Wilhelm Busch bei unerträglicher Hitze ganz hingebungsvoll an den Holzstöcken zu einer neuen Geschichte, »Schnurrdiburr oder die Bienen«, gearbeitet. Im April des folgenden Jahres wurde das Produkt eines heißen Sommers, in dem übrigens auch sein Vater starb, ausgeliefert. In dieses Opus konnte er nun seine bei seinem Onkel Kleine gewonnenen Erkenntnisse über das Leben der Bienen einbringen. Er hatte das fertige Manuskript gewissermaßen als Abschiedspräsent an Caspar Braun gesandt und einen Brief hinzugefügt, in dem es hieß:

»Ich habe oft mit einer kleinen Schadenfreude daran gedacht, daß Sie diese Zeit her wohl auch recht unter der Hitze geseufzt haben; denn so ungerecht wird der Himmel doch nicht sein, daß er am Ende über Ihrem Haupte eine kühlere Sonne hätte leuchten lassen als über unseren Norddeutschen Bundeshäuptern, von denen viele behaupten wollen, daß sie so schon des Sorgenschweißes genug vergössen. Sei's in der Sonne oder im Schatten, im Haus oder im Garten, bei Tag oder Nacht – alles einerlei! – immer in der Pfanne!

Und die hartnäckige Tropensonne, welche Hirn und Glieder des Menschen dürr, träg und müde macht, scheint obendrein das Satansgezücht der Insekten (die Bienen ausgenommen) mit belebendem Feuer zu durchglühen und ihre Gelenkigkeit, Energie und Blutgier zu verdoppeln. Im Sofa betasten und belecken einen die Stubenfliegen, im Bette geben die Mücken keine Ruh, die Ausgeburten des Schlammes, welche mit leisem

Kriegsgesange ihre Opfer umkreisen und jede Blöße (und was für Blößen gibt man sich jetztund!) sofort für ihren Blutdurst zu verwerten wissen. – Oder findet man etwa unter irgendeinem Apfel- oder Pflaumenbaum noch ein Plätzchen, welches nicht ganz verdorrt ist, so sind Ameisen, Ohrwürmer und Tausendfüßler alsbald in voller Tätigkeit, um einem auch die letzte Zuflucht und Erquickung gründlich zu versalzen.«

Wieder einmal hatte der Meister der gestrafften Form in zehn Kapiteln voller Dramatik Großartiges zustande gebracht. Diesmal kann der Künstler Busch nicht nur in zwei Kunstgebieten brillieren, er weist sich auch als versierter Bienenexperte aus, der tief in das Geheimnis dieser Insekten eingedrungen ist.

Wieder nimmt er eine Tiergeschichte zum Anlaß, um ein ganzes Tableau menschlicher Widerwärtigkeiten und Schurkereien aufzutischen. Doch enthält diese Fabel auch eine deftige und zugleich anmutige Liebesgeschichte. Das ästhetische Vergnügen und die intellektuelle Neugier des Lesers kommen also voll und ganz auf ihre Kosten. Es besteht für sie ununterbrochen Anlaß zum Lächeln und Schmunzeln, bis Busch seinen sonst so nimmermüden Pegasus verdientermaßen an die volle Futterkrippe führt.

1869 ist übrigens auch das Jahr, in dem Busch unter fachkundiger Anleitung seines Bruders Otto in Frankfurt seine Schopenhauer-Studien intensiviert. Obwohl es sonst kaum etwas Verbindendes zwischen den beiden so unterschiedlichen Brüdern gab, trafen sie sich doch in der emsigen Bemühung, sich das Gedankengut dieses großen Pessimisten zu erarbeiten. Wilhelm profitierte nicht eben wenig von seinem um neun Jahre jüngeren Bruder, der ihm in seinen Schopenhauer-Kenntnissen gewaltig überlegen war. Er hatte sogar eine Broschüre über seinen Lieblingsphilosophen verfertigt, wobei er zur Unterstützung seiner Thesen auch einige Gedichte seines Bruders mit in den Text einflocht, ohne allerdings den Namen des Verfassers dieser Gedichte preiszugeben. Busch hatte sich bei Bassermann für den Druck dieser Schrift eingesetzt, obwohl er gegenüber deren Inhalt einige Bedenken anzumelden hatte. Sie wurde dann in der Tat ein verlegerischer Mißerfolg und bereicherte die üppig ins Kraut schießende Schopenhauer-Literatur in keiner Weise. Wohl aber trug sie erheblich zur Verschlechterung des Verhältnisses zwischen den beiden Brüdern bei.

Man hat den Einfluß des großen Frankfurter Pessimisten auf das Werk Buschs wohl im ganzen beträchtlich überschätzt. Viele verstanden ihn am Ende nur noch als Schopenhauers »lustigen Rat«. Dabei hatte Busch einen moderaten Pessimismus schon längst vorher als seine eigentliche Weltanschauung entdeckt. Der Realist in ihm ließ sich nicht gerne etwas über die unberührte Schönheit dieser Welt und die moralische Integrität ihrer Bewohner vormachen. Mit der Grundthese Rousseaus, wonach der Mensch von Natur aus gut wäre, konnte er als unbestechlicher Menschenkenner nicht so recht etwas anfangen. Er hielt diese Meinung für einen Sehfehler des Franzosen, und für einen folgenreichen dazu. Er selbst hielt es mit Schopenhauer, der sich in seinem Hauptwerk »Die Welt als Wille und Vorstellung« über die menschliche Bosheit keine Illusionen machte. Sein gelehriger Schüler lieferte dann auch in vielen Sentenzen so etwas wie einen ganzen Schopenhauer in nuce.

Als Künstler, der er ja nun einmal war, nahm Busch sich das Recht heraus, die menschliche Bosheit zu übertreiben, um den Leuten den Star zu stechen. Da er stets auch als Humorist zu Werke ging, klang die Art, wie er seine unpopulären Wahrheiten aussprach, dann doch noch versöhnlich. Selbst seine großen und kleinen Übeltäter stattete er mit durchaus liebenswürdigen Zügen aus. Es blieb unserer Zeit vorbehalten, den Realisten Busch zum berufenen künstlerischen Gestalter der Erbsünde zu deklarieren oder die Psychoanalytiker zu bemühen, um die Abgründe seiner offenbar durch jugendliche Traumata verdüsterten Seele auszuleuchten.

Nur ein Sadist, so argumentiert man messerscharf, wäre imstande, seine Kunstfiguren so zu malträtieren, wie er es tat, und sie durch alle Höllen zu schicken. Nichts von alledem trifft bei einem Mann zu, der seine helle Freude daran hatte, die turbulentesten Lärmszenen unserer Kunstgeschichte zu inszenieren

Dr. phil. Otto Busch

und dabei, wenn es dann sein mußte, ein veritables Inferno zu entfesseln. In seinem Privatleben konnte der gleiche Mann keiner Fliege etwas zuleide tun. Nur mit unerzogenen und ungezogenen Kindern hatte er wenig im Sinn. Bei ihrem Anblick konnte er aus der Haut fahren. Er verachtete alle Eltern, die mit ihren Erziehungskünsten scheiterten und sich von ihrem Nachwuchs auf der Nase herumtanzen ließen.

Trotz seiner schlechten Meinung von der menschlichen Natur hat sich Busch nie in eine Menschenfeindschaft gesteigert.

Dazu empfand er zu viel Mitleid mit der Kreatur, die nur durch die Normen bürgerlicher Wohlanständigkeit vor Schlimmerem bewahrt wurde. Immerhin besaß dieser untrügliche Beobachter die Göttergabe des Humors, die ihm das Zusammenleben mit den Menschen erst möglich machte. Wenn man allerdings genauer hinhört, vernimmt man auch die dunklen Untertöne, die er keineswegs unterschlug, weil sie einfach in diese gottlose Welt gehören.

Busch hat seinen Lesern nie etwas vormachen wollen. Er war kein Illusionist und hat ihnen immer die so unerquickliche Wirklichkeit vor Augen geführt, aber sie mit dem Hohlspiegel seines Humors reflektiert. Er entdeckte den Schildbürger in jedem Menschen, vor allem in selbstgerechten Honoratioren und Würdenträgern, hinter deren heuchlerischen Fassade sich in seinen Augen ihre ganze Inferiorität spiegelte. Seine satirischen Giftpfeile richtete er eben deshalb vor allem gegen menschliche Verlogenheit, Engstirnigkeit, Feigheit, Hartherzigkeit und Arroganz. Er konnte seinem Trieb nicht widerstehen, menschliche Unzulänglichkeiten, vor allem, wenn sie sich hinter einer anspruchsvollen Attitüde verbargen, in jedem Fall der Lächerlichkeit preiszugeben. In dieser Kunst des Desillusionierens hat er dann eine Perfektion wie wenige erreicht. Nur weigerte man sich, hinter dem phantasiereichen Spaßmacher auch den Zeitkritiker zur Kenntnis zu nehmen, der in der Phalanx der großen Unzeitgemäßen seiner Zeit in die vorderste Reihe gehört.

Eigentlich hatte Busch nicht erst bei Schopenhauer in die Schule zu gehen brauchen, um zu erkennen, daß Dantes Inferno keineswegs nur die verstiegene Vision eines unerfreulichen Jenseits ist, sondern die gelungene Kopie unserer irdischen Wirklichkeit. Den hochsensiblen Busch muß es ungemein auf den Nägeln gebrannt haben, den menschlichen Karneval, wie er sich ihm allenthalben darbot, vorzuführen. In dem Pandämonium, das er zu entfesseln liebte, wimmelt es von Narren und aufgeblasenen Schildbürgern, aber ebenso oft von Selbstgerechten und Heuchlern, denen er jedesmal die Maske vom Gesicht reißen möchte.

Busch unterzog sich der unpopulären Pflicht, die ganze Zerfallenheit eines götterlosen Geschlechts, das mit dem Gesicht nach unten über diese Erde kroch, so darzustellen, daß man diese Fatalität des modernen Menschen noch mit einem verlegenen Schmunzeln zur Kenntnis nehmen konnte. Er scheut sich nicht, seine Hand auf alle neuralgischen Punkte zu legen, denen er sich konfrontiert sah, und machte eine ganze verlorene Welt transparent, deren immanente Komik die Menschen kaum noch ertragen können, würde sie ihnen nicht durch die Zauberdroge Humor ein wenig verzuckert. Bei genauerem Zusehen bemerkt man, daß Buschs »Phantasiehanseln« sich eigentlich mehr oder weniger am Rande des Nichts bewegen.

Durch die Zusammenballung des Schrecklichen verliert bei Busch das Grausame bereits seinen Wirklichkeitscharakter. Es fällt rettungslos der Lächerlichkeit anheim. Unsere diesseitige Hölle, die sich eigentlich vor jeder Haustür abspielt, wird durch den Humor entschärft und durch Buschs »bummelige« und saloppe Sprache zur Bagatelle heruntergespielt.

Busch gibt sich mit der bürgerlichen oder kleinbürgerlichen Welt zufrieden, um die ganze prekäre Problematik seiner Zeit ins Überdimensionale zu projizieren. Die Folie, vor der sich seine Papierdramen abspielen, ist die entgötterte Welt, in der die Dämonen ihr Unwesen treiben und in der sich seine menschlichen Tragödien oder Komödien nach einem unerbittlichen Gesetz vollziehen.

Als er mit einigen Bildergeschichten in den Kulturkampf des Reiches mit den ultramontanen Mächten eingriff, war es keineswegs ein politischer Impuls, der seine Phantasie stimulierte. Es war vielmehr ganz einfach das Thema der Heuchelei und Bigotterie, das ihn über Jahre hin beschäftigte und ihn in einer schöpferischen Hochspannung hält.

Buschs erste Attacke gegen menschliche Scheinheiligkeit, sein »Heiliger Antonius von Padua«, erschien im Juni 1870 im Verlag Moritz Schauenburg, der auch den »Lahrer Hinkenden Boten« verlegte. Das Manuskript hatte eine lange Vorgeschichte! Es hatte bereits vor dem Erscheinen des »Max und

Moritz« vorgelegen. Die Verhandlungen mit Karl Hallberger, dem Bruder des »Huckebein«-Verlegers, hatten sich zerschlagen, da der Verleger sich mit diesem Projekt finanziell überfordert sah. Auch der Versuch, den Stuttgarter Verleger Alfred Kröner für den »Antonius« zu interessieren, schlug fehl. Schließlich ließ sich Moritz Schauenburg auf das gewagte Unternehmen ein und sollte damit noch seine liebe Not haben.

Mit diesem seltsamen Heiligen, dessen Heiligkeit man in Zweifel zu stellen pflegte, hatten sich schon die volkstümlichen Pfaffenschwänke beschäftigt. Busch bewegte sich mit der Behandlung dieses Stoffes also auf bereits ausgetretenen Pfaden. Allerdings versuchte er ihm einige neue, womöglich zeitgemäße Nuancen abzugewinnen. Er witterte hinter dem alles verdunkelnden Heiligenschein dieses Heiligen doch noch allerlei unausgelebtes Heidentum, und da ihm der katholische Heiligenkult ohnehin immer schon suspekt gewesen war, machte er sich an die Arbeit, um diesen seltsamen Heiligen zu demaskieren.

»In protestantischen Anschauungen aufgewachsen«, wollte es ihm nicht so recht in den Kopf hinein, »daß es im Ernste einen wirklichen Heiligen, einen Menschen ohne Sünde geben sollte.« Wundergläubigkeit war nicht im Naturell des Niedersachsen Busch veranlagt. In seiner Kritik am Pfaffentum stand er, ob er nun wollte oder nicht, im Lager der Kämpfer gegen den Ultramontanismus. Man sah daher in Busch damals einen engagierten Parteigänger der Kulturkampfstrategen.

Worum handelt es sich also bei seinem »Heiligen Antonius«? Im Grunde ist dieser nicht mehr oder weniger als ein »verschmitzter« Heiliger, der gewitzt genug ist, sich mit ein wenig Askese auf dieser Erde alle himmlischen Freuden im Umgang mit der Himmelskönigin zu erkaufen. Er verhielt sich sozusagen wie ein »geistlicher Opportunist«, der in seiner aufgesetzten Askese unfreiwillig komisch wirkt. Askese, hatte Busch mit den Jahren herausgefunden, bringt den Menschen um keine einzige Sprosse auf der Himmelsleiter weiter. In seinen autobiographischen Aufzeichnungen wird er später notieren: »Kein hiesiger Schlüssel, so scheint's, und wär's der Asketenschlüssel, paßt ja zur Ausgangstür.« Er hatte damals bereits ganz allein auf den Glauben gesetzt.

In seinem »Heiligen Antonius von Padua« versucht Wilhelm Busch, ein möglichst drastisches und überzeugendes Exempel zu statuieren, daß die menschliche Natur sich nicht ohne weiteres vergewaltigen und umbiegen läßt. Sie fordert auch vom Heiligen ihr gutes Recht. Dieser macht, wie Busch nachweist, durchaus keine Ausnahme von der Regel. Er muß sich nur eben aufs Heucheln verlegen, um nicht den Geruch seiner Heiligkeit zu verlieren.

Auch dieser Antonius, wie Busch ihn sieht, ist von allem Anfang an zum absolut Bösen hin disponiert. Als Junge frönt er unbändig der »Freßgier«, als junger Mann dem Sexus mit gleicher Leidenschaft, und als Mönch erliegt er den Versuchungen des Teufels in Gestalt der keineswegs unansehnlichen Nonne Laurentia. Aber schließlich bringt er es dann doch noch dahin, seine Libido zu zügeln und unter Kontrolle zu halten. Er sublimiert sie zur Marienverehrung, in der ihn niemand übertrifft. Natürlich wird er für diese Wendung zum Guten dann auch reichlich belohnt. Seinem Aufstieg in den Himmel steht nichts mehr im Wege.

Mit dieser Satire hat sich Busch auf ein Spiel mit dem Feuer eingelassen. Auf weite Strecken hin muß dem damaligen Betrachter das Schmunzeln vergangen sein. Für viele Spießer schien der Tatbestand der Pornographie vor allem in der Verführungs- und Ballettszene gegeben zu sein.

Friedrich Theodor Vischer, damals auf dem Gebiet der Ästhetik eine unumstrittene deutsche Kapazität, schlug beim Erscheinen des »Antonius« gehörig auf die Pauke und unterstellte Busch einen schlechterdings »pornographischen Strich«. Der brave Mann aus dem Schwabenland war sichtlich schockiert angesichts von soviel Anzüglichkeiten auf engstem Raum und gelangte zu dem für Busch so niederschmetternden Fazit: »Entweder sah der Mann mit Proletenaugen oder mit bösen.« Beides war selbstredend nicht der Fall, wie wir heute mit Nachdruck feststellen können. Busch hatte sich eben nur seiner schärferen Augen bedient, in denen sich die Welt widerspiegelte, wie sie nun einmal in Wirklichkeit war.

Busch schlug sich an die eigene Brust. Aber ein reumütiger Sünder war er trotzdem nicht. Der gründliche Kenner des menschlichen Herzens konterte Vischer auf seine Weise, indem er zu verstehen gab: »Ein auffällig tugendsames Frauenzimmer ist meine Muse freilich nicht. Aber indem sie einerseits den Myrtenzweig des übertriebenen Wohlwollens errötend von sich weist, hält sie andererseits gemütlich den verschleierten Blick eines alten Ästhetikers aus, dem bei der Bestellung des eigenen Ackers ein Stäubchen Guano ins Auge geflogen.«

Das Verhängnis braute sich aber doch noch über Buschs Haupt zusammen, als der Staatsanwalt eingriff und gegen den Verleger wegen Erregung öffentlichen Ärgernisses durch unzüchtige Schriften Anklage erhob. Busch hatte nämlich zum guten Ende dieses Heiligenlebens seinen fragwürdigen Helden gemeinsam mit einem leibhaftigen Schwein, das ihm der Himmel als ein »glaubhaft Zeichen« gesandt hatte und von dem er sich auf Grund einer Anweisung von oben niemals trennen sollte, seine so lang ersehnte Himmelfahrt vollziehen lassen. Busch läßt sie beide, keusch durch eine Wolke verhüllt, daß nur noch die beiden zu sehen sind, sich allem Irdischen entziehen und von der Himmelskönigin in Empfang nehmen. Die hehre Frau scheint für die spleenige Marotte ihres Heiligen mehr Verständnis aufgebracht zu haben als Buschs irdischer Kritiker. Jedenfalls nimmt sie ihren treuen Diener mit emphatischer Geste in den Himmel auf, indem sie verkündet:

»Willkommen! Gehet ein in Frieden!
Hier wird kein Feind vom Freund geschieden,
Es kommt so manches Schaf herein,
Warum nicht auch ein braves Schwein?«

Ein so dick aufgetragener Zynismus schlug unter den damaligen Verhältnissen dem Faß des eben noch Zumutbaren den Boden aus. Moritz Schauenburg wurde vor den Kadi zitiert und hatte sich vor dem Offenburger Kreisgericht zu verantworten. Busch tat sein Bestes, um seinem Verleger zu sekundieren und ihm entkräftendes Material zukommen zu lasssen.

»Zu meinem Bedauern sehe ich aus Ihrem soeben angelangten Briefe«, schreibt er ihm am 12. August 1870, »daß die Vorbereitungen zu dem gewaltigen Kriege, der hoffentlich zu Deutschlands Ehre glücklich zu Ende gehen wird, Ihre mir so sehr erwünschte Zusammenkunft mit meinem Bruder verhindert haben. Daß ich mich natürlich den Konsequenzen der kleinen Broschüre, die Ihnen so viel Verdruß macht, nicht entziehen wollte, habe ich Ihnen gleich zu Anfang erklärt, obgleich ich jetzt jeden sonnigen Tag im Freien zu meinen Studien benutzen möchte, die mir so sehr am Herzen liegen. Einige Notizen über den Antonius, die mir im Gedächtnis sind, will ich nicht versäumen, Ihnen hier mitzuteilen. Mit tendenziösen Sachen habe ich mich nie im Leben befaßt. Wo mir etwas komisch erschien, habe ich es in meiner Weise zu behandeln gesucht. So entstand der Antonius, weil mir zufällig »Unser Lieben Frauen Calender« in die Hände kam...

Daß unser kleines Büchlein so unliebsames Aufsehen macht, hat wohl besonderen Grund darin, daß es zufällig zu einer Zeit erscheint, wo von Rom aus ein großer Teil der Menschheit in seinem besten Wissen und Denken in derbster Weise angegriffen und verflucht wird. Wer in diesen Dingen zu einer Partei gehört, mag daher leicht eine absichtliche Tendenz vermuten, wo nur ein zufälliger Zusammenstoß stattfindet, hervorgerufen durch die heftige Strömung von jenseits der Berge. Wer aber gar etwas sinnlich Anreizendes in diesem günstigenfalls drolligen Büchlein finden wollte, der scheint nicht zu bedenken, daß eben die parodistische Behandlung der Form und Situation der Sinnlichkeit geradezu widerstreiten muß und soll. Was man belachen soll, soll nicht verführen.«

Moritz Schauenburg hatte Glück: Auf einer Schwurgerichtssitzung im März 1871 wurde die Anklage der Blasphemie fallen gelassen. Trotzdem blieb der »Antonius« noch eine Zeitlang in Bayern und Rußland verboten. Seine Beschlagnahme in Österreich wurde sogar erst im April 1902, also zu Buschs 70. Geburtstag, durch eine Interpellation der Alldeutschen im Reichsrat unwirksam.

In der Begründung für diese Freigabe führten die Abgeordneten damals für Busch ins Feld: »Am 15. Ostermonds sind es siebzig Jahre, daß der größte deutsche Humorist der Jetztzeit, Wilhelm Busch, zu Wiedensahl in Hannover das Licht der Welt erblickte. Das deutsche Volk – innerhalb welcher Grenzpfähle immer es wohnen mag – verdankt diesem Meister der Satire des Griffels und der Feder unendlich viele Stunden sowohl der Erheiterung als auch der Belehrung und Anregung. Seine Werke erfreuen sich einer ungeheuren Verbreitung in allen Schichten der Bevölkerung, und zahlreiche seiner kernigen Verse sind als geflügelte Worte – des öfteren auch von Politikern, ja selbst von Bismarck – angeführt worden. Um so bedauerlicher scheint es, daß eines der besten Werke dieses Mannes, »Der Heilige Antonius von Padua«, in Österreich verboten ist.«

Busch brauchte offenbar immer wieder sein vertrautes Wiedensahler Umfeld, in dem er sich auskannte, um zu neuen Taten des Geistes ausholen zu können. Natürlich kehrte er immer wieder an den Ort seiner Geburt zurück, um neue schöpferische Kräfte zu tanken, aber die Legendenbildung vom »Einsiedler von Wiedensahl« zielt dann eben doch an der Wirklichkeit gründlich vorbei. Immer wieder brach er, wie von einer unerklärlichen Unruhe ergriffen, zu seinen Reisen auf, die den niederdeutschen Raum in der Regel immer weniger überschritten. Immer wieder auch waren es Lüthorst, Ebergötzen, Celle oder Wolfenbüttel, wo er als ständiger Gast gern gesehen war. Seinen Wiedensahler Sommer des politisch so bewegten Jahres 1871 nutzte er in aller Zurückgezogenheit zur Niederschrift seiner »Frommen Helene«, einem neuerlichen Geniewurf, mit der er seine Gemeinde wieder einmal in helles Entzücken versetzen sollte.

Bei der Konzeption dieses wiederum antikatholischen Vorwurfs hatte er eine ungemein glückliche Hand, wie sich bald herausstellen sollte. Jedenfalls war der stupende Erfolg dieser Bildergeschichte schon zum Zeitpunkt ihrer Konzeption vorprogrammiert. Sie stand dann dem Siegeszug von »Max und Moritz« nur wenig nach. In der Tat befand sich Wilhelm Busch am Ende seines vierten Jahrzehnts ganz auf der Höhe seiner Kraft. Alles, was er in seine Hände nahm, reifte zu einer schönen Vollkommenheit. Immer konnte er ganz aus dem Vollen schöpfen.

Meisterschaft

Mit der Fertigstellung der »Frommen Helene« stellt sich für Busch zugleich auch die Verlegerfrage von neuem. Schon insofern ist das Jahr 1871 für ihn eine Art Schicksalswende. Noch war er mit Schauenburg liiert, der ihn dann auch im Mai 1871 nach Straßburg einlud, um in dessen neuerworbener Buchdruckerei die sogenannte Zinkographie, also das Verfahren, auf fotomechanischem Wege mehrfarbige Bilder zu reproduzieren, kennenzulernen. Busch wäre an sich nichts willkommener gewesen, als sich von der mühseligen Arbeit an den Holzstöcken zu befreien. Am Ende jedoch fiel seine Prüfung in Straßburg nicht überzeugend genug aus, und so blieb dann vorläufig alles beim alten. Er wird also weiterhin sich der Kärrnerarbeit unterziehen müssen, auf Buchsbaumholz zu zeichnen.

Kaum ist Busch nach Wiedensahl zurückgekehrt, bestürmt ihn Schauenburg mit der Bitte, ihm ein neues Manuskript vorzulegen, von dem die Rede war. Es handelte sich dabei um eine Bearbeitung von Karl Arnold Kortums Aufklärungsepopöe »Jobsiade«, die Busch damals gerade unter den Händen hatte. Diesmal aber verhielt er sich dem Verleger gegenüber eher reserviert. Offenbar wollte er das begonnene Werk zunächst einmal in aller Ruhe ausreifen lassen. Und so ließ er Schauenburg dann wissen:

»Mit der Verabredung über den ›Jobs‹ hat es ja keine große Eile, da ich die Sommermonate jedenfalls meine Ruh haben muß. Sie wissen, daß ich im allgemeinen mit Ihren Vorschlägen einverstanden bin. Ich zeichne Ihnen die Sachen auf Zink, mache den verbindenden Text dazu, und Sie beginnen dann die Zahlungen in bestimmten Fristen, aber, wie ich meine, sofort und nicht etwa nach drei Monaten. Sobald Sie mir offen entgegenkommen, werden wir bald einig sein und es auch für andere Unternehmungen bleiben. Die geringste Geheimnistuerei würde aber ein hartnäckiges Stillschweigen meinerseits zur Folge haben. Denn so sind wir Menschenkinder, daß es unsere Eitelkeit gewaltig übel nimmt, wenn uns der andre nur um einen einzigen Kreuzer überlisten will. Man mag eben die Leute nicht gern leiden, die einen für dümmer halten wie sich selbst.«

Schauenburg geht nicht genau auf Buschs Vorschläge ein. Außerdem kommt diesem zu Ohren, daß jener sich im Gründerrausch gehörig übernommen hat und nun kurz treten muß. Kurzentschlossen sieht sich Busch nach einem neuen Verleger um, dem er seine künftigen Arbeiten anvertrauen kann. Seine Wahl fällt dabei auf seinen alten Freund Otto Bassermann, der inzwischen den Heidelberger Verlag seines Vaters übernommen hat. Zu den Verhandlungen mit Bassermann hatte Busch sich in Begleitung seines Bruders Otto nach Heidelberg begeben, wo man sich im »Holländer Hof« traf. Bassermann hat später über dieses Zusammentreffen folgendermaßen berichtet:

»Ich traf Wilhelm Busch mit seinem Bruder Otto im Speisesaal, und ersterer sagte mir nach kurzer Begrüßung: ›Lasse Dir doch eine Tasse Kaffee hinauf in mein Zimmer bringen. Dort findest Du zwei Sachen von mir, die Du in Deinen Verlag haben kannst, wenn Du sie willst...‹ Droben fand ich »Die fromme Helene« und die »Bilder zur Jobsiade«, die ich geradezu verschlang. – Wenn Du sie willst – ja, der junge Verleger wollte wohl, waren ihm doch die großen Erfolge des Verlags von Buschs Schöpfungen bekannt genug, um zu erkennen, daß ihn das Schicksal hier an einen geschäftlichen Wendepunkt geführt hatte.«

Noch am gleichen Nachmittag wurde der Vertrag ausgefertigt. Bassermann schloß damit das Geschäft seines Lebens ab. Andererseits war damit auch die finanzielle Sicherheit Buschs auf Lebenszeit garantiert.

Im April 1872 erschien die »Fromme Helene« auf dem Buch-

Verleger Otto Bassermann

markt und machte dort sogleich Furore. Es stand von vornherein fest, daß Busch wieder einmal ein Geniestreich gelungen
war. Er stand dem internationalen Erfolg von »Max und Moritz« um nicht viel nach.

Diese kuriose Lebensgeschichte eines durch und durch triebhaften Wesens, das nach einem ausschweifenden Leben im
Muff eines neureichen Großbürgertums sich in eine Frömmle-
rin von unerträglicher Bigotterie und schließlich zur frommen
Büßerin entwickelt, bis sie dann ihre arme Seele doch dem Teufel überlassen muß, stellt sich als ein Meisterwerk des Satirikers
Busch heraus, der wieder einmal Gelegenheit hatte, seine
Rundumschläge gegen alle Erscheinungsformen von Heuchelei und Scheinheiligkeit zu führen.

Diesmal steigert er seine an sich schon kaustische Kritik zu einem Strafgericht über ein ganzes Zeitalter, das den Geist verraten hatte und ganz dem Mammonismus verfallen war. Vor allem nimmt er die neue Bourgeoisie der Gründerjahre in sein Visier, aus deren Masse sich die Käufer seiner Bücher rekrutieren, die sie aus Mangel an Selbstkritik nicht einmal verstanden. Er konnte sogar weitgehend aus eigenen Erfahrungen schöpfen, die er vor allem in Frankfurt als einer Hauptstadt des Kommerzes machen konnte. So tauchen etwa die Umrisse der feudalen Keßlerschen Villa im Hintergrund jenes Elendszuges von Armen auf, die verklärten Gesichts das mit Wein versetzte Badewasser Helenens aus kleinen Flaschen schlürfen.

Bei der »Frommen Helene« handelte es sich um das bisher umfangreichste Werk Buschs. Es umfaßte insgesamt 190 Zeichnungen und 690 Verszeilen. Für den Holzschnitt hatte man den Frankfurter Jakob Ettling vorgesehen, der bereits in Paris für Gustave Doré die gleiche Arbeit geleistet hatte. Wie fast immer gab es auch diesmal über die Qualität der Arbeit heftige Kontroversen. Busch bestand auf äußerster Perfektion, kanzelte Ettling mit unmißverständlicher Grobheit ab und warf ihm »Überhaspelungen« vor.

Busch hatte wieder einmal Glück: Seine gepfefferte Satire auf die hohe Geistlichkeit wurde noch von den hochgehenden Wogen des Kulturkampfes in Deutschland emporgetragen. Die erste Auflage war im Handumdrehen vergriffen. Heute hat die Zahl der verkauften Exemplare längst die Millionengrenze überschritten. Der Drucker Adelmann konnte der immensen Nachfrage einfach nicht Schritt halten. »Adelmann wird wieder drucksen statt zu drucken«, raunzte Busch. Aber im ganzen konnte er seinem Verleger-Freund die Anerkennung nicht versagen: »In der Totalerscheinung gefällt mir die Helene sehr gut und besser als irgendein Opusculum von mir; so daß ich dem Verleger meine gebührende Anerkennung nicht versagen kann.«

Von Buschbesprechungen, auf die Bassermann geradezu versessen war, hielt er offenbar aus Erfahrung nicht viel. »Was

Rezensionen anbelangt, so muß ich Dir wiederholentlich bekennen, daß derartige Sachen nicht rezensiert sein sollen und
wollen ... Guter Humor und guter Vertrieb, die tun's. Dann
soll man sie eben nehmen, wie man auf der Reise etwa einen
Bittern nimmt.« Und er setzte auftrumpfend hinzu: »Jedenfalls
mußt Du auch dafür sorgen, daß ›Helene‹ die Bäder besucht
(die Saison ist nahe) und daß sie auf den Bahnhöfen sich orien-
tieren lernt. Das wird dem guten Kinde gesünder und förder-
licher sein als hundert Rezensionen.«

Besprechungen seiner Bücher hat Busch in der Regel igno-
riert. Ihn interessierten die Ergüsse von professionellen Bes-
serwissern wenig, die über ein mit vieler Mühe aus der Taufe
gehobenes Werk eines Autors gnadenlos herfielen und es pie-
tätlos zerrupften.

Mit der Presse hatte er ohnehin nicht eben viel im Sinn. Sie
trug ihr gerüttelt Maß Schuld am sukzessiven Abbau des allgemeinen Niveaus im Lande bei. Und so kriegte sie gleich im Vor-
spann der »Helene« einen gehörigen Nasenstüber ab.

»Ach, die sittenlose Presse!
Tut sie nicht in früher Stund
All die sündlichen Exzesse
Schon den Bürgersleuten kund?

Offenbach ist im Thalia,
Hier sind Bälle, dort Konzerts.
Annchen, Hannchen und Maria
Hüpft vor Freuden schon das Herz.

Kaum trank man die letzte Tasse,
Putzt man schon den ird'schen Leib.
Auf dem Walle, auf der Gasse
Wimmelt man zum Zeitvertreib.

Und der Jud mit krummer Ferse,
Krummer Nas' und krummer Hos'

Schlängelt sich zur hohen Börse,
Tiefverderbt und seelenlos.

Wie sie schauen, wie sie grüßen!
Hier die zierlichen Mosjös,
Dort die Damen mit den süßen
Himmlisch hohen Prachtpopös.

Schweigen will ich von Lokalen,
Wo der Böse nächtlich praßt,
Wo im Kreis der Liberalen
Man den heil'gen Vater haßt.

Schweigen will ich von Konzerten,
Wo der Kenner hoch entzückt
Mit dem seelenvoll-verklärten
Opernglase um sich blickt,

Wo mit weichem Wonnebusen
Man schön warm beisammen sitzt,
Wo der hehre Chor der Musen,
Wo Apollo selber schwitzt.

Schweigen will ich vom Theater,
Wie von da, des Abends spät,
Schöne Mutter, alter Vater
Arm in Arm nach Hause geht.

Zwar man zeuget viele Kinder,
Doch man denkt sich nichts dabei.
Und die Kinder werden Sünder,
Wenn's den Eltern einerlei.

›Komm, Helenchen!‹ sprach der brave
Vormund, ›Komm, mein liebes Kind!
Komm aufs Land, wo sanfte Schafe
Und die frommen Lämmer sind.

Da ist Onkel, da ist Tante,
Da ist Tugend und Verstand,
Da sind deine Anverwandte!‹
So kam Lenchen auf das Land.«

Die ausschweifende Vorrede beinhaltet bereits einen gewaltigen Affront gegen seine aus den Fugen geratene Zeit, gegen
die Busch Stichhaltiges einzuwenden hatte. Er legte seinen
Finger auf die Bruchstellen der neudeutschen Gesellschaft
und hatte keineswegs die Absicht, ein Blatt vor den Mund zu
nehmen. Nicht von ungefähr hatte er eine höhere Tochter, deren Eltern nicht einmal in Erscheinung treten, zur Protago-
nistin seiner Zeitsatire gewählt. Mit ihr rückt er den unerträglichen Parvenüs seiner Zeit hautnah auf den Leib. Schließlich
hatte er nicht umsonst so lange Zeit in der Frankfurter Wiesenau zugebracht, um die Erfahrungen, die er von daher mit in
sein friedliches Wiedensahl brachte, nicht auch gehörig auszu-
schlachten.

Die ganze unerträgliche Hohlheit und Penetranz der bürgerlichen Moral, die Onkel und Tante Nolte überzeugend in-
karnieren, entlarvt Busch gleich zu Beginn seiner Geschichte.
Hier predigen Onkel und Tante auf eine abstoßende Weise
Moral und erteilen ihre gutgemeinten Ratschläge für einen
sittlich-christlichen Lebenswandel, die dann auf so unfrucht-
baren Boden fallen sollen.

»Helene!« – sprach der Onkel Nolte –
»Was ich schon immer sagen wollte!
Ich warne dich als Mensch und Christ:

Oh, hüte dich vor allem Bösen!
Es macht Pläsier, wenn man es ist,
Es macht Verdruß, wenn man's gewesen!«

»Ja leider!« – sprach die milde Tante
»So ging es vielen, die ich kannte!
Drum soll ein Kind die weisen Lehren
Der alten Leute hoch verehren!
Die haben alles hinter sich
Und sind, gottlob! recht tugendlich!

Nun gute Nacht! Es ist schon späte!
Und, gutes Lenchen, bete, bete!«

Diese moraltriefenden Worte verfangen nicht bei einem Mädchen, in der die ungebrochene Natur doch immer wieder auf
eine bestürzende Weise spontan durchbricht. Sie kann sich ihre
bösen Streiche nicht verkneifen, die denen von Max und Moritz
um nichts nachstehen. Wieder einmal guckt der alte Schopenhauer seinem willfährigen Adepten lächelnd über die Schulter.
Der verleiht seiner Bürger-Satire den letzten Schliff, indem er
Helene sich über alle moralischen Normen ungerührt hinweg-
setzen läßt.

Schließlich führt er den ominösen Vetter Franz in die Handlung ein, diesen Libertin im Priestergewand und scheinheiligen
Zyniker, der von seiner nichtsahnenden Gemeinde zwar bereits
als der »heilige Franz« gepriesen und verehrt wird, weil er sich
hervorragend zu tarnen versteht. In Wirklichkeit hat er es faust-
dick hinter den Ohren. Schon als Jüngling bewies er einen unwiderstehlichen Hang zum Küchenpersonal, später entlarvt Busch
ihn als den eigentlichen Erzeuger der Schmöck-Zwillinge, die
ihm wie aus dem Gesicht geschnitten sind. Bei einem neuerlichen Annäherungsversuch ans Küchenpersonal von Madame
Schmöck wird ihm der Lebensfaden gestutzt, und er findet sich
sehr zur Genugtuung der Leser im ewigen Fegefeuer wieder.

Diesmal brauchte Busch keine gerichtlichen Maßnahmen.
Die Zeit hatte sich eben beträchtlich zu seinen Gunsten geändert. Der Kulturkampf war noch nicht abgeflaut. Er hatte li-
beralere Maßstäbe bei der Beurteilung von Kunstwerken ermöglicht.

»An die Häscher glaub ich nicht, doch kann's wohl nicht schaden, wenn das Publikum daran glaubt«, versuchte er, Bassermann den Nacken zu stärken. Und wirklich: Diesmal behinderten die Gerichte keineswegs die unaufhaltsam steile Karriere seiner »Helene«. Sie stand seinem Herzen immer besonders nah. Noch im Jahre 1893, als die hundertste Auflage der »Frommen Helene« anstand, steuerte er der Jubiläumsausgabe nicht nur seine kurzgefaßte Selbstbiographie in neuer Fassung bei, sondern seinen »Nöckergreis«, in dem er noch einmal Gerichtstag über seine Zeit hielt. Für die Festausgabe zu seinem 75. Geburtstag ließ er sich nur ein Jahr vor seinem Tode noch folgende Huldigung an seine Helene einfallen:

»So hat sich denn schon sechsunddreißig Male
Das Jahr erneut in diesem Erdentale,
Seit Du erschienst in Deiner Schändlichkeit.
Viel ist passiert von dazumal bis heut,
Darunter viel, was wir nicht gern erlebten.
Die Bomben krachten und die Berge bebten,
Zum Teil ins Wackeln kam das Weltgerüst,
Indes, so sehr wir uns darob betrübten,
Wir faßten uns, wir aßen, tranken, liebten
Und dachten nach, was schlau und nützlich ist,
Und machten es und brauchten's mit Behagen.
Jüngst träumte mir, im neusten Sausewagen,
Dem unverschämten, dennoch wundersamen,
Der so beliebt, besonders bei den Damen,
Denn alles Neue liebten sie ja stets,
Kämst Du mir, altes Lenchen, flink verwegen,
Staub und Gerüche hinter Dir, entgegen.
Ich war erstaunt und fragte Dich, wie geht's?
Der Herr Verleger, der Dein Pflegevater,
Verehrte, seh ich, Dir ein neu Kostüm.
Mach einen Knicks. Es war doch nett von ihm.
Demnach, obwohl Du längst schon aus dem Schneider,
Spielst du noch immer – manche sagen leider! –

Vor jedermann auf dem Papiertheater
Ganz unverfroren Deine losen Streiche.
Du hast Dich nicht gebessert, bliebst die Gleiche,
Neckst immer noch den Onkel, schreckst die Tante,
Die beide doch so brave Anverwandte,
Und eben dies macht uns ein Hauptvergnügen,
Wenn Biederleute, die allhier auf Erden
Geruhig leben, recht gehudelt werden,
Daß sie vor Ärger fast die Kränke kriegen.
Zwar, was die Alten sind, die abgeklärten,
Die Speckphilister, die sich gut ernährten,
Sie kennen eine bessre Unterhaltung.
Allabendlich siehst Du sie schwitzend wandeln.
Um über die verderbte Stadtverwaltung
Im Volksverein laut dröhnend zu verhandeln.
Dort zeigen frei sie ihre Redegaben,
Sie, die zu Hause nichts zu sagen haben...
Sobald nur hundert Jahre erst verflossen,
Wo, unter andern, sind dann unsre Possen?
Die Lampe fällt. Was bleibt noch auf der Szene?
Ein Häufchen Asche, wie von Dir, Helene.
Drauf kommt die Zeit mit ihrem Reiserbesen
Und fegt es weg, als wär es nie gewesen.
Mir selbst ist so, als müßt ich bald verreisen.
Die Backenzähne schenkt ich schon den Mäusen –
Als müßt ich endlich mal den Ort verändern
Und weiter ziehn nach unbekannten Ländern.
Mein Bündel ist geschnürt. Ich geh zur See.
Und somit, Lenchen, sag ich Dir ade!«

In dieser verhaltenen Liebeserklärung eines 75jährigen an
eines seiner geliebten Kunstgebilde hat sich Busch zugleich von
der Welt verabschiedet. Er zeigt sich bei dieser Gelegenheit in
der Handhabung seiner Knittelverse noch ganz auf der Höhe
seines gewohnten Könnens. Er nahm noch einmal die Feder in
die Hand, so hat man wenigstens den Eindruck, um der Welt

gehörig die Leviten zu lesen. Er tat es nach allen Regeln seiner Kunst. Immerhin drängt sich bei der Lektüre der Verdacht auf, der Abschied von dieser entzauberten Welt, in der er sich nicht mehr so recht zurechtfand, würde ihm nicht sonderlich schwerfallen. Jedenfalls hat dieser Abschiedsgruß bisher nichts von seiner Aktualität eingebüßt. Man liest ihn immer noch mit einer verhaltenen Nachdenklichkeit.

Ein einziges Mal ist Wilhelm Busch in seiner Künstlerlaufbahn von seiner Grundüberzeugung abgewichen, ein Kunstwerk geduldig in sich ausreifen zu lassen, ehe er es der Öffentlichkeit übergab. Nur wenn der Autor mit seiner ganzen Individualität hinter dem Geschaffenen stand, konnte er mit einem Erfolg rechnen. Daß sich jedoch ein Künstler in irgendeine Abhängigkeit begeben könnte, hielt er für schlechthin kunstfeindlich.

Und doch ist er einmal von dieser Regel abgewichen, so daß er rückblickend bekennen muß. »Daß ich meine Sachen (ausgenommen ein paar Hungerprodukte und das Tendenzstückerl »Filuzius«) lediglich und vor allen Dingen zu meinem rücksichtslosen Pläsier zusammengeschustert, das ist eben manchen Leuten nicht begreiflich zu machen.«

Der »Pater Filuzius« nimmt also in Buschs Œuvre daher eine exzeptionelle Stellung ein. Hier handelt es sich um die einzige Auftragsarbeit, zu der er sich überreden ließ. Das Ergebnis ist dann auch dementsprechend problematisch für ihn ausgefallen. Er hatte, wie er bald selbstkritisch bekannte, einer »allegorischen Eintagsfliege« zu einem etwas kümmerlichen Dasein verholfen.

Otto Bassermann hat ihn diesmal aufs Glatteis gelockt. Als cleverer Verleger rechnete er sich mitten im Kulturkampf besondere Erfolgchancen für eine antiklerikale Bildergeschichte aus. Nach dem Bombenerfolg des »Heiligen Antonius« und vor allem der »Frommen Helene« wollte er diese Bestsellerserie möglichst fortsetzen.

Knapp sechs Wochen benötigte Busch dann auch nur, diese Auftragsarbeit nach bestem Wissen und Gewissen hinter sich zu bringen. Geradezu berserkerhaft arbeitete er an dieser

»Story« von den Schandtaten eines vor keiner Infamie zurückschreckenden Jesuitenpaters. Er hatte diesmal nicht die hochwillkommene Gelegenheit, die Arbeit erst einmal für ein Weilchen »kaltzustellen«, wie er es sonst zu tun pflegte, um sie aus
der Distanz noch einmal beurteilen zu können. Offenbar ließ
ihn die Aktualität des Stoffes während des Kulturkampfes
kaum zu Atem kommen. Man bereitete nämlich im neuen
Reich gerade ein Gesetz vor, das den Jesuitenorden und seine
Niederlassungen in Deutschland verbieten sollte.

Busch ließ sich zu seiner Räuberpistole durch Corvins »Pfaffenspiegel« und vor allem durch Adolf Harleß' »Jesuitenspiegel« zu seinem abermaligen ultramontanen Kreuzzug inspirieren. Am 29. Juni 1871 fragte er deshalb bei Bassermann an:
»Könntest Du was anfangen mit einem kleinen politisch – satirischen Ding so etwa zwanzig Seiten? Könntest Du es sofort
drucken und schneiden lassen, sobald ich damit fertig?«

Wenige Tage später scheint er mit seiner Arbeit bereits so
weit fortgeschritten zu sein, so daß er vermelden kann: »Das
satirische Opusculum ist noch nicht ganz fertig. Sobald ich damit im Reinen, werde ich's Dir zuschicken. Ich werde es wohl in
das Format der Fliegenden Blätter fassen, vorausgesetzt, daß
Du nicht irgendein praktisches Bedenken dagegen hast.«

Busch hatte seine gesamte Arbeitsenergie darauf konzentriert, die Arbeit am »Filuzius« so bald wie nur eben möglich zu
beenden. Am 8. Juli heißt es daher bereits in einem Brief an
Otto Bassermann: »Das neue Ding will ich, in Veranlassung
Deiner Bemerkungen, für das Format der Helene arrangieren.
Wie ich es nun überschlagen kann, mögen es 80 Zeichnungen
werden, nehme ich dazu den Text, der später dazu kommt, so
kommen wohl 40 bis 50 Seiten heraus. Das Holz habe ich bereits von Ettling schicken lassen. Wann ich damit fertig, hängt
natürlich von ungestörter Laune ab.«

Am 1. August läßt Busch dann seinem Verleger das Skizzenmanuskript zum »Filuzius« zugehen. »Es ist eine allegorische
Geschichte«, heißt es im Begleitschreiben. »Aber auch ohne
die, denk ich, ist viel Lustiges darin. Das Allegorische dürfte in

den Annoncen nur sehr diskret angedeutet werden, worüber noch zu reden wäre.«

Bassermann scheint von dem eingesandten Manuskript einen durchaus positiven Eindruck empfangen zu haben. Er sprach Busch seine volle Zustimmung und Anerkennung aus. Dieser erwiderte prompt am 7. August: »Es freut mich, daß Dir der Fil., der ja auf Deine Anregung entstanden, nun auch gefällt. Familiär genommen ist er wohl drastisch zu nennen, aber politisch genommen, meine ich, ist er's nicht; er spricht einfach die neuesten Wünsche des Staates aus, die allerdings mit den Wünschen der Kirche nicht ganz übereinstimmen können. Der deutsche Michael mit der protestantischen und katholischen Haushaltstante und der staatskirchlichen Base; der Jesuit mit Verführung, Gift und Dolch und sonstigen feindlichen Gewalten im Bunde, die von ihm eingeführte ultramontane Presse nebst Gefolge – mit diesen Dingen als allegorischem Hintergrunde beruht das kleine Familienstück. Der Wehr-, Nähr- und Lehrstand werden Dir wohl auch aufgefallen sein. Daß das Ding verboten wird, kann ich nicht glauben; aber wer weiß?«

Der »Pater Filuzius« konnte dann wirklich schon im November 1872, als Busch gerade ins Pfarrhaus zu Schwester Fanny und Schwager Hermann Nöldeke umgezogen war, erscheinen. Die Verlagsreklame brauchte nicht besonders intensiviert zu werden, da die Wellen des Kulturkampfes immer noch mächtig hochschlugen und ein Interesse an antiklerikaler Literatur durchaus noch bestand.

Trotz des sich sogleich anbahnenden materiellen Erfolges war Busch selbstkritisch genug, um dieses »Familienstück« für kein besonders gelungenes Kind seiner Muse zu halten. Im ganzen war die Allegorik dieses politischen Tendenzstückes eben doch allzu grob ausgefallen. Selbst die Karikaturen, sonst Buschs unbestreitbare Stärke, wirkten derartig forciert und überspitzt, daß der Humor bereits im Ansatz kläglich auf der Strecke blieb. Es gab hier so gut wie überhaupt nichts zu lachen. Busch hatte sich, wie er selbst bald begriff, offenbar vergaloppiert. Aber gottlob gehörte er zu den Künstlern, die aus

Fehlgriffen zu lernen verstehen. In Zukunft ließ er jedenfalls wohlweislich die Hände von polemischen Attacken dieser Art. Er wollte nicht wieder riskieren, auf seinen befreienden Humor zugunsten einer Tendenz zu verzichten.

Im Falle des »Pater Filuzius« hatte er sich allzu sehr in eine polemische Rage gesteigert. Dabei hatte sein sonst so erlösender Spott, der stets ins Schwarze zu treffen pflegte, einen bitteren Beigeschmack bekommen. Nur bei seinen politischen Polemiken im Zusammenhang mit dem deutsch-französischen Krieg von 1870/71 hat ihn ebenfalls sein sicherer Instinkt für das Machbare verlassen. Hier gelangte er an die Grenzen seines künstlerischen Flairs. Aber er hat sich den Anspruch absoluter künstlerischer Integrität und der Unfehlbarkeit erhoben. Im Grunde wußte er natürlich wie wenige, daß ein echtes Kunstwerk nur dann entstehen und leben kann, wenn es aus einem spontanen inneren Impuls des Künstlers geboren wird, ohne Rücksicht auf praktische Nebenabsichten.

Um gleich bei den wenigen notorischen künstlerischen Fehlleistungen Buschs zu bleiben, bei denen der Humor kläglich auf der Strecke blieb, so ist als ein weiteres Produkt seines »reinen Ernährungsbetriebes« sein »Monsieur Jacques à Paris während der Belagerung im Jahre 1870« zu nennen. Hier nun hat sich der politisch sonst so zurückhaltende Busch, offenbar von der Welle eines uns heute unerträglichen Hurrapatriotismus inspiriert, zu einem geradezu peinlichen Machwerk hinreißen lassen, das nur wenig über seinen Autor, viel aber über die Stimmung in Deutschland nach dem Sieg über Frankreich aussagt.

Wahrscheinlich muß das damalige Publikum, auf dessen natürliche Schadenfreude Busch in diesem Falle spekuliert, sich königlich über den Spott über Angehörige des geschlagenen Volkes amüsiert haben. In diesem Fall führt uns Busch einen Bürger des belagerten Paris vor, der wie seine Mitbürger förmlich am Hungertuche nagt. Nichts als natürlich, daß man sich in Deutschland über dieses Mißgeschick des Feindes schadenfroh die Hände rieb.

Busch läßt seinen von Hunger geplagten Jacques beim Anblick seines vor ihm kauernden Hundes auf die ausgefallene Idee kommen, aus dessen Schwanz, der ihn an etwas erinnert, »was man Wurst zu nennen pflegt«, ließe sich doch vergleichsweise mühelos ein opulentes Mahl bereiten. Dieser Körperteil der gequälten Kreatur wandert dann auch völlig unsentimental und ohne große Überlegung nach einer Amputation mit dem Küchenmesser in den Kochtopf.

Der Anblick der von Schmerz gekrümmten Kreatur kann so wenig euphorische Empfindungen auslösen wie die Tatsache, daß Monsieur Jacques die von ihm erfundenen Explosionspillen an seinem ohnehin schon arg malträtierten Hund ausprobiert, dessen Schädel dann auch sogleich mit dem zynischen Kommentar »Günstiger Erfolg einer Erfindung« in die Luft fliegt. Zwei hungrige Pariser erreicht das gleiche Schicksal, als sie sich über die mit Explosionspillen gespickten Karbonaden hermachen, die eigentlich zum Verzehr durch zwei »Prussiens« bestimmt waren. Am Ende wird dem kaum zu bedauernden Monsieur Jacques selbst so »desperat« zumute, daß er die eigenen Stiefel mit seinen Sprengkörpern versieht und sich dann beim Eintreffen der verhaßten Preußen selbst gegen die Decke sprengt.

Auch das »Napoleonspiel« aus der gleichen dubiosen Schaffensphase Buschs und »Wie man Napoliums macht« aus der »Deutschen Latern« gehören gewiß nicht zu den künstlerischen Kraftakten des großen Humoristen. Allerdings als Zeitdokumente haben auch diese Einfälle ihren dokumentarischen Charakter bewahrt.

Noch einmal griff Busch ein politisches Thema auf, das er sozusagen vor der eigenen Haustür fand, als er sich mit dem Partikularismus der nach 1866 zu Preußen geschlagenen Hannoveraner befaßte. Auch als Bürger der preußischen Provinz pflegten die wackeren Welfen ihre antipreußischen Ressentiments nach besten Kräften. Busch hingegen teilte mit den meisten seiner engeren Landsleute als Bewunderer Bismarcks unbedingte Reichstreue.

Unter den urigen Typen seiner Heimat, deren Darstellung

ihn schon lange gereizt haben mochte, suchte er sich ein paar deftige Stammtischbrüder heraus, die in ihrem provinziellen Selbstgefühl eine borniertre Politik auf eigene Fasson betrieben. Einem so unbestechlichen Beobachter wie Busch mußte es schon schwerfallen, keine Satire über sie zu schreiben.

Also läßt er sich eine bunt gemischte Männerclique einfallen, die sich in der Dorfkneipe mit dem bezeichnenden Namen »Im Weißen Pferd« zu treffen pflegt. Das außer Rand und Band geratene Niedersachsenroß erhebt Busch dann auch prompt zur Symbolfigur, an der sich das Selbstbewußtsein dieser entwurzelten Pfahlbürger immer wieder auflädt.

Sein »Der Geburtstag oder die Partikularisten« besitzt in seiner rigorosen Entlarvung aller nur möglichen menschlichen Schwächen innerhalb einer Dorfgemeinschaft, in der es höchst menschlich zugeht, natürlich Schwankcharakter. Busch hatte bereits 1870 in den »Fliegenden Blättern« einen typischen Partikularisten vorgeführt, der seine Enttäuschung über den preußischen Sieg auf eine wohl allzu exaltierte Weise artikulierte. Nun meldet er am 17. Februar 1873 seinem Verleger, er könne auf ein neues Manuskript von ihm hoffen.

»Das Neue soll betitelt sein »Die Partikularisten«, mit etwas mehr als 100 Zeichnungen und 330 bis 390 Zeilen Text. Genau kann ich das natürlich erst angeben, wenn alles abgeschrieben und eingeklebt ist, was in diesen Tagen geschehen soll; ich schicke es Dir dann gleich zu. Es ist mir dadurch eine andere Geschichte, die ich Neujahr im Kopf herumtrug, vorläufig zurückgedrängt. Dieser Wankelmut, diese plötzliche Unlust an einem ziemlich weit gediehenen Plane ist mir selber höchst lästig. Du wirst es mir also verzeihen, wenn ich schweige, bis das Ding fertig auf dem Papier ist. Es ist wahrhaftig keine Geheimniskrämerei.«

Das Manuskript seines erfolgreichen und berühmten Autors fand Bassermanns volle Zustimmung. Nur hätte er sich das Schlußkapitel etwas anders gewünscht, also keine der obligatorischen dörflichen Gasthausprügeleien, sondern ein versöhnliches Wort. Er schlug daher vor, einen Gendarmen in die Geschichte einzufügen, der die Partikularisten bei ihrer subversiven Tätigkeit heimlich im Auftrag des Landrates bespitzelt. Die Wirtschaft der geschäftstüchtigen Mutter Köhm soll wegen Begünstigung partikularistischer Umtriebe kurzerhand geschlossen werden. Die Stammtischstrategen sollten sich in ein anderes Etablissement zurückziehen, sich schließlich aber doch davon überzeugen lassen, daß die preußische Lösung für sie alle eben doch die beste ist. Während der Gendarm schmunzelnd in der Ecke steht, sollten sie unisono auf das vereinigte deutsche Reich anstoßen.

Busch lehnte diese Vorschläge ab. Sein »Geburtstag« blieb das, was er sich darunter vorgestellt hatte, eine tragikomische Geschichte vom Egoismus, aber auch von der Niedertracht der Menschen, dargestellt an einer Dorfgemeinschaft, in der einer den anderen hintergeht.

Busch liebte nun einmal seinen bummeligen Stil, der die Leser nicht überforderte. »Vor allem lustig und dann nicht viel mehr!« lautete sein künstlerisches Motto, nach dem er in erstaunlicher Lockerheit verfuhr. Daß er sich in seinen »Partikularisten« sogar des heimischen Plattdeutschen bedienen konnte, verleiht dieser Bildergeschichte ein unverwechselbares niederdeutsches Air.

Busch hatte wieder einmal den Leuten gründlich aufs Maul geschaut und seine Geschichte mit einer gehörigen Dosis bäuerlicher Pfiffigkeit und Verschlagenheit gewürzt. Natürlich herrschte völlige Einmütigkeit unter den im Grunde so unterschiedlichen Stammtischbrüdern, daß unter dem alten König alles so viel besser als unter den verhaßten Preußen gewesen war. Und so stimmen sie alle in den martialischen Fluch aus dunklen Männerkehlen ein: »Kreuzhimmel dausenddonnerwär, uns olle König mot weer her!« An anderer Stelle klingt es nicht weniger überzeugend: »Et schall nich bliben ans et is! Et schall weer weeren anse süß!«

Die exquisiten Charakterisierungskünste Buschs schlagen gerade da, wo er sich auf heimatlichem Terrain bewegt, wahre Volten. Die fette Wirtin, Mutter Köhm, verkörpert in ihrer ausladenden Korpulenz das barocke Lebensgefühl der Gründerzeit mit der einsetzenden Prosperität, die man geistig noch gar nicht verkraften kann. Auf die vulgären Materialisten der Gründerzeit, die ihn zutiefst schockierten, hatte Busch die Worte gemünzt, mit der diese Geschichte ausklingen sollte: »Ja, selig ist der fromme Christ, wenn er nur gut bei Kasse ist.« Er wollte diesen ins Schwarze treffende Sentenz seiner dicken Wirtin in den Mund legen, sah aber auf Bitten Bassermanns doch davon ab, um sich nicht wieder zwischen alle Stühle zu setzen. Man sollte nicht so ohne weiteres herausfinden, daß sich hinter dem literarischen Spaßmacher der Deutschen doch so etwas wie ein grimmig grollender Zeitkritiker verbarg, der mit seinem Zeitalter in Unfrieden lebte. Störenfriede waren im neuen Reich unerwünscht, vor allem wenn sie das singuläre Format Buschs besaßen.

Im Frühjahr 1872 hatte Busch seine Zelte in Frankfurt endgültig abgebrochen. Damals war er nach einem Abstecher über Wolfenbüttel nach Wiedensahl heimgekehrt und hatte wieder Wohnung im elterlichen Haus bezogen, in dem nun Bruder Adolf das Regiment übernommen hatte. Im November wechselte er der größeren Ruhe wegen aus dem Geschäftshaus zur Schwester in die Pfarrei des Ortes. Seitdem spielte sich sein Leben im wesentlichen in der fast klösterlichen Abgeschiedenheit von protestantischen Pfarrhäusern ab. Rückblickend scheint es sicher zu sein, daß er einen permanenten Stadtaufenthalt mit einer Stagnation seines Gefühlslebens und einem langsamen Versiegen seiner schöpferischen Kräfte bezahlt hätte.

Kam noch hinzu, daß ihm alle gesellschaftlichen Verpflichtungen zu viel Zeit stahlen, die er lieber in seine Arbeit investiert hätte. Er war nun vierzig Jahre alt und hatte durchaus das Gefühl, sich bereits auf der absteigenden Linie zu befinden. Die Beziehungen zum Frankfurter Keßlerhaus rissen deshalb aber keineswegs ab. Immer wieder gingen Briefe zwischen Wiedensahl und Frankfurt hin und her. Schon kurz nach seinem Abschied von Johanna Keßler hieß es im Frühling 1872:

»Fern von der Frankfurter Börsenluft unter blühenden Bäumen, beim Gesang der Nachtigallen, allein in heiterer Betrachtung des Federviehs, der Pferde, Füllen, Hunde und Katzen auf dem Hofe meines Bruders in Wolfenbüttel ist dieser Frühling so recht behaglich an mir vorübergezogen.«

Im September dieses so ereignisreichen und schöpferischen Jahres 1872 zog es ihn noch einmal nach Dresden hinüber. »Ich war in Dresden und sah die Galerie und in der Rotunde die prachtvollen Gobelins, wo das Licht in Golde aufgewirkt ist«, schreibt er rückblickend von seinem Aufenthalt in Elb-Florenz. »Ich stand voll Bewunderung vor der katholischen Kirche, in Dämmerschein erstieg ich die Brühlsche Terrasse und blickte nach freundlichen Hügeln hin; ich war beim alten Richter in Loschwitz oben; ich trank Bier auf dem Waldschlößchen und fuhr abends spät zurück und sah da hinab in der Elbe im bewegten Wasser den langgezogenen, zackigen Widerschein der Lichter tanzen; ich ließ mich sogar im Künstlerverein fetieren.«

Seine neue Wohnung im Pfarrhaus ließ Busch sich mit seinen Möbeln aus Frankfurt einrichten. In den drei Zimmern im Obergeschoß, eines davon nach Norden gelegen, fand er die Ruhe, die er sich für seine Arbeit schon lange gewünscht hatte. Völlig komplikationslos integrierte er sich in die Familie Nöldeke mit ihren drei Jungen. Noch im gleichen Jahr schrieb er an seinen alten Freund Bachmann über sein neues Domizil:

»Für einen soliden Pfarrverweser, wie ich es jetzunder bin, geziemt es sich wohl, nach den überstandenen Sonntagsgeschäften auch ein wenig an seine abwesenden Freunde zu gedenken und sie zum Guten zu gemahnen und aufzumuntern. Also: bete und arbeite und trink nicht zuviel kaltes Wasser, wenn Du erhitzt bist, sondern halte Dich mehr an die braven geistlichen Getränke. Wie es mit Deinem Beten aussieht, brauche ich nicht zu wissen; was aber Deine Arbeit anbelangt, so habe ich die feste Überzeugung, daß Du alle Deine vier Hände gehörig voll hast, zumal wenn es dort auch so unbeständiges Wetter gewesen wie hierzulande . . .«

Busch behält in seiner neuen Behausung seinen bescheidenen Lebensstil bei. Dabei hätte er sich jeden Luxus erlauben
können. Schließlich ist er nach Abschluß des Verlagsvertrages
mit Bassermann recht ausgiebig am Gewinn des Umsatzes beteiligt, der dazu noch laufend steigt. Selbst im Ausland werden
seine Bücher nun übersetzt und verbreitet. Aus England wird
ihm sogar eine Übersetzung seiner »Frommen Helene« vorgelegt. Sie läuft hier unter dem Titel »Pious Jemima« und trägt
folgende Widmung des Übersetzers John Mac Lush an die
Queen Victoria:

> »Nichts zur Erklärung braucht dies Buch,
> Denn bei uns ist's ja klar genug,
> Von welcher Art Britanniens Sünden.
> Hier sind Helenen nicht zu finden.
> Wir brauchen nicht zur Sorgenstillung
> Der schwarzen Flasche feuchte Füllung;
> Im Ausland hat man dafür Sinn,
> Hier nie. Drum ›Hoch die Königin!‹«

Noch vor dem »Pater Filuzius« waren im Oktober 1872 die
»Bilder zur Jobsiade« erschienen. Die Anregung zu diesem
Opus, das sich würdig den großen Würfen Busch anschloß,
stammte vom Inhaber der Groteschen Verlagsbuchhandlung in
Berlin, Carl Müller, der eine neue Illustrierung des alten Tex-
tes des Aufklärungspoeten Karl Arnold Kortum vorschlug.
Busch, wie stets auf Themensuche, griff sogleich beherzt zu. Er
nutzte seinen Frankfurter Aufenthalt, im Städelschen Museum
Stiche des großen Daniel Chodowiecki gründlich zu studieren.
Im Spätherbst des Jahres 1870 lagen dann bereits zahlreiche
Illustrationen zu Kortums »Leben, Meinungen und Taten von
Hieronymus Jobs, dem Kandidaten« vor. Aber es handelte sich
bereits um weit mehr als um eine neue Illustration der alten
Vorlage. Aus dem Vorwurf war eine echte Buschiade gewor-
den, die so ganz seine Handschrift trug. Gleichwohl war ihr
Verfasser bescheiden genug, das Ergebnis seiner Bemühungen

um diese alte Satire unter dem Titel »Bilder zur Jobsiade« aus der Hand zu geben.

Er leitet sein neues Opus mit einer überaus noblen Hommage an Karl Arnold Kortum, dem Vater der Jobsiade, ein, in dem er so etwas wie einen Geistesverwandten wittern muß, dessen Text er auf seine Art raffte.

Den wackeren Bochumer Arzt und Poet dazu, einen Zeitgenossen Goethe übrigens, mußte es förmlich in den Fingern gejuckt haben, sich eine Parodie auf den Bildungsroman des 18. Jahrhunderts von seiner bedrückten Seele zu schreiben. Er bediente sich zu diesem sicherlich lobenswerten Zwecke der volkstümlichen Manier des Nürnberger Hans Sachs, dessen holprige Knittelverse ihm gerade recht waren, um das auszudrücken, was es zu diesen ewigen Kandidaten zu sagen gab. Es gelang ihm in der Tat, mit seinem betont hölzernen Stil und seinen groben Holzschnitten das abgeklapperte Versepos seiner Zeit zu parodieren.

Kortum erfüllt mit seiner Geschichte des evangelischen Theologiekandidaten Jobs alle Voraussetzungen für den bei uns üblichen trockenen Aufklärungshumor, der auch so seine aparten Nuancen besaß. Mit seiner 1784 erschienenen Typensatire war Kortum immerhin ein besonderer Wurf gelungen, an dem Busch nicht ungerührt vorbeigehen konnte.

Die Fabel von dem an seiner Triebhaftigkeit scheiternden Theologiekandidaten Hieronymus Jobs und seinen Examensnöten muß für Busch in der Tat ein gefundenes geistiges Fressen gewesen sein. Nachdem er vorher die katholische Geistigkeit mit seinem Spott gehörig durch den Kakao gezogen hatte, versuchte er es diesmal mit einem Kollegen von der anderen Fakultät. Und wirklich gerät ihm die berühmte Predigtszene, in der er den Kandidaten auf der Kanzel in weitausholenden Gestikulationen vorführt, mit denen er seine Gemeinplätze zu kaschieren versteht, zu einem Paradestück deutscher Satire.

Es erfüllt den Leser mit Genugtuung, daß dieser seltsame Theologe dann doch nicht ans Ziel seiner Wünsche gelangt, aber sich immerhin noch als Nachtwächter nützlich machen kann, indem er den Schlaf seiner Mitbürger bewacht. Seine Mutter, die »Frau Senaterin«, konnte von dieser Wendung seines Schicksals kaum überrascht sein. Sie hatte ihn nämlich bereits vor seiner Geburt in einem »mütterlichen Traumgebild« mit einem »großen allmächtigen Tutehorn« ausgerüstet gesehen. Der verkrachte Theologe wird damit noch einer viel nutzbringenderen Daseinserfüllung entgegengeführt. Der Knochenmann hält erst das Perpendikel seiner Lebensuhr an, als er eines Winternachts beim Ausrufen der Stunden den Mund zu weit geöffnet hatte und der Doktor für ihn keine passende Medizin mehr bereit hat.

Am 3. Juli 1872 hatte Busch seine Arbeit an seiner Jobsiade in seiner Wiedensahler Klause abgeschlossen. »Ich denke, die Jobsiade wird gefallen«, schrieb er gleich anschließend an Bassermann. »Das Schema, welches ihr zugrunde liegt, ist das Unverwüstliche daran; es ist der Lebenslauf in abstracto.«

Busch ist erheblich über seine Vorlage, wie sich bald zeigen sollte, hinausgewachsen. Wieder einmal spürt man die sichere Hand des geborenen Satirikers, der seinen Schopenhauer nicht umsonst gelesen hat. Dieses gänzlich unheroische Leben, das keine Hoffnungen erfüllte, schließt doch noch versöhnlich. Buschs Abgesang auf seinen glücklich-unglücklichen Hieronymus endet mit den klassischen Versen:

»Also geht alles zu Ende allhier:
Feder, Tinte, Tobak und auch wir.
Zum letzten Mal wird eingetunkt
Dann kommt der große
schwarze ● «

Im April 1873 begibt sich Busch dann wieder auf große Fahrt, nachdem er im März seinem Ebergötzener Freund seinen obligatorischen Besuch in dessen alter Wassermühle abgestattet hatte. Sein Weg führt ihn von Wolfenbüttel über Frankfurt und Heidelberg ins altvertraute München und von dort aus zur Weltausstellung nach Wien.

Selbstbildnis des Malers und späteren Akademiedirektors
Friedrich August von Kaulbach

München ist diesmal die wichtigste Etappe seiner Rundreise. Er kommt nun als arrivierter Künstler, dessen Namen jeder kennt, in die bayrische Metropole zurück. Man nimmt ihn dort mit offenen Armen auf. Schließlich hatte er die Deutschen wieder das Schmunzeln gelehrt. Das wissen die Münchener nun zu honorieren.

Diesmal ist es der Künstlerverein »Allotria«, in dem Busch erfreuliche neue Bekanntschaften macht. Hier nimmt er die ersten Kontakte mit seinen späteren Freunden Franz von Lenbach, Friedrich August von Kaulbach und Lorenz Gedon auf. Gedon profilierte sich etwa mit dem Ausbau des Schackschen

Palais in München als einer der herausragenden Architekten seiner Zeit, während Lenbach zum unbestrittenen Modeporträtist aufstieg und durch seine Bismarck-Porträts einen internationalen Ruf erlangte. Kaulbach schließlich brachte es zum Direktor der Königlichen Kunstakademie in München.

Mit allen dreien wird Busch eine ausgiebige Korrespondenz führen, obwohl er gern ein wenig mit seiner angeblichen »eingewurzelten Federfaulheit, hervorgegangen aus einer bauernmäßigen Scheu vor schriftlichen Dokumenten«, zu kokettieren pflegte.

»Groß war auch seine Nachlässigkeit und Schüchternheit im schriftlichen Verkehr mit Fremden«, kann man in seiner späteren Selbstbiographie nachlesen. »Der gewandte Stilist, der seine Korrespondenten mit einem zierlichen Strohgeflecht beschenkt, macht sich umgehend beliebt, während der Unbeholfene, der seine Halme aneinanderknotet wie der Bauer, wenn er Seile bindet, mit Recht befürchten muß, daß er Anstoß erregt. Er zögert und vergißt.«

Es ist sehr bedauerlich, daß die an Busch gerichteten Briefe samt und sonders von dem Adressaten vernichtet wurden. Über den hohen literarischen Wert seiner eigenen Briefe besteht hingegen volle Übereinstimmung. Er gehörte unzweifelhaft zu den inspirierten Briefschreibern unserer Literatur. Seine stupende Beobachtungsgabe und seine ins Schwarze treffenden Formulierungskünste prädestinierten ihn zu einem immer interessanten und anregenden Briefpartner, der im rechten Augenblick stets das zutreffende Wort zu finden verstand. Bei allem Ernst im gegenseitigen Austausch unterließ er es nie, auch seinen Humor voll auszuspielen.

In Wiedensahl gab er im Jahre 1873 bestenfalls ein Gastspiel. Kaum war er nämlich aus dem Süden heimgekehrt, begab er sich von Juni bis Ende September nach Lüthorst, wo er sich so ganz der Malerei hingab. Damals entstand das herausragende Brustbild der kleinen Line Weißenborn und ein gelungenes Knabenbildnis, die beide durch eine besonders warme Farbgebung auffallen.

Kaum heimgekehrt, brach er zu einer Hollandreise auf, um noch einmal seine Liebe zu den alten Niederländern in den Museen des Landes auf ihre Standhaftigkeit hin zu überprüfen. Es stellte sich dabei heraus, daß er keinerlei Korrekturen an seinem jugendlichen Enthusiasmus anzubringen hatte. Wieder einmal geriet der sonst so reservierte Deutsche in neue Verzükkung vor diesen Kunstwerken, die eine Saite in ihm zum Klingen brachten.

»Im wundervollen Amsterdam, wo die Bilder meiner großen Lieblinge in treulichen Räumen wohnen, im reinlichen Harlem, wo Frans Hals seine unverwüstliche Frische in größter Fülle zeigt; – am Strand von Scheveningen, wo ich mir den Meerwind in Weste und Krawatte blasen ließ, all das umgibt mich nun wie den Einsiedler sein Wald«, berichtet er in einem seiner begeisterten Briefe aus jenen Tagen.

Auch das folgende Jahr zieht ihn bereits wieder im März in den Westen. Diesmal reist er über Brüssel, Brügge und Gent nach Antwerpen, wo er gern einmal wieder alte Erinnerungen aus kritischen Jahren seiner Jugend auffrischen möchte. Aber die Stadt hat nach einem Vierteljahrhundert einen gewaltigen Schritt nach vorn getan. Sie ist kaum wiederzuerkennen. Die alten Stätten, um die sich seine Erinnerungen ranken, findet er jedenfalls nicht mehr vor. »Natürlich war mein erstes, daß ich ausging, um meine ehemalige Wohnung aufzusuchen. Alles abgerissen und neu gebaut, und in den neuen Häusern ganz neue Leute«, stellt er nicht ohne Wehmut fest.

In der gleichen Zeit, als Busch sich in Flandern seinen nostalgischen Empfindungen hingab, erschien bei Bassermann ein neues Werk von ihm: »Dideldum«. Unter diesem saloppen Sammeltitel hatte Busch einige von seinen kurzen Bildergeschichten, die zerstreut in verschiedenen Zeitschriften erschienen waren, zusammengefaßt. Ihren leicht feststellbaren Wert spielte er ein wenig herablassend als »unwillkürliche Ausschwitzungen wie Bisam und Moschus« herunter.

Allerdings: Ein wenig heterogen waren die einzelnen Beiträge des Bandes schon. Es befanden sich Saufpoesien im Stile der Kommersbuchlieder des 19. Jahrhunderts darunter und auch die nicht gerade sehr geistvolle und durch die Ereignisse bereits überholte Anweisung »Wie man Napolíums macht«. Andererseits finden wir in diesem Band auch wieder so exquisite Stücke wie »Der Maulwurf« oder »Die Kirmes« mit der unvergleichlich dramatischen Schlußapotheose eines dörflichen Kirmesballes.

Buschs Maulwurf wird von einem hartnäckigen Gärtner namens Knoll nach einer Reihe atemberaubender Mißgeschicke doch noch zur Strecke gebracht. Wieder haben wir es mit einem Kabinettstück Buschscher Inszenierungskünste zu tun. Aber auch der große Epigrammatiker übertrifft sich wieder einmal in dem vielzitierten Schlußvers:

»Da liegt der schwarze Bösewicht
Und wühlte gern und kann doch nicht;
Denn hinderlich, wie überall,
Ist hier der eigne Todesfall.«

Aber auch der Lyriker meldet sich unüberhörbar zu Wort und zieht als eben Fünfzigjähriger bereits die Summe seiner Erfahrungen auf diesem blauen Planeten, dem er mit immer wachsender Skepsis begegnet:

»Sag, wie wär es, alter Schragen,
Wenn du mal die Brille putztest,
Um ein wenig nachzuschlagen,
Wie du deine Zeit benutztest.

Oft wohl hätten dich so gerne
Weiche Arme warm gebettet,
Doch du standest kühl und ferne,
Unbewegt, wie angekettet.

Oft wohl kam's, daß du die schöne
Zeit vergrimmtest und vergrolltest,

Nur weil diese oder jene
Nicht gewollt, so wie du wolltest.

Demnach hast du dich vergebens
Meistenteils herumgetrieben;
Denn die Summe unsres Lebens
Sind die Stunden, wo wir lieben.«

Als Bassermann im Herbst 1873 die Bereitschaft signalisierte,
von Buschs verstreut erschienenen Arbeiten einiges in einem
Sammelband vorzulegen, machte dieser sich sogleich an die
Arbeit. Im April 1874 lag dann »Dideldum!« vor. Der selbstzu-
friedene Zecher und Raucher auf dem Titelblatt wirkte geradezu programmatisch auf die Gründerdeutschen jener Jahre,
die sich einem ungezügelten Hedonismus hingaben.

Buschs »Kurzbrenner« fanden trotz ihrer unterschiedlichen
Thematik eine fast überraschende Resonanz. Man nahm sogar
die nicht illustrierten Gedichte in Kauf, von denen viele wie ein
persönliches Bekenntnis des Humoristen Busch klingen, der
durchaus imstande war, auch ernstere Töne anzuschlagen.
Hier deutete sich bereits der Lyriker Busch unüberhörbar an,
der dann bald schon zu einer besonderen Leistung ausholen
wird. Er hatte auch in seinen Versen inzwischen seine eigene
Sprache gefunden, die die Dinge mit einfachen Worten beim
Namen zu nennen pflegte und sich nicht in gestelzten Rede-
wendungen verlor. Für einen reinen Ästhetizismus schien ihm
die Zeitsituation dann doch allzu prekär.

Kritik des Herzens

Sicher gehört der Niedersachse Wilhelm Busch zu den Spätent-
wicklern, die bedächtig Schritt vor Schritt auf dem steinigen
Weg zu ihrer eigentlichen Bestimmung setzen müssen. Keine
Macht der Welt hätte ihm die Beschwernisse seiner »Bummeljahre« abnehmen können. Sie wären aus der Biographie
Buschs nicht wegzudenken. Selbst die Akademien, die er aufsuchte, konnten ihm keine Wegweisung in die entscheidende
Richtung geben. Bestenfalls vermittelten sie ihm die notwen-
digsten Handgriffe, die er zu seinem eigentlichen späteren Metier benötigte. Lange genug hat er gegen die Sterilität des Akademismus ankämpfen müssen, ehe er sich von diesem lästigen
Zwang befreien konnte.

Auf jedem Fall war der Zeichner und Erzähler der skurrilen
Bildergeschichten, die die Deutschen in ihrer gesamten sozio-
logischen Breite in helles Entzücken versetzen sollten und die
bis heute noch nichts von ihrer geradezu magischen Ausstrahlung eingebüßt haben, ein Originalgenie, das sich in keiner
Weise auf irgendwelche Vorbilder berufen konnte, denen er
einiges abgesehen hätte. Die Bildergeschichte war ein Genre,
das es vorher nicht gegeben hatte. Busch hatte sie für seinen
eigenen Hausgebrauch erfunden.

Und dann: Niemand hat bis dahin mit den knappsten zeichnerischen und sprachlichen Mitteln so frappierende Wirkungen
erzielen können wie eben Busch. Allerdings war ihm diese Meisterschaft keineswegs im Traum zugefallen. Von seinen zöger-
lichen Anfängen als Karikaturist von Kneipzeitungen, die nur
in einem engeren Kreis kursierten, bis zum Mitarbeiter der
»Fliegenden Blätter« und schließlich zum Autor von erfolgreichen Bildergeschichten war es ein weiter und beschwerlicher

Weg, den er zu beschreiten hatte, ohne jemals das Ziel aus den Augen zu verlieren. An Fleiß hat er es bei dieser Gratwanderung weiß Gott nie fehlen lassen. Er hat bis zuletzt an allem, was er aus seiner Werkstatt entließ, mit dem äußersten Verantwortungsgefühl und letzter Gewissenhaftigkeit gefeilt und gebosselt.

Gut Ding braucht Weile. Es bedurfte schon eines langen und schmerzlichen Reifungsprozesses, ehe Busch in die fest umrissene Statur unseres bedeutendsten Humoristen, vielleicht des größten Humoristen der Weltliteratur überhaupt hineinwuchs. Sondiert man die Literatur nach ähnlichen Meistern des Grotesken, so wird man nach langen Überlegungen sicher Wilhelm Busch die Krone reichen wollen. Einen, der auf vielen Kunstgebieten brillierte und so etwas wie großartige Gesamtkunstwerke zuwege brachte, wird man lange suchen müssen. Es hat lange gedauert, ehe die Deutschen, die ohnehin nie viel zu lachen hatten, begriffen, wer ihnen da geschenkt worden war.

Daß Busch als Genremaler, der er so gerne hätte sein mögen, sich nicht alle Blütenträume seiner Jugend erfüllen konnte, war das heimliche Trauma seines Lebens, das er nie wegwischen konnte. Aber er hatte schließlich sein künstlerisches Terrain gefunden, in dem er seine Talente voll auslebte. Als Verfertiger seiner Bildergeschichten verwaltete Busch wie ein König eine ganze Provinz. All seine Nachahmer haben ihm da das Wasser nicht reichen können. Im letzten Viertel seines Lebens war er zunehmend der Magie des Wortes verfallen. Pinsel und Zeichenstift hatte er keineswegs resigniert, aber einer höheren Einsicht folgend schließlich ganz aus der Hand gelegt. Es blieb ihm immerhin noch die Feder, mit der er seine künstlerischen Intentionen fortsetzen konnte. In seinen späteren Prosaerzählungen, Versen und »Sprickern« legte er immer wieder neue Indizien seiner Kreativität vor.

Bezeichnend, daß er sich in allem und jedem, was er hervorbrachte, einer besonderen Kürze befleißigte. Damit besaß er in der damaligen Literatur einen wohltuenden Seltenheitswert. Diese bevorzugte eine ausgiebige Detailschilderung von oft bedrückender Breite. Obwohl seine stilistische Treffsicherheit ihm zu Recht Bewunderung eintrug, hörte er nicht auf, an seiner Sprache zu feilen. Bis in seine letzten Tage hinein faszinierten ihn etymologische Studien, die sein Sprachgefühl noch verfeinerten.

Natürlich bediente sich Busch auch in seinen Versen seines erprobten »bummeligen« Stils. Nichts muß ihm suspekter gewesen sein als leeres Pathos, das an der Wirklichkeit vorbeiredete und eine Scheinwelt vortäuschen wollte, in der er nicht zu Hause war. Um keinen Preis wollte er an den eigentlichen Problemen seiner Zeit, die ihm förmlich auf den Nägeln brannten, vorbeipalavern. Er ging ohne Umschweife auf sie zu, selbst auf die Gefahr hin, sich damit keine Sympathie zu erwerben.

Der mit feiner Ironie versetzte saloppe Stil Buschs, der ihn stellenweise in die Nähe von Heinrich Heine und die moderne Gebrauchslyrik rückte, wirkte auf die damaligen Leser geradezu provokativ. Und doch verfuhr er unbeirrt nach dem folgenden Programm: »In meinen Versen habe ich versucht, möglichst schlicht und bummelig die Wahrheit zu sagen – wie man sich etwa nach Tisch oder bei einem Spaziergang guten Freunden gegenüber aussprechen würde.«

Offenbar kamen Busch auch nicht die geringsten Bedenken, sich damit immer mehr zum dezidierten Bürgerschreck zu entwickeln. Er war nun einmal kein Poet für antiseptische Kinderstuben, sondern im Grunde doch eher ein etwas anarchischer Individualist etwa von der seltenen Sorte des Grafen Tolstoi, der sich auch vor einem entmythologisierten Zeitalter in die Einsamkeit verkroch. Allerdings unterschied er sich von dem großen Russen dadurch, daß er seine bitteren Wahrheiten in Sentenzen von oft umwerfender Komik anbot. Sie waren zu ertragen, weil er sie mit dem nötigen Charme des Herzens vortrug.

Im Oktober 1874 wurde die ansehnliche Busch-Gemeinde wieder mit dem Erscheinen einer literarischen Novität überrascht. Es handelte sich diesmal um einen nicht illustrierten Gedichtband mit dem Titel »Kritik des Herzens«. Offenbar

hatte Busch Kants »Kritik der reinen Vernunft« auf seine urei-
gene Fasson variiert, als er sich diesen griffigen Titel einfallen
ließ. Im Grunde handelte es sich bei ihm aber um eine Kritik der
ins Wanken geratenen bürgerlichen Moral, deren Brüchigkeit
er mehr als andere witterte. Eben diese Witterung für heraufzie-
hendes Unheil hatte ihn mit bewogen, sich in sein Wiedensahler
Mauseloch zurückzuziehen und sich dort einzuigeln.

Busch hat sich unversehens in die Reihe der großen Unzeitgemäßen seiner Epoche eingereiht. Viele seiner Gedichte
stellten nämlich einen unverblümten Affront gegen den selbstgefälligen Zeitgeist dar. Indem er unpopuläre Wahrheiten
aussprach, hatte er aber schon zu hohe Ansprüche an die Kri-
tikfähigkeit seiner Zeitgenossen gestellt. Man suchte in diesen
Versen vergebens den freischwebenden Buschschen Humor,
den die nur andeutenden Strichzeichnungen einzigartig unter-
strichen. In diesen Versen hatte er sich vorgenommen, deutsch
zu reden. Das war ihm nicht sonderlich schwergefallen. Aber
nun hatte er doch auch wieder das Nachsehen davon. Man verstand ihn einfach nicht. Eine junge Dame, die ihm deswegen ihr
Leid klagte und ihre Enttäuschung über den neuen Busch nicht
zurückhalten konnte, hatte die ruppige Antwort einzustecken:
»Lesen Sie meine ›Kritik des Herzens‹, darin lernen Sie mich
kennen, nicht in den anderen Sachen.«

In seinem zeitkritischen Ansatz fühlte er sich vor allem
auch nach der Lektüre des deutschen Epigrammatikers der
Barockliteratur, Friedrich von Logau, ermuntert. Zu einer Edi-
tion der Sinngedichte des großen Schlesiers hatte er damals ein
Titelbild beigesteuert, die man als eine einzige Sympathie-
erklärung verstehen kann. Auch als Lyriker kann Busch den
Epigrammatiker nicht verleugnen. Er liebte keine Auf-
schwünge im Emotionalen, dafür aber um so inniger konzise
Formulierungen über die wirkliche Verfassung des Menschen,
die nicht immer schmeichelhaft für seine Zeitgenossen aus-
fielen.

Daß Otto Bassermann die erste Auflage von 5000 Exemplaren in wenigen Wochen absetzen konnte, hatte er vor allem

der einzigartigen Popularität seines Starautors zu verdanken. Aber an die Bilderlosigkeit konnte man sich trotzdem nur schwer gewöhnen. Deswegen blieb auch die zweite Auflage von »Kritik des Herzens« wie Blei in den Verlagsmagazinen liegen. Selbst der Autor, der sich daran gewöhnt hatte, die zugegeben nicht immer besonders zahmen und artigen Kinder seiner Muse mit hohen Erwartungen ins Leben zu entlassen, sah sich diesmal von seinem Publikum schmählich im Stich gelassen. Seine Wortkunstwerke waren für den kommunen Geschmack der Zeit bereits zu hoch gegriffen.

Stieß man sich damals an den vermeintlichen Frivolitäten mancher dieser Verse, die manche von ihnen in die Nähe Heines rückten, den man damals gerade überwunden zu haben glaubte, so weiß man heute ihre Pfiffigkeit ganz besonders zu schätzen. In vielem, so hat man herausgefunden, stellen sie bereits eine kühne Vorwegnahme der sachlichen Gebrauchslyrik der zwanziger Jahre unseres Jahrhunderts dar. Konventionell waren die Buschschen Verse nämlich nun ganz und gar nicht. Sie waren im Gegenteil kühn nach vorn gerichtet und mit der immer noch zeitgemäßen Butzenscheibenlyrik, die damals noch stupende Auflagen erreichte, nicht zu vergleichen. Sie kultivierten keineswegs unausgegorene Gefühlchen, sondern kündeten unverhohlen einen Protest gegen unbewältigten Reichtum, Protzentum, Heuchelei und Großmannssucht einer bourgeoisen Gesellschaft an, mit der Busch nichts, aber auch gar nichts verband, seitdem er ihr hinter die Schliche gekommen war.

Busch konnte sich für seine Zwecke nicht einer hochgeschraubten Kunstsprache bedienen. Er brauchte die Alltagssprache, um sich möglichst vielen verständlich zu machen. Dabei verabscheute er auch nicht den Jargon der Umgangssprache, um zu brüskieren, und nutzte wieder seine Fähigkeit, mit einem Minimum an Worten möglichst viel zu sagen.

Man muß Theodor Heuss dann doch wohl entschieden widersprechen, wenn er in seinem Essay über Busch mutmaßt, dessen Gedichte wären längst vergessen, hätten sich nicht viele von ihnen auf Grund des bedeutenden Verfassernamens doch noch in die kleine literarische Unsterblichkeit gerettet. Wenn nach der Überzeugung von Gottfried Benn bereits fünf Gedichte eines Autors genügen, um ihm einen Ewigkeitsrang zu verleihen, so kann Busch diese Garantie für eine nachhaltige Klassizität für sich beanspruchen. Ein Blick in deutsche Lyrikanthologien genügt, um die Mutmaßung von Theodor Heuss spielend zu widerlegen.

Worum es Busch bei der Vorlage seiner ersten Lyriksammlung vor allem ging, war das Bedürfnis, endlich einmal den Beweis dafür anzutreten, daß er nicht nur ein Meister des Zeichenstiftes, sondern ein ebenso erstaunlicher Virtuose des gestaltenden Wortes war. Er wollte das Gerücht entkräften, die Texte seiner Bildergeschichten wären von irgendeinem anonymen Ghostwriter verfertigt. Zeitweise vermutete man hinter diesem Anonymus Buschs Bruder Otto, der als promovierter Philologe nicht eben ungeschickt mit der Feder umzugehen verstand.

»Er läßt sich nicht helfen beim Dichten«, ließ Busch seine Gemeinde wissen und fügte hinzu: »Der Bauer macht seine Kinder auch selber.« Mochten die allwissenden Kritiker nun selbst darüber entscheiden, ob sie dem Zeichner oder aber dem Dichter den Vorzug geben sollten. Erstaunlich mußte es für sie immerhin bleiben, wie harmonisch sich beide ergänzten.

Buschs Bildergeschichten hatten in ihrer völlig unakademischen Frische den Leuten gezeigt, daß es mit der nichtssagenden Biedermeieridyllik in unserer Literatur nun vorbei war. Er selbst hatte sich nicht gescheut, an der Traumwelt eines Jean Paul oder Karl Spitzweg mit oft allzu robuster Hand Korrekturen anzubringen und den Leuten den Star zu stechen. Man war unversehens in ein entmythologisiertes Zeitalter eingetreten, in dem die Existenz Gottes brüsk in Frage gestellt wurde. Buschs Kunstfiguren sahen sich schon mit einem Leben konfrontiert, dem sie keine eigene Innerlichkeit mehr entgegenzusetzen hatten.

Buschs völlige Illusionslosigkeit wäre nur schwer zu ertragen gewesen, hätte er nicht seinen weltbewegenden Humor mit in sein Metier einbringen können, das auf eine Demaskierung einer neuen bürgerlichen Scheinwelt hin tendierte. Bei dem über so viel menschliche Scheinheiligkeit in Rage versetzten Moralisten brach der unbestechliche Realist immer wieder durch. Nur so lassen sich Verse wie die folgenden erklären:

> »Ach, ich fühl es! Keine Tugend
> Ist so recht nach meinem Sinn;
> Stets befind ich mich am wohlsten,
> Wenn ich damit fertig bin.
>
> Dahingegen so ein Laster,
> Ja, das macht mir viel Pläsier.
> Und ich hab die hübschen Sachen
> Lieber vor als hinter mir.«

Solche Töne hatte man nun allerdings lange nicht mehr gehört, so daß man sie vielfach schockierend fand. Oder was in aller Welt sollte man zu der drastischen Realistik der folgenden Verse sagen, gegen deren Wahrheitsgehalt eigentlich nichts einzuwenden war?

> »Ich meine doch, so sprach er mal,
> Die Welt ist recht pläsierlich.
> Das dumme Geschwätz von Schmerz und Qual
> Erscheint mir ganz ungebührlich.
>
> Mit reinem kindlichen Gemüt
> Genieß ich, was mir beschieden,
> Und durch mein ganzes Wesen zieht
> Ein himmlischer Seelenfrieden. –
>
> Kaum hat er diesen Spruch getan,
> Aujau! so schreit er kläglich.
> Der alte hohle Backenzahn
> Wird wieder mal unerträglich.«

Nein, Busch verachtete all die abgenutzten lyrischen Schablonen seiner Zeit. Er bediente sich zur Bewältigung seiner neuen Thematik einer zupackenderen Sprache, die so manchem natürlich den Atem verschlagen mußte. Seine auf uns heute so bestechend wirkende Sachlichkeit mußte die Moralisten seiner Zeit natürlich aus der Reserve locken. Sie konnten noch nicht wissen, daß der Lyriker Busch auf weite Strecken hin schon die zupackende und innerlich verwendbare Gebrauchslyrik eines neuen Jahrhunderts vorwegnahm. Wo er die Vergänglichkeit der Liebe lyrisch verarbeitet, nähert er sich, worauf man mit Recht hingewiesen hat, erstaunlich der »Sachlichen Romanze« Erich Kästners. In nur wenigen Worten zaubert dieser Magier eine Stimmung von seelischer Unterkühltheit, die sich förmlich auf den Leser überträgt:

»Die Liebe war nicht geringe.
Sie wurden ordentlich blaß;
Sie sagten sich tausend Dinge
Und wußten immer noch was.

Sie mußten sich lange quälen,
Doch schließlich kam's dazu,
Daß sie sich konnten vermählen.
Jetzt haben die Seelen Ruh.

Bei eines Strumpfes Bereitung
Sitzt sie im Morgenhabit.
Er liest in der Kölnischen Zeitung
Und teilt ihr das Nötigste mit.«

Begreiflich, daß prominente Rezitatoren wie Paul Henckels, Erich Ponto oder Günter Lüders mit Gedichten dieser Art in den zwanziger Jahren und noch später ganze Säle von andächtig lauschenden Zuhörern, die sich in und durch Busch in ihrem Lebensgefühl bestätigt sahen, füllen konnten. Man wollte wieder einmal die Wahrheit und nichts als die Wahrheit über den entmythologisierten Menschen erfahren und nebenher auch ein bißchen lächeln können. Außerdem war man ganz auf den unpathetischen, eben »bummeligen« »Sound« Buschs eingestellt.

Aber auch der Lebensphilosoph artikuliert sich bereits in den Versen dieser »Kritik des Herzens«. Ihm blieb eben nichts Menschliches verborgen, und er hatte den Mut, es auch auf seine Fasson auszusprechen. So finden wir unter all den Versen auch seine klassische Definition des Humors in einer anrührenden Metapher versteckt:

> »Es sitzt ein Vogel auf dem Leim,
> Er flattert sehr und kann nicht heim.
> Ein schwarzer Kater schleicht herzu,
> Die Krallen scharf, die Augen gluh.
> Am Baum hinauf und immer höher
> Kommt er dem armen Vogel näher.
>
> Der Vogel denkt: Weil das so ist
> Und weil mich doch der Kater frißt,
> So will ich keine Zeit verlieren,
> Will noch ein wenig quinquilieren
> Und lustig pfeifen wie zuvor.
> Der Vogel, scheint mir, hat Humor.«

Auf dem gleichen menschlichen und künstlerischen Niveau bewegt sich auch Buschs weises Gedicht von der Selbstkritik, die den modernen Menschen einmal ohne Maske, aber gleichwohl immer noch liebevoll darstellt:

> »Die Selbstkritik hat viel für sich.
> Gesetzt den Fall, ich tadle mich,
> So hab ich erstens den Gewinn,
> Daß ich so hübsch bescheiden bin;
> Zum zweiten denken sich die Leut,
> Der Mann ist voller Redlichkeit.

Auch schnapp ich drittens diesen Bissen
Vorweg den andern Kritiküssen;
Und viertens hoff ich außerdem
Auf Widerspruch, der mir genehm.
So kommt es denn zuletzt heraus,
Daß ich ein ganz famoses Haus.«

Und schließlich: Jedes vierte Gedicht dieser »Kritik des Herzens« handelt von Eros, Liebe oder Ehe. Selbst in dieser heik-
len Materie weist sich der überzeugte Junggeselle Busch als Experte aus. Sein Einfühlungsvermögen scheint eben unbegrenzt
zu sein. Mitten im viktorianischen Zeitalter mit seiner kleinkarierten Prüderie nimmt Busch in eroticis kein Blatt vor den
Mund. Er empfand eben wie ein natürlicher Mensch und
pflegte deutsch zu sprechen, selbst da, wo er Anstoß erregte.

»Wärst du ein Bächlein, ich ein Bach,
So eilt ich dir geschwinde nach.
Und wenn ich dich gefunden hätt',
In deinem Blumenuferbett,
Wie wollt ich mich in dich ergießen
Und ganz mit dir zusammenfließen,
Du vielgeliebtes Mädchen du!
Dann strömten wir bei Nacht und Tage
Vereint in süßem Wellenschlage
Dem Meere zu.«

Auf Grund solcher »Entgleisungen« traten in diesem Lande die
akkreditierten Moralisten auf den Plan und erteilten Busch und
seiner »lasziven« Gedichtsammlung höchst negative Zensuren.
Man hielt diese vielfach schlechterdings für einen offenen Affront gegen den menschlichen Anstand. Die Tempelhüter der
guten Sitten im neuen Reich traten dann auch sogleich in Erscheinung und fühlten sich berufen, ihrer Empörung durch
einen unmißverständlichen Generalverriß der Gedichtsammlung Luft zu machen.

Unter diesen Unmutsäußerungen muffiger Moralisten besitzt der Beschwerdebrief des kaiserlich türkischen Generalkonsuls Gustav Spieß aus Leipzig einen geradezu dokumentarischen Rang. Viele Leser fanden sich nach der Lektüre mancher Gedichte in den Beanstandungen dieses Herrn Spieß voll und ganz bestätigt. Busch konnte da nur noch den Buckel einziehen, um diese Hiebe zu parieren, und im übrigen auf aufgeklärtere Zeiten hoffen.

»Der Umstand, daß auch in der neuesten Nummer Ihres geschätzten Blattes das jüngste Opus von W. Busch ›Kritik des Herzens‹ mehrfach angezeigt und angepriesen wird, veranlaßt mich, diese Zeilen an Sie zu richten«, schrieb Spieß an die Redaktion einer Zeitung und sandte Bassermann eine Kopie seines Schreibens. »Unzweifelhaft hat die verehrliche Redaktion keine Ahnung davon, welch ein erbärmliches Sammelsurium dieses neueste Werk von W. Busch darstellt, und der Umstand, daß gerade Ihr Blatt von jeher sich bestrebt hat, alles Obszöne und niedrig Gemeine fernzuhalten, bestimmt mich, Ihnen die Augen darüber zu öffnen, was Sie in jener ›Kritik des Herzens‹ für den Weihnachtstisch deutscher Familien empfehlen. Sie werden mir entgegnen, daß Sie für Inserate nicht verantwortlich sind, aber der widerwärtige Usus, welcher leider bei buchhändlerischen Unternehmungen in Deutschland sich mehr und mehr breitmacht, daß nämlich die Verlagsbuchhandlung aus spekulativen Gründen jedes neu erscheinende Werk mit einem glänzenden Aushängeschild versieht und eine in den höchsten Tönen gehaltene Lobrede, vielleicht vom Autor selbst verfaßt, in die Welt sendet, fordert entschieden die Kritik des empörten gesunden Menschenverstandes heraus...

Wenn die Redaktion das Neueste von W. Busch wirklich durchgeblättert hat, dann wird sie das Buch mit Widerwillen und Ekel aus der Hand legen und mir beipflichten, daß solche Erzeugnisse eines Dichters ins Feuer und nicht auf den Weihnachtstisch gehören. Von Witz ist kaum die Rede, trivial ist das meiste, schal fast alles und schmutzig-lasziv vielzuviel. An keinem Gedicht wird man Freude haben können, sondern geneigt sein, das Buch mit einem ›Pfui, wie gemein und unschön!‹ aus der Hand legen. Wenn jemand, der sich eine gewisse Popularität erworben, diese dazu mißbraucht, um solches Zeug in die Welt zu setzen, dann gebührt ihm eine derbe Abfertigung, und es wäre mir sehr erfreulich, wenn Sie dem ›Dichter‹ Busch diese zuteil werden ließen.

Schon die letzten Zeichnungen verrieten eine bedenkliche Hinneigung zum Obszönen, und über die Berechtigung einer so verzerrten Karikatur kann man zweierlei Ansicht sein. Für das neueste Werk des Dichters Busch hätte derselbe am besten das Lieblingstier des hl. Antonius als Motto gewählt – damit wäre ihm der wahre Stempel aufgedrückt worden. Zu bewundern bleibt nur, daß sich unter dem Wust von Trivialem, Schalem und Obszönem zwei Gedichte befinden, die in der Tat ein sinniges, dichterisches Talent verraten; sie sind einer verstorbenen Geliebten gewidmet, die dem Dichter im Leben schon vieles zu vergeben Ursache gehabt zu haben scheint. Man kann die Verstorbene beneiden, denn wenn ihr diese Verse Buschs nicht gewidmet wären, so würde sie solche Huldigung sich wohl verbeten und dem Dichter diese Mißgeburten schwerlich verziehen haben.«

Die beiden erwähnten Gedichte sind natürlich nicht einer verstorbenen Geliebten, sondern Mutter und Schwester Buschs gewidmet gewesen.

Bassermann kann Busch berichten, daß nicht eben wenig Reaktionen auf die Gedichtsammlung »in das Horn von Spieß« stießen. Auch Friedrich Theodor Vischer ist wieder zur Stelle, um Busch einen Trend zum »Pornographischen und Liederlichen« zu bescheinigen. Kaum einer hatte begriffen, daß sich hier ein neuer Zeitgeist mit den ihm adäquaten Stilmitteln aussprach und daß diese Verse gehörig mit einer immer unerträglicher werdenden Butzenscheibenromantik aufräumten.

Busch bewahrte angesichts der Verrisse, die ihm ins Haus geschickt wurden, völlig ungerührt die Ruhe. Er ließ den Sturm im Wasserglas zunächst einmal abebben. Aber im sicheren Gefühl, seiner Zeit weit vorausgedacht zu haben, konnte er an

Johanna Keßler nach Frankfurt hinüber schreiben: »Die ›Kritik des Herzens‹ macht an allen Ecken und Enden viel Wirbelwind in den Blättern; sogar der türkische Konsul aus Leipzig ist ganz entrüstet darüber. Ich laß es blasen, was blasen mag, hülle mich einsam in meinen Mantel und vertraue und empfehle mich der liebenswürdigen Schutzpatronin, die den guten Kaffee macht. Die Stille des alten Pfarrhauses tut mir wohl. In milder Behaglichkeit gehen die letzten drei Monate an mir vorüber. Ich brauche Ihnen nicht zu sagen, wie sehr ich Ihnen im Grunde meines Herzens dankbar bin.«

In der ländlichen Stille Wiedensahls konnte er seine Erinnerungen an eine Reise nach Frankfurt und München in aller Ruhe aufarbeiten. Draußen in der weiten Welt hatte er sich von einem »heftigen Unwohlsein«, wahrscheinlich von einer Nikotinvergiftung, erholen können, die ihn im Sommer befallen hatte. Gerade in den Tagen aber, als ein wahres Höllengewitter wegen seiner »Kritik des Herzens« über ihn hereinbrach, schrieb er, wohl zur Rechtfertigung vor sich selbst, folgende aufschlußreiche Notiz in das Handexemplar seines Gedichtbandes:

»In kleinen Variationen über ein bedeutendes Thema soll dieses Büchlein ein Zeugnis meines und unseres bösen Herzens ablegen. Recht unbehaglich! muß ich sagen. Also schweigen wir darüber, oder nehmen wir die Miene der Verachtung an und sagen, es sei nicht der Mühe wert, oder werfen wir uns in die Brust und erheben wir uns in sittlicher Entrüstung! oder sagen wir kurzweg: es ist nicht wahr! Wer das letztere vorzieht und das Büchlein für falsch hält, der trete vor und lasse sich etwas genauer betrachten. – Was aber die sogenannte sittliche Entrüstung anbelangt, so muß sie wohl keine rechte Tugend sein, weil wir so eifrig dahinter her sind. – Schwieriger und heilsamer scheint mir das offene Geständnis, daß wir nicht viel taugen ›von Jugend auf‹.«

Nach all dem »Wirbelwind in den Blättern« sah Busch sich dann doch in seinen künstlerischen Absichten voll und ganz bestätigt, als ihm eine in Wiesbaden lebende holländische

Schriftstellerin, Maria Anderson, eine Witwe Anfang der dreißiger Jahre, spontan ihr Kompliment für den soeben erschienenen und so übel abgefertigten Gedichtband übermittelte.

Am 20. Januar 1875 antwortete ihr Busch postwendend folgendes: »Ihr Urteil, gnädige Frau, ist mir äußerst schmeichelhaft gewesen. Dem kleinen Buche, welches vielfach mit einer gewissen sittlichen Entrüstung zurückgewiesen wurde, wird es hoffentlich wohltun, daß eine Dame so freundlich ihre Hand darauf gelegt. Genehmigen Sie die Versicherung meiner außerordentlichen Hochachtung.«

Auf die Anfrage seiner neuen Briefpartnerin hin, mit der er übrigens in der folgenden Zeit seine wohl persönlichsten Briefe überhaupt wechseln sollte, was es denn mit der von ihm gebrauchten Redewendung »Sich ärgern wie ein Stint« auf sich hätte, antwortete er umgehend: »In den kleinen Versen, welche Sie so freundlich aufgenommen, habe ich versucht, möglichst schlicht und bummelig die Wahrheit zu sagen. – Daher hat sich denn auch die Redensart: ›sich ärgern wie ein Stint‹ ins Gespräch gemischt. Ursprünglich ist's wohl ein Studentenausdruck. Über seine eigentliche Bedeutung kann ich nur conjekturieren. Wie das Französische ›pleurer comme une vache‹ auf eine gewisse laute Äußerung des Schmerzes hinzudeuten scheint, so, denk ich mir, soll die erwähnte Redensart den stummen, verbissenen Ärger ausdrücken. Daß man gerade den Stint als den Repräsentanten der ›lautlosen Bewohner der Tiefe‹ gewählt hat, ist, wer weiß welche, Laune und Willkür. Es ist übrigens ein kleiner, harmloser Fisch, wird mit vielen seinesgleichen durch einen Teig vereint, in der Pfanne gebacken und schmeckt nicht gut. Näher zu klassifizieren kann ich nicht. Die Kunst und Sprache Hollands hat mich immer lebhaft interessiert und soll's mich freuen, wenn Sie mir Gelegenheit geben, etwas von Ihnen zu lesen, was Sie in der Sprache Ihrer Heimat geschrieben haben.«

Von Buschs »Nachlässigkeit und Schüchternheit im schriftlichen Verkehr mit Fremden«, deren er sich selbst bezichtigt, ist im ständigen Briefwechsel mit der Holländerin in den kommenden Monaten absolut nichts zu spüren. Der Hagestolz hält im Umgang mit der Fremden mit seinen Gefühlen und Empfindungen keineswegs ängstlich zurück.

Maria Anderson war übrigens eine Freundin und Verehrerin des holländischen Schriftstellers Eduard Douwes Dekker, der als »Assistent resident« auf Java Gelegenheit hatte, an der inhumanen Behandlung der Eingeborenen durch seine Landsleute zu verzweifeln. Als Autor eines weitverbreiteten autobiographischen Romans, »Max Havelaar«, nannte er sich Multatuli. Er muß sich in der Tat als jemand empfunden haben, der als Anwalt der Erniedrigten und Beleidigten in den Kolonien viel erdulden mußte. Als unerschrockener Ankläger der Methoden des holländischen Imperialismus hatte er sich nach Wiesbaden in ein freiwilliges Exil zurückgezogen. Busch konnte seine Achtung vor diesem Mann nicht verbergen, der sich durch seine Freimütigkeit den Zorn des offiziellen Holland zugezogen hatte. Er gehörte nämlich zu den Deutschen, die das englische Empire mit aller Skepsis beobachteten. »Dieser Polyp, der die ganze Welt umspannt und aussaugt, muß zugrunde gehen«, lautete seine Überzeugung.

»Daß Ihr ausgezeichneter Landsmann Multatuli keine Verse liebt, ist nicht mehr als recht und billig«, äußerte sich Busch am 12. März 1875 Maria Anderson gegenüber. »Vielleicht gerade deshalb hat er sich so freundlich über das Zeugnis meines bösen Herzens ausgesprochen. – Wen erfaßt nicht ein gelindes Entsetzen, wenn der Poet seine Locken zurückwirft und mit feucht verklärtem Blick den bekannten Griff in die linke Busentasche tut? Welcher gewissenhafte Mensch muß sich nicht angesichts eines Hexameters besinnen, ob auch die Zäsur an der richtigen Stelle; wer hat sich nicht schon den Schädel zermartert über eine jener göttlichen Oden, die wir alle so sehr bewundern?«

Die Fragelust der Anderson scheint unerschöpflich zu sein. Sie versucht, aus Busch die letzten Weisheiten hervorzulocken. Natürlich fühlt sie sich geschmeichelt, daß der geistige Vater von »Max und Moritz« und so vieler anderer berühmt gewordener Bildergeschichten ihr ein so unerwartetes Vertrauen entge-

Brieffreundin Maria Anderson

genbringt. Er ist für sie überhaupt die letzte Instanz zur Beant-
wortung aller Lebensfragen, die sie beschäftigen. So bekommt
sie von ihm die Grundmaximen der Schopenhauerschen Philosophie übermittelt. Sie erfährt bei dieser Gelegenheit, daß es
sich beim Menschen um eine Art Raubtier handeln muß. »Bei
den besten Menschen, die mir begegnet, habe ich noch immer
die Reißzähne von den Schneidezähnen ganz deutlich unterscheiden können«, schenkt er seiner Briefpartnerin reinen
Wein ein. Allerdings fügt er dann mildernd hinzu: »Ich bin Pessimist für die Gegenwart, aber Optimist für die Zukunft.«

Als sie von dem Junggesellen wissen will, warum er unver-
heiratet geblieben ist, antwortet er eher ausweichend: »Als ich
gerne geheiratet hätte, da mußt ich mit vierzig Gulden im Jahre

leben und studieren. Später, als ich pekuniär in der Lage gewesen wäre, da war das Mädchen, das ich liebte, anderweitig verheiratet.«

Busch hatte wahrscheinlich ein seelisches Vakuum zu füllen, als er sich auf einen so ausführlichen Briefwechsel mit einem weiblichen Wesen einließ. Er selbst empfand diese Dialoge ins Blaue hinein als ein »Zwiegespräch über den platonischen Zaun«. Wenn sich die Anrede an die Holländerin auch von einem formellen »Gnädige Frau« zu einem »Liebe Marie« lockerte, so ließ er diesem platonischen Flirt doch nicht die Zügel schießen.

Immer wieder nimmt er sich gewaltsam zurück, und dann heißt es wie beiläufig: »Da Sie mich platonisch lieben, so will ich auch kein Brummbär sein. Liebe per distance gefällt dem Herrn wohl. Sie kommt mir vor wie zwei Engelsköpfe auf Goldgrund.«

Und ein andermal: »Sie haben gesagt, daß Sie meinen Geist lieben. Gut! – Was kümmert Sie denn meine physikalische Beschaffenheit? – Sollten Sie etwa Geist und Seele miteinander verwechseln? – Das Bild der Seele, welches durch die Vermittlung der Sinne im Gehirn sich zeigt, heißt Körper. – Wehe, wehe! – Kommt Ihnen mein Geist, der vielgepriesene, gar so ungenügend vor?«

Die Briefe an die Holländerin stellen mit Sicherheit die persönlichsten und anregendsten unter den sechshundert Briefen dar, die von Busch erhalten geblieben sind. Sie verraten viel von seinem innersten Wesen, in das er anderen nur selten einen Einblick gewährte.

Einen dominierenden Platz in dieser Korrespondenz nehmen seine Gedanken über die Reinkarnation ein, für die sich Maria Anderson ungemein interessiert zeigt. So schreibt er ihr unter anderem: »Jede Geburt ist Wiedergeburt. Warum wissen wir nichts von unserem Vorleben? Weil wir ›Lethe‹ trinken müssen, wenn wir sterben. Der Säugling hat seine Leib- und sonstigen Schmerzen. Warum? Weil er ein Taugenichts war vor seiner Geburt. – Meist sind die Kinder den Eltern, oft sind die

Enkel den Großeltern ähnlich, warum? Die ›Seele‹ wandert aus dem einen heraus, in den andern hinein.

Und nun, mein gutes Madamchen, daß Sie mir nicht kommen und sagen, ich hätte gesagt: Dieses sind die nämlichen Seelen, die im Himmel singen, im Fegefeuer purgieren oder in der Hölle schmurgeln. Und dann – natürlich! – die Seelen der Tiere ›wandern‹ auch, so gut wie die Seelen der Menschen, der Pflanzen und der Steine.«

Abschließend heißt es zu diesem Thema bei Busch: »Der Gedanke an den Tod scheint mir deshalb meist so verdrießlich, weil er einem die Laterne auspustet und einen in eine neue Haut steckt, von der man nicht weiß, ob sie besser ist als die, welche man ausgezogen. Der Glaube an die Seelenwanderung kommt mir wirklich recht verständig vor und höchst erbaulich dazu.« Im übrigen verrät er dieser klugen Briefpartnerin folgendes: »Werden wir jemals die Wahrheit in Worten fangen? Nie! Unsere Philosophie von dem dreißigsten Jahre heißt Glaube.«

Schließlich kletterte Busch dennoch über den platonischen Zaun, den er wohlweislich zwischen sich und Maria Anderson errichtet hatte. Beide konnten auf die Dauer nicht der Versuchung widerstehen, sich bei einem Rendezvous an einem neutralen Ort ein wenig zu beschnuppern. Busch schlug den Mainzer Bahnhof als Ort dieser Begegnung vor.

»Am Mittwoch nächster Woche werde ich von Frankfurt nach Heidelberg fahren«, schrieb er am 28. September 1875 in einem betont saloppen Ton an die Holländerin. »Es soll mir auf einen kleinen Bogen nicht ankommen. Wie wär's, wenn wir am besagten Mittwochabend ein paar Stunden auf dem Bahnhofe von Mainz verplaudern könnten? – Nennen Sie mir den Zug, mit dem ich Sie erwarten soll. Ihr W. Busch.«

Drei Tage darauf bestätigte er noch einmal den Termin auf dem Mainzer Bahnhof: »Also Mittwoch, den 6. Oktober zwischen 6 und 7 Uhr nachmittags auf dem Bahnhof in Mainz.«

Ein gewisses Lampenfieber bei der Begegnung konnte sich Busch augenscheinlich nicht verkneifen. Und wirklich: Seine dunkle Ahnung betrog ihn dann auch keineswegs. Was er da auf dem Bahnsteig in Empfang nahm, war ein im ganzen dann eben doch recht unfrauliches Wesen, das sich salopp kleidete und dessen Haare in langen Strähnen bis zur Schulter herunterhingen. Die völlige Abwesenheit von natürlichem weiblichen Charme ersetzte die Anderson durch einen unbestreitbaren intellektuellen »Touch«, für den Busch allerdings kein rechtes Flair zu besitzen schien. Es fiel ihm in den folgenden Stunden also nicht besonders schwer, der Versuchung zu widerstehen, den platonischen Zaun zwischen ihnen beiden niederzureißen. Diese Frau konnte ihm nicht gefährlich werden. Der Hagestolz forderte sein Schicksal nicht heraus.

Man war an jenem 6. Oktober 1875 gemeinsam im »Holländischen Hof« abgestiegen, dem einzigen Hotel übrigens, von dem es hieß, es wäre nicht verwanzt. Nachdem die Anderson ihren Jungen im Hotelzimmer untergebracht hatte, saß sie mit Busch noch nach dem gemeinsamen Abendessen bei einer Flasche Wein bis tief in die Nacht beisammen. Sie unterhielten sich über alles und jedes, vorzugsweise aber, wie Busch später bekannte, über Fragen der Seelenwanderung. Am anderen Tag unternahm man gemeinsam mit dem fünfjährigen Jungen eine Kutschfahrt zum Weinort Hochheim. Da der Kutscher jedoch dem guten Hochheimer Wein allzu hemmungslos zugesprochen hatte, stand man auf der Rückfahrt allerlei Ängste aus. Recht ungalant vermerkt Busch später über dieses im Grunde mißlungene Zusammentreffen mit seiner Briefpartnerin: »Den Tag vergesse ich nie, wenn's auch nur dieses Kutschers halber wäre.«

Busch kam nach diesem Abenteuer denkbar schlecht gelaunt bei Bassermann in Heidelberg an. Multatuli aber nahm den Bericht seiner Freundin über ihr Mainzer Rendezvous mit einem prominenten Künstler nur kopfschüttelnd entgegen. Die Tatsache, daß sich zwei noch relativ junge Leute bis zwei Uhr in der Nacht die Zeit mit einer Diskussion ausgerechnet über die Reinkarnation vertrieben, wollte ihm nicht so recht in den Kopf.

Busch war nach diesem Treffen in Mainz wieder um eine Lebenserfahrung reicher geworden. Wie introvertiert er damals war, beweist die Tatsache, daß er kein Wort verlor, als Bassermann eine Anzahl Universitätsprofessoren einlud, um sie seinem berühmten Gast vorzustellen. »Als der letzte enttäuschte Gast das Haus verlassen hatte«, gab der Verleger zu Protokoll, »setzte sich Busch zu uns und gab bei einer Flasche Wein eine ebenso humorvolle wie zutreffende Charakteristik von jedem der Gäste zum besten, mit denen er kein Wort gewechselt hatte.«

Nach seiner Mainzer Eskapade schloß Busch allmählich die Akten über den Fall Anderson. Noch ein paar Wochen quälte sich der Briefwechsel dahin, bis er ganz einschlief. Das letzte Billett, das er an die Freundin schickte, war vom 9. August 1878 und lautete: »Vor einer Stunde von der Insel im Meer zurückgekehrt, schicke ich Ihnen einliegend das Gewünschte zurück.«

Auffallend in jedem Fall, daß er den Briefwechsel akkurat zu dem Zeitpunkt beendete, nachdem er auf der erwähnten Reise nach Borkum die Bekanntschaft mit Marie Hesse gemacht hatte, die ihm augenscheinlich ausreichend Ersatz für die Holländerin bot und mit der ihn dann eine noch dreißig Jahre andauernde Brieffreundschaft bis ans Ende seines Lebens verband.

Die Knopp-Trilogie

Von April bis Juni 1875 hatte sich Wilhelm Busch im gastfreien Haus seines Bruders Gustav in Wolfenbüttel eingenistet, um dort ungestört seiner monomanischen Lust am Malen zu frönen. »Mein Genre ist Genre«, so äußerte er sich damals über seine eigentlichen Intentionen als Maler. »Ein Pfau, drei Dutzend Hühner, zwei Kater, zwei Katzen, zehn Pferde, Lampen, alte Weiber, Kinder – das steht alles zu meiner Verfügung. – Sobald das Nordlicht fertig ist, geht's dran.«

Im September tauchte er dann noch ein zweites Mal in Wolfenbüttel auf, nachdem er sein seltsames Rendezvous mit Maria Anderson überstanden hatte. In der Zwischenzeit hatte er seine gesamte schöpferische Energie in die »Abenteuer eines Junggesellen« investiert, mit der er seine Knopp-Trilogie erfolgverheißend eröffnete. Beim Malen pflegte er anschließend wie stets nach einer so enervierenden kompakten Arbeit seine angespannten Nerven wieder zu regenerieren. Eben dazu bot ihm Wolfenbüttel das wahrscheinlich ansprechendste Umfeld. Im Forsthaus neben der Fabrik seines Bruders hatte er sich nämlich inzwischen ein Atelier mit Nordlicht eingerichtet, in dem ihn keine Menschenseele bei seiner Arbeit störte. Er brauchte solche Phasen, in denen er seinen eigenen Gedanken nachhängen konnte, um sich zu neuen Taten des Geistes rüsten zu können.

Der Spießerspiegel vom Privatier Tobias Knopp, den er nach seiner »Kritik des Herzens« mit unvermindertem Elan in Angriff nimmt, wird ihn in den folgenden Jahren noch ausgiebig beschäftigen. In »Abenteuer eines Junggesellen« (1875), »Herr und Frau Knopp« (1876) und zuletzt in »Julchen« (1877) bewegt er sich ganz in seinem ureigenen Element. Hier kann er seine sublime Ironie voll ausspielen lassen, bis er schließlich seine Trilogie an der Stelle beendet, wo sein seltsamer Held als Prototyp des Neudeutschen seine einzige Tochter unter die Haube bringt und damit seinen höchst profanen Lebenszweck erfüllt zu haben meint. Als die »schwarze Parze mit der Nasenwarze« diesem sein »Lebensbändel« abzwickt, löst er sich in ein unansehnliches und undefinierbares Etwas auf.

Busch muß eine so ausführliche Darstellung eines höchst durchschnittlichen Bourgeoislebens in den Gründerjahren mit all seinen fragwürdigen Höhen und Tiefen ungemein gereizt haben. Zunächst hatte er nur die »Abenteuer eines Junggesellen« im Sinn, als er den Stift für seine wieder einmal so umwerfenden Zeichnungen ansetzte. Dann aber wuchs sich der Stoff unter seinen gestaltenden Händen gleich zu drei umfangreichen Bildergeschichten aus, in denen er den tumben deutschen Kleinbürger mit all seinem provinziellen Mief gehörig auf seine satirische Schippe nimmt.

Die nach dem gewonnenen Krieg plötzlich ausgebrochene Prosperität, die leider mit einer »Exstirpation des Geistes« (Nietzsche) verbunden war, hatte die Deutschen mit einem Materialismus geschlagen, der ihre eigentliche Natur bis zur Unkenntlichkeit entstellte. Busch, der diese Entwicklung aus seiner klärenden Distanz nur mit Bestürzung verfolgen konnte, war nicht der Mann, um über all die Entartungserscheinungen, denen er auf Schritt und Tritt begegnete, mit einem verlegenen oder resignierten Achselzucken zur Tagesordnung überzugehen.

Immerhin hatte er doch noch einen Rest von Liebe und Mitleid für seine so arg auf den Hund gekommenen Zeitgenossen in seinem Herzen übrigbehalten. Nur dadurch konnte er dieser Spießer-Epopöe noch einen leisen Hauch verstehender Menschlichkeit verleihen, die diese Knopp-Trilogie so liebenswert in vielem erscheinen läßt. Gerade in dieser Bürgerschicht hatte er die meisten Leser, die ihn, wie er sich eingestehen mußte, so gründlich mißverstanden und nicht einmal begriffen, daß er gerade sie als Ziel seines Spottes ins Visier genommen

*Wilhelm Busch mit Bruder Gustav, Schwägerin Alwine
und Grete Fehlow*

hatte. Er konnte bei ihnen nicht soviel Selbstkritik voraussetzen, daß sie imstande gewesen wären, an ihren zunehmenden Charakteranomalien die notwendigen Korrekturen vorzunehmen. Er sah sich von ihnen vielmehr in die peinliche Rolle des Spaßmachers vom Dienst reichlich von diesen Parvenüs mißverstanden und hätte demnach allen Grund gehabt, sie nicht gerade mit Samthandschuhen anzufassen. Aber hatte nicht Swift schon geklagt, daß die Leser stets jedes andere Gesicht als ihr eigenes im Spiegel der Satire erkennen? »In Kreiensen zog im Eisenbahnabteil ein Herr meine ›Abenteuer eines Junggesellen‹ aus der Tasche«, weiß er von einem bedrückenden Reiseerlebnis zu berichten, »und las sie laut der Reisegesellschaft vor bis Nordstemmen. Es war mir sehr peinlich und ekelhaft; ich tat, als wenn ich schliefe.«

Als Busch damit begann, der neuen sozialen Spezies des deutschen Bourgeois zu Leibe zu rücken, hatte er den Gipfel seiner Meisterschaft erreicht. Der Prototyp des deutschen Spießbürgers gerät ihm daher auch unter der Hand zu einer Witzfigur, die sich dem Erinnerungsvermögen des Betrachters unauslöschlich einprägt. Dieses Epos mit negativem Helden signalisiert, wenn man es gegen den Strich liest, das heulende Elend des existentiell entwurzelten Materialisten, der an chronischer Horizontverengung leidet und der sich trotzdem zum Maß aller Dinge in seinem profanen Alltag erhebt. Symptomatisch für die Hoffnungslosigkeit einer solchen an sich bereits sinnlosen Existenz ist die Tatsache, daß Knopps Lebensbild am Ende »ranzlich« wird und er sich in ein unansehnliches Nichts auflöst, als wäre er überhaupt nie gewesen.

Dabei hatte er als ein bereits zu Jahren gekommener Junggeselle mit Glatze und Schmerbauch, gegen den sich auch eine Karlsbader Kur als machtlos erwiesen hatte, durchaus so etwas wie eine unangefochtene bürgerliche Reputation erlangt, ohne daß nur etwas darauf hinweist, daß er einen bürgerlichen Beruf mit Erfolg ausübt. Erst als er bei seinem Anblick vor dem Spiegel so etwas wie einen existentiellen Augenblick erlebt und er Spuren des zunehmenden Alters an sich feststellen muß, wirft er kurz entschlossen das Ruder seines Lebens herum und macht sich auf eine höchst abenteuerliche Reise, um sich unter den Töchtern des Landes seine Auserwählte auszusuchen. Bei der Darstellung der Abenteuer dieser Rundreise läßt Busch wieder einmal seiner Phantasie die Zügel schießen. Sie haben sich in ihrer Zeitlosigkeit einen bis heute noch nicht verblaßten Glanz bewahrt.

Wenn der simple Hedonist Knopp über sein schon fast verpfuschtes Leben wirklich einmal ins Grübeln gerät, so hört sich das bei Busch so an:

>»Ach, so denkt er, diese Welt
>Hat doch viel, was nicht gefällt.
>Rosen, Tanten, Basen, Nelken
>Sind genötigt zu verwelken;
>Ach – und endlich auch durch mich
>Macht man einen dicken Strich.
>Auch von mir wird man es lesen:
>Knopp war da und ist gewesen.
>Ach, und keine Träne fließt
>Aus dem Auge, was es liest;
>Keiner wird, wenn ich begraben,
>Unbequemlichkeiten haben;
>Keine Seele wird geniert,
>Weil man keinen Kummer spürt.
>Dahingegen spricht man dann:
>Was geht dieser Knopp uns an?«

Grund genug, nach dergleichen sublimen Erkenntnissen daran zu denken, nunmehr schleunigst zu heiraten und sich fortzupflanzen, um wenigstens von den eigenen Kindern beweint zu werden, wenn man wieder zu Erde wurde. Beim Anblick seiner Kanarienvögel, die ihm ungeniert ihr inniges Eheglück vorführen, zögert Knopp keinen Augenblick, nun seinerseits auch einiges zu unternehmen, um sich ein ähnliches Wohlbehagen zu verschaffen. Wenn er auch nicht dafür disponiert ist, an so etwas wie an eine Unsterblichkeit der menschlichen Seele zu glauben, so möchte er doch wenigstens den naheliegenden Gedanken an ein Fortleben in Kindern und Kindeskindern ein wenig hätscheln und schließlich ihn auch realisieren.

Knopp bewegt sich auf dieser ausgiebigen Brautschau durch eine Welt, wie sie sich Schopenhauer nicht makabrer hätte ausdenken können. Nichts als Ärger und unliebsame Überraschungen erwarten ihn, solange er sich unter fremden Menschen bewegt, bis es ihm langsam zu dämmern beginnt, daß er im Grunde ja gar nicht in die Ferne zu schweifen brauchte, um sein wahres Glück zu finden. Frustriert von allem, was ihm begegnet ist, faßt er den kühnen Entschluß, seine brave Haushälterin Dorothee zu ehelichen. Was auf diesen gescheiten Vorsatz folgt, ist dann der kürzeste Heiratsantrag unserer gesamten Literatur. Er besteht aus den Worten:

»Mädchen«, spricht er, »sag mir, ob.«
Und sie lächelt: »Ja, Herr Knopp!«

Busch hatte, wie sich bald herausstellen sollte, mit dieser nachdenklich stimmenden Fabel wieder einmal einen Nerv der Zeit getroffen. Bassermann war nach dem »Trouble«, den die »Kritik des Herzens« soeben erst ausgelöst hatte, natürlich hochbeglückt, wieder eine so gelungene Bildergeschichte vorliegen zu haben. Die Busch-Gemeinde hatte schon viel zu lange auf ein neues Opus des verehrten Meisters gewartet und bestürmte den Verleger mit entsprechenden Anfragen. Man vermutete bereits, Busch befinde sich nicht mehr unter den Lebenden, so daß Bassermann sich zu folgender Antwort genötigt sah:

»Auf Ihre freundliche Erkundigung nach Buschs Leben oder Totsein beeile ich mich zu erwidern, daß mein lieber alter Freund Busch bis vor wenigen Tagen bei mir auf Besuch war. – Daß sein angekündigtes Werk ›Abenteuer eines Junggesellen‹ kein nachgelassenes ist, hat er durch eigenstes Lesen der Korrektur hier in Heidelberg bewiesen, und von seinem Wohlbefinden gab er überzeugende Beweise, nicht nur durch heiterste,

157

liebenswürdigste Stimmung, sondern auch dadurch, daß er manches Glas süßen 1875er und auch älterer Sorten mit mir ohne sichtliche Beschwer leerte. – Ich hoffe, daß die so häufig auftauchenden Gerüchte von Buschs Tod ihn, dem Sprichwort gemäß, recht lang am Leben erhalten.«

Dieser Brief datierte vom 29. Oktober 1875, also nur wenige Wochen, ehe die »Abenteuer eines Junggesellen« ausgeliefert wurden und alle Busch-Enthusiasten entzückte. Da Busch sich noch nicht mit dem schnelleren fotomechanischen Verfahren befreunden konnte, zog sich die Herstellung wieder in die Länge. Er mußte sich noch ein letztes Mal der mühevollen Arbeit unterziehen, seine Zeichnungen spiegelbildlich mit sepiagetränktem Gänsekiel auf blankgeschliffene Holzklötzchen zu übertragen.

Zu Weihnachten 1875 lag bereits die 4. Auflage der »Abenteuer« vor. Man identifizierte sich offenbar mit dem höchst unwichtigen Schicksal dieses dicklichen Spießers mit der Glatze, der an keiner Stelle einen Zug ins Große oder Originelle durchschimmern ließ.

Zunächst sollte es bei der abenteuerlichen Brautschau dieses neuen Helden sein Bewenden haben. Mit der Eheschließung schien es für Busch nicht mehr viel über Knopp zu berichten zu geben. Unzweideutig zieht sein Puttchen am Ende den Vorhang zu, hinter dem sich nur noch Unbedeutendes abzuspielen schien, das keiner Erwähnung mehr wert war.

Das Jahr 1875 klang wie so oft schon mit der Silvesterfeier bei Bruder Gustav aus. Anschließend gönnte sich Busch noch einige geruhsame Wintertage in Ebergötzen in den kleinen, niedrigen Puppenstuben seines Freundes Bachmann. »Die alte Mühle steckte ganz voll junger Mädchen«, erinnert er sich an diesen Aufenthalt. »Es kommt mir vor, als hätte ich wieder an den offenen Quellen des Lebens gesessen, die sich ja sonst unter der Dressur verstecken.«

Auf dieser Vetternreise suchte er auch seinen Bruder Hermann auf, der in Ülzen als Mathematiklehrer wirkte. Die Stadt war offenbar von der Anwesenheit eines so illustren Gastes benachrichtigt worden und wußte seine Gegenwart zu schätzen. Der Hotelbesitzer ließ es sich nicht nehmen, Busch mit Champagner zu verwöhnen. Aber dann erreichten ihn Briefe seines Verlegers, die ihn bestürmten: »Die Menschheit, incl. Dein Verleger lechzt nach etwas Neuem von Dir.«

Busch läßt sich diesmal aber ein bißchen Zeit, ehe er wieder ein neues Projekt intensiv verfolgt. Das Jahr 1876 ist wieder einmal prall mit Reisen angefüllt. Im Juli fährt er mit Hermann Busch und dem Neffen Hermann Nöldecke nach Borkum. Mitte September geht's dann über Ülzen und Wolfenbüttel weiter nach Frankfurt und München zur Kunstgewerbeausstellung. Im Oktober nimmt er in seinem Wolfenbütteler Atelier wieder seine Maltätigkeit auf.

München stellt diesmal offenbar den Höhepunkt seiner Reisesaison dar. Busch genießt die Geselligkeit im Künstlerverein Allotria in vollen Zügen und berichtet später an Lenbach über diese Tage: »Es steht mir ein flüchtiger Besuch in München doch sehr angenehm in der Erinnerung... Die Ausstellung hat mir wohl weniger genützt und nützen können. So viel bei soviel Lärm, und wär's auch noch so schön, macht mich unruhig und verlegen, und ich fühle dann so recht deutlich, wie weit ich mich aus dem Geknuff der Welt ins ›Land der Fabel‹ zurückgezogen habe. Zu weit vielleicht. Ich will versuchen, ob nicht eine Mittelstation für mich zu finden ist; denn ganz wird der Schuhu sein Gemäuer wohl nicht verlassen. Komme ich dann im Lauf des Winters nach München, so bitte ich Sie und Freund Gedon, mich wieder so gut aufzunehmen wie bisher.«

Für die Arbeit an der Fortsetzung seines Knopp-Stoffes bleiben ihm nur die Sommerwochen nach der Rückkehr aus Borkum. In Wiedensahl verkriecht er sich bei glühender Hitze in seine Behausung, aus der er erst wieder auftaucht, als er das fertige Manuskript abgeliefert hat. Es spricht für den verlegerischen Elan Bassermanns, daß »Herr und Frau Knopp« dann schon zeitig genug für das Weihnachtsgeschäft vorliegen.

Nachdem Knopp glücklich in den Hafen der Ehe eingefahren ist, scheint er am Ziel seiner Wünsche angelangt zu sein. Der

Schopenhauerianer in Busch sah die Dinge aber eben doch wesentlich anders. Er wollte doch einmal darauf hingewiesen haben, daß Liebe und Ehe nicht eitel Sonnenschein und Freude bedeuten. Damit wollte er einen weitverbreiteten Irrtum berichtigen, der sich in die Vorstellungswelt der meisten Erwachsenen eingeschlichen hatte. Eben aus diesem Grunde setzte er seiner Darstellung eines vermeintlichen Eheidylls eine recht nachdenklich stimmende Vignette voran. Er läßt den armen Knopp, der es ja nun einmal nicht besser haben wollte, mühselig den schwerbeladenen Ehekarren, der im Morast steckt, auf allen vieren ziehen, während Frau Knopp die Zügel führt und unentwegt die Peitsche schwingt. Ein schadenfroher Amor hat grinsend hinter ihr Platz genommen, während der Nachwuchs, eine Rassel haltend, in einem Miniaturwägelchen diesem Aufzug wahren Ehefriedens lustig hinterdreinrollt. Hat Knopp nach Meinung seines geistigen Vaters sein bißchen Eheglück nun auch noch mit der entwürdigenden Funktion eines Zugtieres, dem die Zunge zum Halse heraushängt, zu bezahlen? Realistischer, als der Junggeselle Busch es tat, hätten die vielen indiskreten Details einer typischen Spießbürgerehe gar nicht vorgeführt werden können.

Bei der Fertigstellung der Geschichte von Herrn und Frau Knopp, die mit der glücklichen Geburt einer lang ersehnten Tochter endet, hatte Busch zum ersten Mal Gelegenheit, die Zinkographie anzuwenden und sie auf die Probe zu stellen. Man war inzwischen nämlich in der Lage, die Vorlagen fotomechanisch auf Zinkplatten zu übertragen. Damit reduzierte sich das Arbeitspensum des Künstlers erheblich, aber es ermöglichte auch eine genauere Verwirklichung seiner künstlerischen Absichten.

Mit dem einzigen Kind dieser Ehe, dem »Julchen«, befaßt sich dann der dritte Teil der Knopp-Trilogie. Busch kann sich dabei allerdings nicht eine desillusionierende Vorbemerkung verkneifen, die dann wegen ihrer Treffsicherheit eine gewisse Popularität erreicht hat:

»Vater werden ist nicht schwer,
Vater sein dagegen sehr.

Ersteres wird gern geübt,
Weil es allgemein beliebt.
Selbst der Lasterhafte zeigt,
Daß er gar nicht abgeneigt;
Nur will er mit seinen Sünden
Keinen guten Zweck verbinden,
Sondern, wenn die Kosten kommen,
Fühlet er sich angstbeklommen.
Dieserhalb besonders scheut
Er die fromme Geistlichkeit,
Denn ihm sagt ein stilles Grauen:
Das sind Leute, welche trauen. –
So ein böser Mensch verbleibt
Lieber gänzlich unbeweibt. –
Ohne einen hochgeschätzten
Tugendsamen Vorgesetzten
Irrt er in der Welt umher,
Hat kein reines Hemde mehr,
Wird am Ende krumm und faltig,
Grimmig, greulich, ungestaltig,
Bis ihn dann bei Nacht und Tag
Gar kein Mädchen leiden mag.
Onkel heißt er günst'gen Falles,
Aber dieses ist auch alles.«

Knopps Aufgabe im dritten Teil der Trilogie beschränkt sich
auf die Vaterrolle, die er meist zahlend für seine dralle Tochter
ausübt. Der Leser erlebt rührende, aber auch dramatische Fa-
milienszenen, bis Knopp sein Julchen endlich unter die Haube
gebracht hat. Damit aber scheint sein höchst profaner Lebenszweck erfüllt zu sein. Er klappt wie ein Schlauch, aus dem man
die Luft herausgelassen hat, zusammen. Nach drei atemberau-
benden Akten wird der Vorhang vor dem Szenarium eines im

Grunde ganz gleichgültigen Spießerlebens zugezogen. Zu guter Letzt hastet nur noch der Knochenmann mit Stundenglas und Hippe »im Sauseschritt« über die leergefegte Bühne des Lebens.

Im Frühling 1877 hatte Busch am sehnsüchtig erwarteten dritten Teil der Knoll-Trilogie gearbeitet. Anfang Mai konnte er die Niederschrift an Bassermann senden. Im August wurde »Julchen« dann ausgeliefert und auf Anhieb in 12 000 Exemplaren verkauft. Der Umsatz übertraf noch den horrenden Verkaufserfolg von »Herrn und Frau Knopp« vom Jahre vorher. Schon damals hatte man nur durch die freiwillige Nachtarbeit des Druckers mit dem Eingang der Bestellungen Schritt halten können.

Reisen nach München gehörten lange zu Buschs ständigem Reiserepertoire. Um nicht zu verbauern, hatte er den geistigen Austausch mit gleichgesinnten Freunden dringend nötig. Im »bayrischen Bierquellenheilbad für Einsame«, wie er die Künstlervereinigung »Allotria«, wo man ihn merklich hofierte, zu nennen pflegte, glaubte er, so etwas wie eine geistige Heimat gefunden zu haben.

Während seiner Arbeit an seinem »Knopp« gönnte er sich allerdings eine ausgiebige Ausspannung auf der Insel Borkum, wo man ihn, den Künstlerhut auf dem Kopf und die unvermeidliche Zigarette in der Hand, am Strand promenieren sah, ohne daß man zunächst groß Notiz von ihm nahm. Am 28. Juli 1876 erstattete er Johanna Keßler Bericht von seiner Ferieninsel, auf der er sich sichtlich wohl fühlte.

»Ihren Brief bekam ich in Borkum, wohin ich den Neffen Hermann begleitet habe. Ich ging mit einigem Widerstreben dahin, und der Weg durch Oldenburg und Ostfriesland bei Hitze und unglaublichem Sand und Staub war auch unerfreulich genug«, heißt es da. »Aber schon die Seefahrt von Emden machte mir das größte Vergnügen. Drei Hüte flogen fort auf ewig. Ein stattliches Kalb, welches ein Schlächter mitführte, richtete vermittels seiner Wind- und Wetterseite ergötzliches Unheil an. Ein paar junge Damen wurden seekrank, die eine in meiner Nähe so geschickt, daß ich mit dem Winde eine Art von Pastetenfüllung ins linke Ohr bekam, worauf ich mich bei Seite schlich und die Geschichte mühsam wieder herausbohrte. Die Täterin war allerdings ein ganz niedliches blasses Kind, was freilich in dieser Beziehung für gewöhnlich ein kümmerlicher Trost ist. Aber das Rauschen der Wellen und die frische Seeluft regen die Seele zu einer gesunden, duldsamen Heiterkeit an.

Die kleine Insel gefiel mir besser, als ich erwartet hatte. Es sind hübsche grüne Wiesen mit Kühen und Schafen da. Dann kommen die Dünen, und darüber flattern viel tausend Möwen mit Quäken und Gackern. Wer da seinen Schirm nicht aufspannt, der wird mit Kalk und Mörtel beworfen. Rund um alles herum da saust und braust bei frischer, kühler Luft das Meer.«

Nachdem Busch im November 1876 noch vier Wochen in Frankfurt zugebracht hatte, begibt er sich gleich Anfang Januar des folgenden Jahres wieder über Frankfurt nach München. Vielleicht trägt er absichtlich etwas dick auf, wenn er seine Frankfurter Freundin wissen läßt: »Zu einem ausführlichen Briefe, den ich mir vorgenommen, kann ich mich noch immer nicht recht sammeln; man fetiert mich mehr, als ich's verdiene, und noch keinen Abend bin ich leider so früh nach Hause gekommen, daß nicht der Herr Portier bereits im tiefsten Schlummer gelegen hätte. Heute abend gibt Seitz Gesellschaft. Morgen abend ist Ball, wo dann der neue Frack gar hübsch und gründlich eingewärmt werden soll... Wie's da nun mit der eigentlichen Arbeit aussieht, das ahnen Sie wohl.«

Am 19. Januar heißt es dann in einem Brief nach Frankfurt: »Ich bin immer noch in einem gelinden Dusel. Bälle, Einladungen, maskierte Kneipen wechseln miteinander ab. Es ist mir, als litte ich an einer mäßigen Krankheit, an die man sich schließlich gewöhnen muß.«

Gut vierzehn Tage später protzt er dann seiner Freundin gegenüber sogar so auf: »Von allen Bekanntschaften interessiert mich eigentlich nur eine junge talentvolle Spanierin mit pechschwarzen Haaren, die ich übermorgen Abend malen werde.«

Als er nach Abschluß seiner Arbeiten an seinem »Julchen«

163

im Herbst 1877 wieder einmal in München ist, kann er als wichtigstes Ereignis dieses Aufenthaltes seine Bekanntschaft mit dem Berliner Schriftsteller Paul Lindau vermerken. Die erste Begegnung mit diesem Literaten fand in Lenbachs Atelier statt, als der Meister ein höchst gelungenes Busch-Porträt malte und dieser selbst ein niederländisches Genrebild kopierte.

Lindau spielte als Autor viel aufgeführter, allerdings nur oberflächlicher Gesellschaftsdramen, aber auch als Herausgeber der von ihm gegründeten Monatszeitschrift »Nord und Süd« eine nicht zu unterschätzende Rolle im damaligen literarischen Leben des neuen Reiches. Die etwas spröde und trockene Originalität des Niederdeutschen muß ihn sogleich fasziniert haben. Jedenfalls gehörte der spätere Intendant des Königlichen Schauspielhauses in Berlin zu den anregendsten und interessantesten Gesprächspartnern, die Busch im Laufe seines Lebens begegnet waren. In diesen Wochen schien das Kleeblatt Busch, Lenbach und Lindau unzertrennlich zu sein.

»Wir hockten zusammen von früh bis spät, richtiger gesagt von ziemlich früh bis sehr spät«, entsinnt sich Busch später. »Nicht einen Augenblick stockte die Unterhaltung, bis uns der verschlafene Kellner darauf aufmerksam machte, daß unser Bierkonsum nach Münchener Begriffen dem Zeitaufwande nicht entspräche. Und da uns ein tückischer Zufall auf der einsamen Straße ein Gefährt mit abgetriebenem Gaul antreffen ließ, vermochten wir den Kutscher durch ein königliches Trinkgeld – im Betrage einer Reichsmark, glaube ich – zu gewinnen, uns nach dem einzigen Lokal fahren, das noch nicht geschlossen hatte: nach dem Bahnhof, wo wir im Wartesaal dritter Klasse in der fraglichen Umgebung auf den Holzbänken schlafender und schnarchender Bauern die Diskussion eifrig fortsetzten über Fragen, die eigentlich nicht sehr dringlich waren und durch eine Vertagung an ihrem Reize nichts eingebüßt hätten, bis in der sechsten Morgenstunde die erste Frühdroschke vorfuhr, die uns dann in unsere Quartiere brachte.«

Es war in diesen bewegten Tagen, daß Franz Hanfstaengl zwischen Weißwurst und Schweizerkäse in seinem Atelier ein Foto der »drei Grazien« anfertigte, das Busch, Lenbach und Lindau in brüderlicher Umarmung vorführt.

Bei der ersten Begegnung mit Lindau noch in Lenbachs Atelier hatte Busch dem Schriftsteller seine Art, wie er Menschen zu beobachten pflegte, in aller Ausführlichkeit erklärt: »Von meinen ersten Eindrücken kann ich mich nicht mehr losmachen. Für den Kerl, der mich später enttäuscht, bin ich immer ein rabulistischer Anwalt und finde mildernde Umstände für alle seine Schofeleien. Muß ich mir aber sagen, daß ich einem Menschen in der ersten Schätzung unrecht getan habe, so suche ich wie ein Staatsanwalt nur nach Symptomen, die für eine geheime Übeltäterei sprechen. Es ist niederträchtig, aber so ist es.

Ich kann's also den Leuten gar nicht verdenken, wenn sie sagen, ich sei ein ungemütlicher Grobian. Mit Menschen, die ich nicht leiden mag, kann ich keine drei Sätze hintereinander sprechen; es verschlägt mir die Rede, und sie merken mir natürlich an, daß mir an Fortsetzung der Unterhaltung nicht gelegen ist. Deshalb bin ich auch in jeder Gesellschaft ein unbrauchbares Möbel. Schon der Zwang, unseren gesellschaftlichen Rummel mitzumachen, würde mich aus der Großstadt vertreiben. Solange ich hier nur Gastrollen gebe, kann ich mir die Leute aussuchen, mit denen ich umgehe, und wenn mir die anderen nachsagen, ich sei ein Narr oder gar ein Flegel, so pfeife ich darauf. Wär ich aber hier seßhaft, so müßte ich wohl oder übel soundsooft einen Frack anlegen und mich mit Leuten zusammentunlassen, die mich tödlich langweilen und ärgern, die mir dummes Zeug erzählen, das mir wurst ist, und die von mir verlangen, daß ich ihnen eine Komödie vorspielen soll, die mir keinen Spaß macht. Und deshalb fliege ich, wenn ich mich in einer großen Stadt umgesehen und mir immer wieder sagen muß, daß für meinen Geschmack die Belästigung hier größer ist als das Pläsier, in mein Nest zurück.«

Als Paul Lindau dann im Februar 1878 einen Busch-Essay in

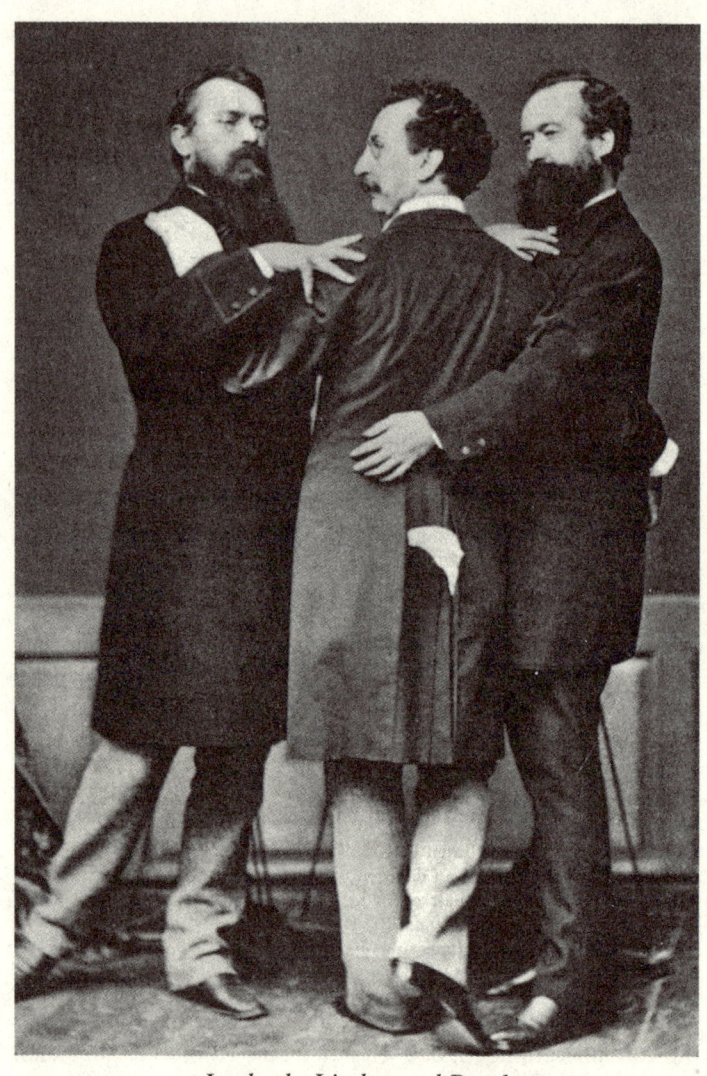

Lenbach, Lindau und Busch

seiner Zeitschrift veröffentlichte, handelte es sich um mehr als einen reinen Freundschaftsdienst. Er war mit der sicheren Witterung des jüdischen Intellektuellen für das Einmalige davon überzeugt, daß dieser eher bäuerliche Niedersachse einen exquisiten Rang in der deutschen Literatur bezogen hatte. Für ihn war und blieb dieser Wilhelm Busch ein für deutsche Verhältnisse einmaliges Phänomen. Was ihn so ungemein an diesem Künstler bestach, war der Scharfblick, mit dem Busch alle menschlichen Schwächen erkannte. Anstatt sich aber über sie zu ereifern oder zu entrüsten, reagierte er, um nicht weinen zu müssen, »mit einem demokratischen Schmunzeln«.

Die mit Lenbach und Lindau gemeinsam durchzechten und durchdiskutierten Münchener Nächte gehörten zu den angenehmsten Erinnerungen Buschs, über die er später noch gerne sprach. Trotzdem verhielt er sich Lindau gegenüber auffallend reserviert. Als dieser ihn geradezu bestürmte, die angebahnte Freundschaft nun auch außerhalb Münchens fortzusetzen, und ihn inständig nach Berlin einlud, reagierte Busch eher ablehnend. Wahrscheinlich war er zu sehr Menschenkenner, um nicht die Grenzen zu erkennen, die dem Großstadtliteraten Lindau gesetzt waren, mit dem ihn recht eigentlich nur wenig verband. Das geschwätzige Geplauder der im Grunde recht seichten Feuilletondramen Lindaus mit ihrer gestelzten Dramaturgie und den verkrampften Effekten waren Buschs Sache so ganz und gar nicht. Sie sind dann auch zu Recht allesamt vergessen und verweht. Die Brüder Hart hatten in ihren »Kritischen Waffengängen« eigentlich schon all das formuliert, was über den Modeautor Lindau und dessen theatralische Offenbarungen zu sagen war: »Man hat einen leidlich vergnügten Abend verbracht. Man hat bisweilen herzlich gelacht, aber man bringt nicht viel heim.«

Busch, sonst stets redlich bemüht, sich anbahnende Freundschaften durch einen ausgiebigen Briefwechsel zu pflegen und zu erhalten, entzog sich diesmal wie eine scheue Geliebte den Einladungen der Lindaus, doch einmal bei ihnen in Berlin Sta-

167

Anna Lindau

tion zu machen. Noch von München aus hatte er am 22. September 1877 an Lindau folgendes nach Berlin hinüber geschrieben:

»Lieber Lindau! Seit Sie fort sind, hat die lebendige Spannung der Federn im Getriebe unserer nächtlichen Ergötzlichkeiten beträchtlich nachgelassen. Bereits vor Mitternacht flatterte ich mit mattem Flügelschlage dem Neste zu, wo die zwei bewußten Zipfel rechts und links das Ohr des Schläfers wärmend überragen. – Aber Sie und Ihr hübsches Madamchen? Wie fuhren Sie heim? Saßen die neu erworbenen Pantoffeln auch recht bequem? Und dann, wie schauten zwei große dunkle Augen drein, als der Morgen durchs Wagenfenster hereindämmerte? Froh und gut, so hoffe ich. – Ich denke gern daran, daß Sie beide hier waren, und so vergessen Sie mich auch nicht ganz.«

Kam noch hinzu, daß Busch offenbar sein Faible für die charmante Frau Lindau, übrigens eine Tochter des Kladderadatsch-Gründers David Kalisch, nicht verleugnen konnte. Diese Sympathie schien keineswegs einseitig gewesen zu sein. Noch zum 100. Geburtstag Buschs wird Anna Lindau sich an Deutschlands bedeutendsten Humoristen in der »Vossischen Zeitung« so erinnern: »Ich sehe Busch noch als einen großen schlanken Mann mit schwarzem Vollbart, schöner breiter Denkerstirn und wunderbar leuchtenden Augen. Er war so der Typ, wie sich junge Mädchen in meiner Jugend einen bleichen, gefährlichen, leidenschaftlichen Liebhaber vorstellen. Dabei dienten ihm jedoch seine feurigen Augen zu einer kühlen Beobachtung.«

»Liebe Frau Lindau«, schreibt Busch noch von München aus an Anna Lindau, die sich ihm zuliebe ihre zärtlichen Augen hatte fotografieren lassen. »Ihr lustiger Brief wurde von Lenbach und mir gelesen, und zwar mit freudigem Geschmacke. Wir sahen auch das ›Auge‹ an, und zwar mit väterlichem Wohlwollen (gelinde gesagt). – Ich will nicht meines Freundes Hüter sein; was mich betrifft, so wünsche und bete ich, daß besagtes Auge in Wirklichkeit bewahrt bleibe vor Tränen.«

Anna Lindau legte sich im Frühjahr 1880 noch einmal gehörig ins Zeug, mit wahren Sirenengesängen den ihr nicht ganz gleichgültigen Busch nach Berlin zu locken. »Lieber Freund«, schrieb sie damals. »Warum kommen Sie eigentlich nicht her? Lenbach, Wilbrandt, Paul und ich, wir sehnen uns so danach, Sie hier zu haben. Ich hoffe, Sie kennen mich noch – ich wenigstens denke noch mit stiller Freude an die frohen Tage, da wir uns kennen lernten und Sie uns so ›furchtbar gut‹ gefielen. Kommen Sie her, das Leben ist so freudlos. Man muß jeden Augenblick ausnutzen. Vielleicht gefallen Ihnen die Menschen hier auch einmal. Kommen Sie!« Auch diesmal hütete sich Busch, aus seiner Reserve herauszutreten. Wahrscheinlich fürchtete er, dem geistigen Charme dieser Frau zu erliegen. Auch Adolf Wilbrandt konnte ihn nicht für einen Berlin-Besuch erwärmen, als er zur Feder griff und der Einladung der Lindaus ein paar gutgemeinte Verse beisteuerte:

»Der Bismarck jagt dem Ruhme nach,
Der Lenbach jagt dem Bismarck nach.
Frau Lindau jagt dem Lenbach nach,
Und Wilbrandt jagt Frau Lindau nach,
O Wilhelm, jag dem Wilbrandt nach!«

Der Antwortbrief Buschs fiel abermals herzlich, aber eindeutig ablehnend aus. »Ihren liebenswürdigen Brief erhielt ich grad, als ich in München schon einen Fuß im Steigbügel hatte, um das Dampfroß zu betreten. Tausend Grüße (700 für Sie, 300 zu gleichen Teilen für unsere berühmten Freunde). Von Ihrem Sie gründlich verehrenden Wilhelm Busch, der so bald nicht kommen kann.«

Das mit Ereignissen so prall angefüllte Jahr 1877 brachte zu guter Letzt auch noch das Zerwürfnis mit Johanna Keßler, dessen Gründe im Dunkeln liegen. Am 19. Dezember richtete Busch seinen letzten Brief an die Frankfurter Freundin so vieler Jahre.

»Also nicht allein nichts zu Weihnachten, sondern auch noch obendrein einen ironischen Festgruß, eine Art von Rute. Au-weh!« heißt es da. »Geschieht ihm ganz recht! Warum ist er nicht fleißiger gewesen? Na, im nächsten Jahr, da wird er sich hoffentlich zusammennehmen. – Doch Spaß beiseite, liebste Tante! Ich wünsche Ihnen und den Kindern von ganzem Herzen ein recht fröhliches Fest. Stets Ihr getreuer Onkel Wilhelm.«

Erst nach dreizehn Jahren wird man nach dem Tode des Bankiers Keßler die Verbindungen dort wieder aufnehmen, wo sie so abrupt und ohne erkennbare Gründe abgerissen waren.

Offenbar hatte Johanna Keßler Buschs mangelnde Erfolge als Maler nicht eben dezent mit ein paar ironischen Floskeln bedacht und ihn damit an einer empfindlichen Stelle getroffen.

Otto Busch stand in diesem Konflikt auf seiten seiner Brot-
herrin. Damit war auch das Band zwischen den beiden Brüdern
für immer zerrissen. Als Otto dann zwei Jahre später an einem
Krebsleiden stirbt, findet es Busch nicht einmal nötig, zur Beerdigung des Bruders in Frankfurt zu erscheinen.

Im Zenit

Zu Beginn des Jahres 1878 war Wilhelm Busch wieder mit der Abfassung einer neuen Bildergeschichte beschäftigt: »Die Haarbeutel«. Diesmal handelte es sich um eine Sammlung von urkomischen Bildszenen, die mit Sicherheit zu den am meisten inspirierten Bildfolgen zählen, die Busch sich ausgedacht und in letzter Perfektion aus seiner Werkstatt entlassen hat. Es muß ihn ungemein gereizt haben, das Thema der Trunkenheit mit allen nur erdenklichen Nuancen zu variieren. Der spätere Erfolg bestätigte ihm, daß er für die Darstellung von Zuständen, die das chaotische Unterbewußte des Menschen zutage förderten, besonders prädestiniert war.

Busch war immer schon ein meisterlicher Darsteller von Menschen gewesen, die in Betrunkenheit ihre Maske fallen ließen und ihr wahres Gesicht zeigten. Er liebte überhaupt ganz allgemein turbulente Szenen, in denen aus ihrem Gleichgewicht geratene Menschen gegen die Tücke des Objekts, das außerhalb ihrer Kontrolle geraten ist, ankämpfen. Dergleichen Konflikte waren so ganz nach seinem Geschmack. Ein Künstler, der geradezu darauf versessen war, Menschen zu demaskieren und ihr wahres Gesicht zu zeigen, mußte der Mensch im betrunkenen Zustand ganz besonders faszinieren.

Der Titel dieser neuen Sammlung mag zunächst einige Rätsel aufgeben. Er war wie immer mit gutem Vorsatz gewählt worden. Bei den Haarbeuteln, muß man nämlich wissen, handelt es sich um schwarze taftseidene Säckchen, mit denen die Perückenmacher des 18. Jahrhunderts die von ihnen angefertigten Zöpfe zu bändigen pflegten, damit sie nicht allzuviel Puder auf den Wams seines Trägers herunterregnen ließen. Diese Haarbeutel hatten die Eigenschaft, daß sie bei jeder Be-

wegung hin- und herschwankten. Damit erinnerten sie geradezu zwingend an jene Menschen, die nach übermäßigem Al-
koholgenuß sich eine empfindliche Störung ihres Gleichge-
wichts eingehandelt hatten. Der so wenig schmeichelhafte
Spottruf »Haarbüdel« wird daher heute noch im Norden
Deutschlands Betrunkenen hinterhergerufen.

Busch, der inzwischen im Zenit seines Schaffens stand, stieß
ganz im Gegensatz zu den damals so üppig ins Kraut schießen-
den Trinkpoesien im Umkreis akademischer Verbindungen in
ungeahnte menschliche Tiefendimensionen vor, die bis heute
noch niemand so recht ausgelotet hat. Dabei förderte er Erstaunliches ans Tageslicht. Noch heute hat man bei Durchsicht
dieser Bilderserien den bestimmenden Eindruck, hier hätte ein
Virtuose des Komischen nun in der Tat all seine ihm zur Verfügung stehenden künstlerischen Register gezogen, um diesem
zwar bedauerlichen, aber immerhin verständlichen menschlichen Laster einige neue Aspekte abzugewinnen.

Busch hat bei der Zusammenstellung der einzelnen Beiträge
auf Arbeiten zurückgreifen können, mit denen er sich seine ersten künstlerischen Sporen als Mitarbeiter der »Fliegenden
Blätter« oder der »Münchener Bilderbogen« erwerben konnte.
Der künstlerische und menschliche Reifeprozeß seit jenen frühen Tagen ist allerdings unübersehbar. Der 46jährige hatte im
Laufe der Jahre eine Unsumme menschlicher Erfahrungen einsammeln können. Vor allem hatte er in seinen Münchener Jahren in der Stadt mit der »Bierphysiognomie« reichlich Gelegenheit gehabt, die Folgen übermäßigen Alkoholgenusses an lebenden Objekten zu studieren.

In seiner »Kalten Geschichte« mokiert sich der Junggeselle
Busch etwa mit einer kaum zu überbietenden Frivolität über
den Zynismus der Ehefrau Zwiel, in der sich auch dann nichts
zu rühren beginnt, als sie ihren betrunkenen Mann am Morgen
zur Eissäule erstarrt vor der Haustür vorfindet, deren Schlüsselloch er in seinem bedauernswerten Zustand bei seiner nächtlichen Heimkehr verpaßt hatte. Eine entwaffnendere Pointe
als in diesem Falle hat sich der Meister kaum jemals einfallen

lassen. Der frischen Witwe kommt beim Anblick des Toten nichts anderes in den Sinn, als befriedigt festzustellen, ihr guter Zwiel hätte ja nun endlich ausgetrunken und der gerade bei dieser Scheckensszene auftauchenden Milchfrau die sachliche Anweisung zu erteilen: »Von nun an, liebe Madam Pieter, Bitt ich nur um ein Viertel Liter.«

Die oft so entwaffnende Realitätsbesessenheit Buschs erreicht in solchen Versen einen für viele geradezu erschreckenden Höhepunkt. Aber auch in diesem Fall lag ihm daran, die Welt, in der er sich mit anderen recht und schlecht arrangiert hatte, nach Strich und Faden zu desillusionieren und den Leuten den Narrenspiegel vorzuhalten. Als Humorist einer entzauberten Welt, zu dem er sich emporgerungen hatte, konnte und mußte er sich diesen makabren Spaß erlauben. Kaum ein anderer hätte damals einen so ätzenden Naturalismus wagen können, ohne sich eine nachhaltige Antipathie eines vorwiegend bürgerlichen Leserpublikums zuzuziehen. Die selige Trunkenheit eines geradezu goldenen Zeitalters steigert der Zeitgenosse Busch in eine Groteske völliger Sinnlosigkeit, als nähme er bereits alle Schrecken voraus, denen er diese entgötterte Menschheit entgegentreiben sieht.

Was Wilhelm Busch mit seinen »Haarbeuteln« seiner Leserschaft zumutet, war nun allerdings kein oberflächliches Kasperle-Theater mehr, wie sie es von ihm erwartete. Immer mehr deckt er schonungslos grauenhafte Hintergründe der menschlichen Natur auf, vor denen ihm schaudert und in die hineinzuleuchten bisher keiner gewagt hatte.

Dabei bleibt es sein Geheimnis, wie er es fertigbringt, dem vorsätzlich Bösen noch den Schimmer eines gewissen menschlichen Glanzes zu verleihen. In seinen besten Einfällen läßt er das berechtigte Entsetzen, das er auslöst, in eine befreiende Heiterkeit umschlagen.

Wenn irgendwo, so war Busch in dieser Bilderfolge, die kaum irgendwo Schwachstellen verrät, nach seiner ureigenen Faustregel verfahren: »le minimum d'effort et le maximum d'effet«. In der Tat gehörte er zu den Künstlern, die mit dem geringsten Aufwand an Mitteln die größten Wirkungen erzielen konnten. In diesem Falle hat er mit wenig Bleistiftstrichen jedesmal einen ganzen unverwechselbaren Lebenstypus umrissen, und zwar auf eine so frappierende Weise, daß man ihn nie und nimmer vergessen kann.

Bereits die »Einleitung« der »Haarbeutel« stellt einen kurzgefaßten Extrakt Schopenhauerscher Philosophie dar. Da heißt es dann auf klassische Weise so:

»Eh man auf diese Welt gekommen
Und noch so still vorlieb genommen,
Da hat man noch bei nichts was bei;
Man schwebt herum, ist schuldenfrei,
Hat keine Uhr und keine Eile
Und äußerst selten Langeweile.
Allein, man nimmt sich nicht in acht,
Und schlupp! ist man zur Welt gebracht.

Zuerst hast Du es gut, mein Sohn,
Doch paß mal auf, man kommt Dir schon!
Bereits Dein braves Elternpaar
Erscheint Dir häufig sonderbar.
Es saust der Stab, dann geht es schwapp!
Sieh da, mein Sohn, Du kriegst was ab.
Und schon erscheint Dir unabwendlich
Der Schmerzensruf: Das ist ja schändlich!

Du wächst heran, Du suchst das Weite,
Jedoch die Welt ist voller Leute;
Vorherrschend Juden, Weiber, Christen,
Die Dich ganz schrecklich überlisten,
Und die, anstatt Dir was zu schenken,
Wie Du wohl möchtest, nicht dran denken.
Und wieder scheint Dir unabweislich
Der Schmerzensruf: Das ist ja scheußlich!«

Das echt Buschsche Aperçu »Enthaltsamkeit ist ein Vergnügen an Sachen, welche wir nicht kriegen« kann man wahrscheinlich als einen schmerzlichen Verzweiflungsausbruch über seine Trennung von Johanna Keßler deuten. In jedem Fall liegt hier abermals versifiziertes Schopenhauersches Gedankengut vor. Gerade die »Haarbeutel« scheinen nicht für eine besonders harmonische Phase in Buschs Biographie zu sprechen.

Nachdem er den Winter über das neue Opus zu einer schönen Geschlossenheit »zusammengeflickt« hatte, konnte Otto Bassermann, der inzwischen seinen Verlag von Heidelberg nach München verlegt hatte, das Buch bereits im Mai 1878 ausliefern. Und wieder einmal war der Erfolg geradezu frappierend. Die 16000 Exemplare der Erstauflage waren bald vergriffen. Offenbar hatte Busch wieder divinatorisch einen empfindlichen Nerv seiner Landsleute getroffen, die nach politisch bewegten Jahren sich lässig zurücklehnen und herzhaft lachen wollten. Daß dies wieder einmal an der falschen Stelle geschah, bemerkten sie natürlich nicht. Sie schmunzelten nun selbstverloren über diese Zeichnungen, in denen jeder Strich saß, aber nicht weniger über diese Verse voll Hintersinn und sublimer Weisheit.

Nach abgeschlossener Arbeit hatte sich Busch wie eigentlich stets in solchen Fällen auf Reisen begeben. Diesmal ist er bereits im März auf großer Fahrt über München nach Bozen und dann nach Venedig. Einen ganzen Monat gönnt er sich die schöpferische Pause, um in Südtirol neue Kräfte zu sammeln. Später verbringt er zwei unbeschwerte Wochen bei Freunden von der Münchener »Allotria«. Über seinen total verregneten Venedig-Aufenthalt erfährt man lediglich aus einem Brief an Franz von Lenbach, in dem er zu verstehen gibt, die dortige Gegend wäre fast so schön wie die Lüneburger Heide.

Der warme Sommer 1878 gehört seiner Lieblingsinsel Borkum. Diesmal taucht er hier mit großer Gefolgschaft auf, mit seinem Bruder Hermann und seinen drei Wiedensahler Neffen. Im übrigen macht er auf der Insel eine neue Eroberung. Er lernt die Frau eines schlesischen Gutsbesitzers, Marie Hesse, kennen, mit der ihn dann bis in seine letzten Lebenstage hinein eine intensive Brieffreundschaft verbinden wird. Sie scheint die Lücke auszufüllen, die das Ende seiner Freundschaft mit Johanna Keßler gerissen hat. Siebzig Briefe werden im Laufe der kommenden Jahre, die ihm noch zugemessen sind, zwischen der Gutsbesitzersfrau und dem großen Humoristen ausgetauscht werden. Das letzte Schreiben seines Lebens überhaupt ist seine Antwort auf einen Neujahrsglückwunsch von Marie Hesse.

Im September 1878 hat Busch die Hesses noch in ihrer Nebenwohnung in Bremen aufgesucht. Anschließend fuhr er zur Hochzeit seines Bruders Hermann nach Bremervörde.

»Wie schnell vergingen mir doch die goldenen Herbsttage in der schönen Stadt Bremen!« erinnert er sich. »Dann ging's weiter bei trüber Regenstimmung durch Moor und Heide und unter Blitz und Donner nach Bremervörde. Die nächste Umgebung des kleinen Städtchens, die Brücke, der Hafen, der Park mit den uralten Pappeln hat mich angenehm überrascht.«

Im Oktober zieht es den unsteten Künstler erneut in den Süden. Diesmal kann er im eigenen Atelier in der Münchener Karlstraße eine farbige Fassung von »Fipps dem Affen« herstellen. Er bringt es auf nicht weniger als neunzig Blätter, die er dann später in Wiedensahl für den Druck vorbereiten wird. In der Abgeschiedenheit seines Ateliers konnte er in äußerster Konzentration seine Arbeit voranbringen. Selbst seinen engsten Freunden war der Zutritt in sein Allerheiligstes nicht erlaubt. Dahingegen hatten sie bei den gemeinsamen Mittags- und Abendtafeln ausgiebig Gelegenheit, mit Busch zu parlieren.

Diesmal ist es nicht mehr Johanna Keßler, sondern Marie Hesse, der er von seinem Münchener Bummeltagen plastisch berichtet.

»Ich lebe hier immer noch so hin«, heißt es da wie beiläufig, »ohne recht eigentlich bei der Sache zu sein. Zweimal mittags in der Woche esse ich bei Lenbach, sonst in der hübsch getäfelten Restauration des neuen Kunstgewerbehauses, wo zuweilen

Freund Hanfstaengl sich zu mir einfindet. Abends bin ich bei Fritz Kaulbach oder in der Künstlergesellschaft. Im Theater sah und hörte ich die ›Walküre‹, war entzückt von dem, was ich hörte, und gelangweilt von dem, was ich sah... Ob ich Weihnachten nach Wiedensahl gehen werde, ist noch unbestimmt; ich weiß nicht, ob der Umzug dort ein behagliches Fest gestattet. Mittlerweile arbeite ich an einer kleinen, drolligen Geschichte weiter.«

Bei der erwähnten »drolligen Geschichte« handelt es sich um »Fipps den Affen«, für den Busch im Frühjahr 1878 intensive Studien vor Ort im Zoo zu Hannover betrieben hatte. Der Affe ist stets ein uraltes und augenscheinlich auch unerschöpfliches Thema der volkstümlichen Literatur und Kunst gewesen. Busch konnte es sich selbstredend nicht entgehen lassen, auch einmal einen Affen seine höchst menschlichen Streiche vollführen zu lassen. In der Schwankliteratur fand er dafür ausreichende Vorbilder.

Mit seinem so tragisch endenden Affen Fipps setzt Busch einen unverfälschten Affen als natürliches Wesen auf die Spießbürgerwelt der Gründerzeit an, wo er dann auch entsprechende Verwirrung auslöst. Wieder hält er den Neudeutschen ihr Konterfei vor, immer in der Hoffnung, sie würden durch Selbstkritik entsprechende Korrekturen an ihrem anstößigen Verhalten vornehmen. Natürlich trägt er etwas zu dick auf. Aber wie sollte er diese Dickhäuter anders erreichen als durch gewisse Schockeffekte?

Diesmal ging Wilhelm Busch mit besonderer Akribie zu Werke. Er entwarf sogar einen besonderen Text für »Fipps der Affe für Kinder«, da er begriffen hat, die diffizile Version würde Kinder nicht erreichen. Daß er sich auch auf echte Kindertümlichkeit versteht, belegt diese Kinderfassung eindeutig, in der es beispielsweise heißt:

»Also jetzt kommt die Geschichte
Von dem Bitterbösewichte,
Schlau, possierlich und behend,

Der sich Fipps der Affe nennt.
Er besitzt nicht nur wie wir
Zween Hände, sondern vier,
Vorne zwei und hinten zwei
Und 'n langen Schweif dabei.
Hiermit, denkt sich jeder nun,
Wird er recht viel Gutes tun;
Aber nein, im Gegenteile,
Tugend macht ihm Langeweile,
Während er in solchen Dingen,
Welche andern Schaden bringen,
Jederzeit mit großer List
Rührig und betriebsam ist.
Kurz, die Taten der Verbrecher
Sind so seine Lieblingsfächer.«

Busch wäre nicht der gelehrige Schüler Schopenhauers gewesen, würde er sich nicht in dem Dutzend dramatischer Kapitel zur Biographie dieses Unruhe und Turbulenz erzeugenden Naturwesens immer wieder einiges einfallen lassen, was nicht nur unsere Lachmuskeln noch immer betätigt, sondern auch zur Nachdenklichkeit über die Brüchigkeit der bürgerlichen Existenz auffordert.

In jedem Fall wirken Fipps' keineswegs folgenlose Streiche, die er ausheckte, erfrischend auf die Menschen, unter denen er sich bewegt. Sie scheinen außerstande zu sein, aus angerichtetem Schaden noch Folgerungen zu ziehen. Seine Umwelt wirkt gegenüber seiner ungebrochenen Vitalität schal und abgestanden. Nur das Kind Elise, das er einmal vor dem Feuertod gerettet hat, bringt noch etwas von himmlischer Unschuld mit in die Szene. Sie hat etwas Anrührendes und ist dann auch die einzige, die ihn im großen opernhaften Finale, das Busch ihm zuteil werden läßt, zwischen all den schadenfrohen Bauern und Bürgern echt und tief betrauert: »Armer Fipps! so spricht sie herzig treu. / Damit stirbt er, alles ist vorbei.«

Mit unvorstellbaren Grausamkeiten hat Busch auch diesmal

nicht gespart. Kaum anzusehen, wie erbarmungslos Fipps den Neger, der ihn seiner geliebten Freiheit beraubt, für seine Untat büßen läßt. Der schlaue Affe benutzt dessen Nasenring, um die Nase des schwarzen Mannes durch geschickte Manipulationen seines Schwanzes in eine veritable »Qualspirale« zu verwandeln. Damit aber scheint die Schmerzgrenze für beschauliche Bürger, die unterhalten sein wollen, bereits bei weitem überschritten zu sein. Auf zartbesaitete Leser nimmt dieser Busch jedoch genau so wenig Rücksicht wie die Märchenerzähler seiner Heimatregion auf die zarteren Empfindungen ihrer Zuhörer, wenn es um eine realistische Darstellung der Höllen geht, die Menschen sich selbst bereiten.

Die Kritiker fielen natürlich auch diesmal über den geistigen Vater dieses originellen Naturwesens gnadenlos her. Das bewog den frühen Naturalisten Johannes Schlaf, Busch vor seinen Kritikern in Schutz zu nehmen. »Seine Grausamkeit, die einen oft bis zur unmittelbaren physischen Pein berührt«, gibt er einfühlsam zu bedenken, »ist nicht Lust am Grausamen; sie neckt mehr, hat eine gesunde Herzlichkeit, Munterkeit. Er hat ein rechtes deutsches Gemüt. Sein Glaube, sein innerstes Ja und Amen ist die vollendete Menschlichkeit.«

Die Tiergeschichte vom Affen Fipps nimmt man heute noch mit viel Mitgefühl zur Kenntnis. Die Sympathie für dieses Naturwesen, das Dr. Fink, der offenbar Züge von Buschs Bruder Otto trägt, als Hausclown bei sich beschäftigt, ist vom Verfasser beabsichtigt. Das gänzlich unkonventionelle Verhalten dieses vermeintlichen Bösewichts schärft den Blick für all die bürgerliche Stickigkeit, die ihn umgibt.

Immerhin waren bezeichnenderweise die 15000 Exemplare der Erstauflage im Handumdrehen vergriffen. Die Version für Kinder hatte allerdings nicht den gleichen Erfolg zu verzeichnen. Offenbar waren diese dann eben doch überfordert. Der Tiefsinn und die Hintergründigkeit dieser Fabel setzt schon reife und nachdenkliche Leser voraus, die es nicht unberührt läßt, daß der arme Fipps, auf den verblendete Menschen ihre Treibjagd veranstalten, schließlich ein einsames Grab in Dr.

Finks Garten findet, wo er seine Ruhe vor den Verfolgern hat. Immerhin hat Busch noch in Gestalt des Katers Gripps und des Hundes Schnipps, denen Fipps so übel zugesetzt hatte, als er noch unter den Lebenden weilte, die ihm dann aber alles großzügig verziehen, seiner Geschichte ein relativ versöhnliches Ende verliehen. Sie halten Totenwacht an seinem frischen Grabe.

Im August 1878 war Buschs Schwager, der Pfarrer Nöldeke, in Wiedensahl gestorben. Am 1. März mußte seine Schwester in das Pfarrwitwenhaus übersiedeln, das nach Buschs Wünschen und Vorstellungen ausgebaut worden war. Hier schuf er sich für die nächsten Jahre ein Reich, in das er niemand unaufgefordert eindringen ließ und in dem er ungestört arbeiten konnte. Mit dieser Regelung seines künftigen Wohnsitzes hatte er stillschweigend die Verpflichtung mit übernommen, das Sorgerecht für seine drei Neffen Hermann, Adolf und Otto zu übernehmen.

Mit dieser Veränderung in seinem äußeren Leben hatte Busch eine Aufgabe gefunden, die er peinlich genau erledigte. Er nahm sich der Familie Nöldeke väterlich an. Das schloß natürlich nicht aus, daß er keineswegs ein immer erfreulicher Hausgenosse war. Wenn er mit einer Arbeit beschäftigt war, zeigte er sich nur schwer ansprechbar. Auch erwartete er von seiner Umgebung absolute Ruhe im Haus, damit er nicht bei seiner Arbeit gestört würde. Das alles wurde wohlweislich in Kauf genommen. Die Nöldeke-Söhne hingen jedenfalls an ihm wie an einem Vater. Daran änderte sich auch bis zu seinem Lebensende nichts. Seine jährlichen Vetternreisen pflegte er auch auf die Wohnsitze der Brüder im Niedersächsischen auszudehnen. Mit schmunzelndem Behagen sah er dann noch eine ganze Generation von Nöldeke-Kindern heranwachsen. Auch sie hatte er ins Herz geschlossen.

Im Wiedensahler Pfarrwitwenhaus hatte der große Humorist in der Tat ein »klimperkleines Plätzchen vom großen Weltall« gefunden, das er »gemütlich erwärmt und heimlich erleuchtet« fand. Hier konnte er in jedem Fall seinen Gedanken nachhän-

Fanny Nöldeke, geb. Busch

gen und die Pläne, mit denen er schwanger ging, realisieren. Es war zwar kein Dauerzustand, daß er sich so sehr in seine Arbeit vertiefte, daß er alles um sich vergessen konnte. Aber immerhin schilderte einer seiner Neffen diesen Zustand äußerster Arbeitsintensität aus eigener Erfahrung:

»Er sprach nichts als das Notwendigste. Er konnte dieselben Fragen gleichgültiger Art, z. B. ob der Briefträger schon dagewesen sei, in kurzen Zwischenräumen wiederholen, konnte verschiedentlich versuchen, aus seinem längst geleerten kleinen Kaffeetopfe sich einzuschenken. Er behielt die halbfertige Zigarette lange in der Hand und dergleichen mehr. Das ging tage- und wochenlang so. Über das, was er arbeitete, sagte er nie ein Wort zu uns.«

Im übrigen ließ Wilhelm Busch sich nicht davon abbringen, seine jährlichen Reisen zu Verwandten und alten Bekannten mit der Regelmäßigkeit eines eingespielten Rituals fortzusetzen. Immer standen noch Lüthorst, Ebergötzen, Celle, wo sein Bruder Hermann als Mathematiklehrer amtierte, aber auch Wolfenbüttel auf seinem Reiseprogramm, das nicht unbedingt von seiner »Reisefeigheit«, mit der er so gern kokettierte, zeugte. Später kamen noch die verschiedenen Amtssitze seiner Neffen in Hunteburg bei Osnabrück, Hattorf und die Städte Münster und Verden hinzu. Seine Reisen nach München setzte er bis zum Jahre 1881 fort. Dann hatte die Großstadt ihre Faszination über ihn verloren. Die Hohlheit der großstädtischen Gesellschaft ging ihm gehörig gegen den Strich. Die Korrespondenzen mit seinen Münchener Freunden ließ er deswegen aber nicht einschlafen.

Im März 1880 hatte Busch noch ein letztes Mal in München geweilt, um mit Bassermann ein neues Buchprojekt zu besprechen. Diesmal sollte es sich nach Buschs Vorstellungen um ein echtes Kinderbuch handeln, um ein Sammelsurium kleiner kindertümlicher Bildergeschichten, denen er den Titel »Stippstörchen für Äuglein und Öhrchen« verlieh. Sie hatten ihn in den Wiedensahler Frühlingstagen ausgiebig beschäftigt.

Diese »Stippstörchen« enthielten drei Trivialerzählungen

mit Märchenmotiven: »Das brave Lenchen«, »Hänschen Däumling« und »Die beiden Schwestern«, denen es erheblich an dem alles belebenden Pfeffer der einzigartigen Buschschen Ironie fehlt. Sie bleiben daher eigentümlich blaß und wirken im ganzen recht epigonal. So perfekt diesmal auch die drucktechnische Gestaltung ausgefallen war, so wenig springt aus ihnen ein zündelnder Funke auf den Betrachter über. Was Busch diesmal seiner Gemeinde anzubieten hatte, konnte sich nicht entfernt mit dem üblichen Niveau seiner sonstigen Bildergeschichten vergleichen lassen. Von mitreißender Spannung konnte überhaupt keine Rede sein. Diese »Stippstörchen« waren keineswegs das Lesefutter, das man sich von Busch erwartet hatte.

Sie lagen pünktlich zum Weihnachtsgeschäft 1880 in den Buchhandlungen aus; aber der Absatz war schleppend und zögernd. Es dauerte nicht weniger als drei Jahre, ehe die erste Auflage vergriffen war. Bassermann, im festen Glauben, die Leser hätten vor allem deswegen dem neuen Opus Buschs so wenig Sympathie entgegengebracht, weil sie mit dem ihnen unbekannten niederdeutschen Terminus »Stippstörchen« einfach nichts anfangen konnten, ersetzte in der Neuauflage den Titel ganz einfach mit dem offenbar gängigeren »Geschichten für Neffen und Nichten«. Jedoch auch durch diese Umbenennung ließ sich der Umsatz nicht steigern. Offenbar bestand kein unmittelbarer Bedarf an einer Kinderliteratur, die sich gewisse dick aufgetragene pädagogische Nutzanwendungen nicht verkneifen konnte. Dieses Opus hinkte auch weiterhin beträchtlich hinter den anderen so leicht verkäuflichen Busch-Titeln hinterdrein. Ohne die von ihm meisterlich gehandhabte Ironie fehlte diesem Werk der rechte Pfiff, der seine Arbeit haushoch aus anderen heraushob. Von einem so souveränen Humoristen wie ihm erwartete man zu allerletzt penetrante pädagogische Handreichungen. Bedauerlich nur, daß von den Lesern die hervorragende typographische Aufmachung des Ganzen überhaupt nicht honoriert wurde. Sie entsprach durchaus den hochgespannten Erwartungen Buschs.

In dem so dramatischen Jahr 1880 tritt Busch gleich dreimal die umständliche Reise von Niedersachsen nach München an. Als er vom 20. Oktober ab zum dritten Mal in München weilt, steht sein Aufenthalt diesmal ganz im Zeichen seiner neuen Bekanntschaft mit dem Münchener Hofkapellmeister Hermann Levi, einem Rabinerssohn aus Gießen, der sich als einer der bedeutenden Wagner-Interpreten profiliert hatte und zwei Jahre darauf in Bayreuth die Uraufführung des »Parsifal« dirigieren wird.

Dieser bedeutende Musiker, der unter seiner Zugehörigkeit zum Judentum unsäglich litt, muß sogleich eine spontane Zuneigung zu dem so ganz anders timbrierten geistreichen Norddeutschen empfunden haben. Hermann Levi war weit über sein engeres Fachgebiet hinaus ein hochgebildeter Mann, der nach jahrelangem intensiven Umgang mit dem Werk Goethes seine »Gedanken aus Goethes Werken« publizierte. Er führte damals sogar seinen neu errungenen Freund in seiner Wohnung zu einem Teestündchen mit Richard Wagner und dessen Frau Cosima zusammen. Man kann sich nun allerdings vorstellen, daß Busch nur als stiller, aber als ein um so durchdringender Beobachter diese gemeinsame Stunde mit dem redseligen Wagner zubrachte. Es war dann auch das erste und letzte Mal, daß er sich zu solchen Begegnungen mit einem Genie überreden ließ. In der Regel ging er dergleichen Bekanntschaften aus dem Wege. Er war sich zum Statisten einfach zu schade. Im übrigen wußte er nur zu gut: »Wer beobachten will, darf nicht mitspielen; er müßte ein heimliches Guckloch haben.«

»In den letzten Münchener Wochen wurde viel gewagnert«, fand er. »Ich habe mir diese sonderbaren Menschen nun auch recht genau besehn, sowohl mit den Augen wie mit den Ohren.«

Hermann Levi versuchte mit all seinen Überredungskünsten, den reservierten Norddeutschen für Wagners Kunst zu erwärmen. Natürlich sah sich Busch einfach außerstande, ein kompetentes Urteil über Wagner zu fällen, an dessen Genie er allerdings keinen Augenblick zweifelte. Man kann ihm wirklich nicht nachsagen, er hätte sich nicht redlich bemüht, in die Geheimnisse der Wagnerschen Klangorgien einzudringen. Er begab sich sogar, allerdings mit mäßigem Erfolg, hin und wieder in die Oper, um die Werke des Bayreuther Meisters vor Ort kennen zu lernen.

Mit Hermann Levi, der ihm hin und wieder seinen Lieblingskomponisten Mozart auf dem Klavier vorspielte, konnte Busch seine Ideen über philosophische und religiöse Fragen freimütig austauschen. Obwohl er auf Grund seiner Lebenserfahrungen dem Judentum eher kritisch gegenüberstand und er in seinen Arbeiten immer wieder obskure jüdische Börsianer oder sonstige fragwürdige Figuren mosaischen Glaubens auftreten ließ, begegnete er Levi mit betonter Herzlichkeit.

Schon kurz nach seiner Rückkehr nach Wiedensahl schrieb er dem neu erworbenen Freund einen sehr persönlich gehaltenen Brief.

»Der kalte Wind bläst den Regen durch die sausenden Bäume«, heißt es darin. »Noch immer geh ich rauchend, den Schopenhauer in der einen, den Darwin in der anderen Tasche, den Strom entlang auf dem mutmaßlichen Wege ans Meer, wo vielleicht das Schiff liegt, welches, wie man sagt, nach den seligen Inseln segelt. ›Die Heiligen sind nur dort, wo ich nicht bin.‹ Drüben am anderen Ufer des Stromes steht der Heilige Antonius. Er nickt mir ernsthaft zu: Hier liegt das Boot des Glaubens; Gnade ist Fährmann; wer dringend ruft, wird herübergeholt. – Aber ich kann nicht rufen; meine Seele ist heiser; ich habe eine philosophische Erkältung.«

In der Silvesternacht 1882/1883 schrieb Hermann Levi an seinen so ganz anders gearteten Freund folgenden Brief: »Lieber Freund! In diesem Augenblick läuten die Glocken das neue Jahr ein. Ich sende Dir einen innigen Gruß. Wie oft in diesem vergangenen Jahre habe ich sehnsüchtig Deiner gedacht, aber zu einem Brief konnte ich mich nicht aufraffen, nicht sowohl aus Mangel an Zeit oder aus Faulheit, weil ich eine Art von – Schüchternheit – Dir gegenüber nie ganz zu verwinden vermag. Ich wollte, ich könnte Dir wieder einmal einiges vorspielen.

Soll es denn nie mehr vorkommen? Wie man es so lange ohne Musik aushalten kann, begreife ich nicht.

Lasse wieder einmal Dein Antlitz leuchten! Sei von Herzen gegrüßt! Möge ein gütiges Geschick im kommenden Jahr und in allen folgenden jeden Schmerz Dir fernhalten, jede Freude Dir zuwenden!«

»Lieber Levi«, heißt es dann in Buschs Antwortbrief. »Hätte ich die Silvesterglocken nicht wieder in Wolfenbüttel läuten hören, so würde ich Deine guten, herzlichen Worte schon einige Tage früher erwidert haben. Möge Dir das werdende Jahr so viele Kränze abwerfen, wie das vergangene, oder, falls das nicht genug ist, noch mehr; wär ich's, ich machte Dich zum Großmogul im Reich aller musikalischen Ergötzlichkeiten. Mich hat das vorübergeschrittene beim Antritt merklich geschüttelt; und recht hat's gehabt; diese Philosophie, welche, sich aufblähend, den ganzen Sack zu füllen gedachte, ist nun auf ein billiges Maß zusammengerüttelt. – Du witterst, was darob zu sagen wäre...

Der blitzende Schnee bedeckt unsere Hütte, ein kräftiger Ostwind flötet hinter den Fensterläden; doch drinnen, hinter dem grünen Kachelofen, nicht ungemütlich, umschleiert von den bläulich schwebenden Gebilden des Dampfes, sitzt einer, so Dein gedenkt in alter Liebe und Dir, mit allem, was drum und dran, sehr zahlreiche Grüße sendet, nämlich Dein getreuer Freund Wilhelm Busch.«

Hermann Levi war in der Tat der einzige, mit dem Busch sich nach dem Tod seines Bruders Otto über weltanschauliche Fragen austauschen konnte. Wenn er auch den Übergang von Schopenhauer zu Nietzsche, der immer mehr in der Vorstellungswelt nachdenklich gewordener Deutscher an Boden gewann, nicht mitvollzog, so witterte der hochsensible Busch doch so etwas wie eine »Wetterveränderung«, wenn er den ihm so suspekten Zeitgeist anvisierte. Obwohl in einem evangelischen Pfarrhaus daheim, begreift er bald, daß ihm der Kirchenglaube nicht weiterhelfen kann. Eifrig vertieft er sich in die deutschen Mystiker. Auch studierte er immer wieder die »Bekentnisse« des heiligen Augustinus, und das Urchristentum beginnt ihn zunehmend zu interessieren. Seinen Glauben an den Sinn des Lebens identifiziert er immer mehr mit der Liebe des Menschen zu den Menschen.

Trotz des äußerst schleppenden Absatzes der umbenannten »Stippstörchen« versuchte Busch noch einmal sein Heil an einem Kinderbuch. Die Monate Januar und Februar 1881 sehen ihn an der Arbeit an zwei Arbeiten mit dem Titel »Der Fuchs« und »Die Drachen«, die, wenn sie auch nicht den Atem eines Genies verspüren lassen, doch wenigstens in einer möglichst perfekten typographischen Gestaltung in Erscheinung treten sollen. Das von ihm angefertigte Schriftbild fügte er organisch in die bereits feststehenden Illustrationen des Handlungsablaufs ein. Damit war er seiner Vorstellung vom »Gesamtkunstwerk«, wie er meinte, einen erheblichen Schritt nähergekommen. Diese Perfektion würde sich sicher auf die Reaktion potentieller Käufer positiv auswirken.

In der Tat war das Ergebnis seiner Bemühungen ein wahrer Augenschmaus, und doch ging seine Rechnung nicht so recht auf. Als der Band unter dem Titel »Der Fuchs. Die Drachen. Zwei lustige Sachen« vorlag, stellte sich schon bald heraus, daß sich das Publikum von der exquisiten bibliophilen Ausstattung des Buches überhaupt nicht beeindrucken ließ. Kinderbücher waren, wie sich wieder einmal zeigte, schwer abzusetzen. Auch wenn wie in diesem Falle die Magie eines großen Namens einen gewissen Kaufanreiz darstellte. Aber wen interessierte schon die Geschichte eines schlauen Bauern, der dann letzten Endes von einem noch schlaueren Fuchs überlistet wird? Und der Drachenhöhenrekord des braven Konrad war dann auch wieder nicht so weltbewegend, als daß er die Lesebegeisterung von Kindern geweckt hätte. So blieb dann diese Neuerscheinung des Jahres 1881 im wesentlichen eine Randerscheinung im Lebenswerk Buschs, der nach einer abermaligen körperlichen Krise, die ihm nach Abschluß der Arbeiten an diesem Opus Ende Februar überfallen hatte, offenbar noch einmal zu einigen künstlerischen Höchstleistungen ausholte. Seine letzten

Trumpfkarten hatte er jedenfalls, wie sich dann noch zeigen sollte, keineswegs ausgespielt.

Ganz allgemein stand das verflixte 49. Lebensjahr Buschs unter keinem besonders glücklichen Stern. Es begann mit einem gesundheitlichen Kollaps, der erneut den Verdacht einer Nikotinvergiftung nahelegte. Daß er deswegen wenigstens vorübergehend das Rauchen einstellen mußte, trug nicht gerade dazu bei, seine depressive Stimmung zu mildern.

Als der Rekonvaleszent sich am 23. März doch noch zu einer München-Reise aufraffte, stellte sich sein Aufenthalt an der Isar als ein einziges Fiasko heraus. Er endete schließlich mit einem bedenklichen Eklat, der Busch die Lust auf München für immer verleiden sollte. Schon am 15. Januar 1881 hatte er in einem bekennenden Brief an Kaulbach festgestellt, sein Hang zur Einsamkeit würde wie seine Glatze immer größer. »Ich wünschte fast noch tiefer in der Heide zu sitzen, da wo der Birke spärliche Locken im Winde wehn«, setzte er poetisch hinzu.

Diesmal konnten alle Ablenkungen und Vergnügungen mit den Freunden von der »Allotria« diese nicht über seine ihnen unverständliche Reizbarkeit hinwegtäuschen. Alles spitzte sich auf einen Eklat zu, der dann auch schließlich auch eintrat. Bei den Vorführungen eines Hypnotiseurs im Kunstgewerbehaus war es Busch auf die Dauer unerträglich, mitansehen zu müssen, wie Menschen sich widerstandslos den Willen eines anderen aufzwingen ließen. Er hatte mit einem Male den Eindruck, als würde die Würde des Individuums mit Füßen getreten. Auch lehnte sich alles in ihm gegen eine Profanierung und Kommerzialisierung von Phänomenen auf, über welche die Natur wohlweislich den Schleier des Schweigens gebreitet hatte. Er begann daher in leicht angetrunkenem Zustand gegen den Veranstalter laut zu randalieren, daß er von den Freunden aus dem Saal geführt werden mußte. Auch beim anschließenden gemeinsamen Essen tobte er wie ein Berserker, dem das bürgerliche »Getu's« der Münchener Gesellschaft auf die Nerven ging. Sein Protest gegen die gesellschaftliche Lüge nahm

Lorenz Gedon nach einer Kohlezeichnung
von F. A. v. Kaulbach

geradezu exzessive Formen an, so daß er der Schwester Lenbachs den Stuhl beim Hinsetzen wegzog und er mit Käsestük-
ken um sich warf.

Drei Wochen München hatten diesmal ausgereicht, um ihm
die Augen über die Miesigkeit der neudeutschen Gesellschaft
zu öffnen. In seiner Reizbarkeit war er nicht bereit, immer nur
gute Miene zum bösen Spiel zu machen. Mit einem Male sah er
sich wieder ganz auf sich selbst verwiesen und sehnte sich nach
seinem stillen Refugium in Wiedensahl zurück. Also bestieg er
gleich am anderen Tag die Eisenbahn und machte seinen spontanen Vorsatz wahr, nie wieder nach München zurückzukehren. Das schloß allerdings nicht aus, daß er in ständigem Austausch mit seinen Münchener Freunden blieb. Im übrigen aber

zog er von nun an konsequent sein Einsiedlerleben der Hektik der großen Städte vor.

Offenbar steuerte der hypersensible Meister der deutschen Bildergeschichte in diesem kritischen Jahr 1881 einer »Midlife-crisis« entgegen, zu deren Bewältigung er kein Patentrezept besaß. Er war daher sichtlich froh, als in diesen Wochen Lorenz Gedon in Buschs Höhle eindrang und ein bißchen erfrischenden Wind mitbrachte. Anfang Juli gelang es dem urigen Bajuwaren, Busch ein wenig aus seinem Gehäuse herauszulocken. Gedon gehörte zu den Freunden Buschs, denen er es ohne Einschränkung erlaubte, bis nach Wiedensahl vorzudringen. Bei gemeinsamen Kneipenbesuchen versetzte Gedons enormer Bierkonsum die Norddeutschen in helles Erstaunen.

Anschließend an diesen Besuch, der ihn sichtlich aufmöbelte, begab sich Busch abermals auf Reisen, diesmal nach Wolfenbüttel, wo ihn Hermann Levi aufstöberte, mit dem er wieder einmal die Nächte durchdiskutierte. Bei dieser Gelegenheit ließen sich beide übrigens von einem Fotografen zusammen eingehakt unter einem Regenschirm fotografieren. Busch versah dieses Bild mit einer Unterschrift, die viel über sein Verhältnis zu Hermann Levi aussagte.

»Christ und Jud unter einem Dach
– – Sie sind aber auch danach.«

Aber auch die Begegnung mit Grete Fehlow, einer quicklebendigen Nichte seiner Wolfenbütteler Schwägerin, datiert aus dieser Zeit. »Gretchen« hielt ihren »Onkel Wilhelm« einige Zeitlang bei bester Laune und bot sich ihm als Modell für seine Skizzen an. Sie wurde dann sogar als würdig befunden, in die Reihe seiner Briefpartnerinnen einzurücken. Die Zuneigung zu ihr ging sogar soweit, daß er seine Aversion gegen Großstädte überwand und bereits im September mit seinem Neffen Hermann eine Reise zu den Fehlows nach Berlin unternahm. In der sich entfalteten Reichshauptstadt verspürte er durchaus ein Flair des Weltstädtischen.

Hermann Levi und Wilhelm Busch unterm Regenschirm

Im November allerdings hatte Buschs körperliche Verfassung einen bedrohlichen Tiefstand erreicht. Er laborierte ratlos an seinen Malaisen herum, ohne zu begreifen, daß es sich wieder einmal um ein psychosomatisches Leiden handelte. Der Arzt freilich diagnostizierte ein chronisches Magenleiden, das er vor allem durch ein rigoroses Rauchverbot auszuheilen hoffte.

Busch tat sich bemerkenswert schwer, das Trauma München

abzubauen. Der Umgang mit den Künstlern, deren forciert fideler Umgangston ihn auf die Dauer anödete, hatte ihn eher verwirrt, als daß er ihm neue Anregung vermittelt hätte. Für sein verzweifeltes Herumlavieren als Maler brachten sie nur wenig Verständnis auf. Am Ende war er dann eben doch zu der Erkenntnis gelangt, »daß ohne ein stilles Plätzchen nichts Ordentliches« mehr für ihn zu erreichen wäre.

Busch hatte begriffen, daß ihm die Ablenkungen in der »Allotria« nur so etwas wie eine »temporäre Erlösung« verschafft hatten. Im übrigen ging ihm allmählich eine leise Ahnung davon auf, daß er sich eigentlich in einem Schattenreich unter lauter Renaissance-Epigonen bewegt hatte, die mit Hilfe eines kommerzialisierten Kunsthandels enorm an ihren ihm oft unerträglichen schwülstigen Produkten verdienten, die so ganz dem bombastischen Zeitgeschmack entsprachen. Franz von Lenbach, dessen Genialität als Porträtmaler er keinen Augenblick in Frage stellte, war ihm schließlich auch ein wenig suspekt geworden, weil er in seinem Schaffen nach der höchst pragmatischen Devise verfuhr, sich ohne besondere Vorsätze und moralische Normen durch dieses Leben zu winden. Solchen Lebensmaximen konnte der biedere Busch unter keinen Umständen vorbehaltlos zustimmen.

Natürlich hatte er auch nicht wenig darunter gelitten, daß seine Freunde in München seine Zeichnungen, die bis heute nichts von ihrer Aussagekraft eingebüßt haben, bestenfalls als künstlerische Nebenprodukte gelten lassen wollten, während sie ihre voluminösen Ölgemälde, von denen heute kaum noch einer spricht, zum Maßstab aller echten Kunst erhoben. Er hatte es daher schwer, sich in ihrer Mitte durchzusetzen. Als Bassermann einmal den Fauxpas beging und in übermütiger Tafelrunde eine Flasche Pfälzer Wein präsentierte, deren Etikett den betrunkenen Silen auf dem Esel zeigte, den Busch als Titelvignette für seine »Haarbeutel« verfertigt hatte, kratzte Busch dieses Etikett ärgerlich von der Flasche. Er wußte bei aller Bescheidenheit sehr wohl um den exzeptionellen Rang seiner künstlerischen Arbeit und war nicht bereit, sich auch nur etwas davon herunterhandeln zu lassen. Der Gedanke, als akkreditierter Spaßmacher der Nation betrachtet und dementsprechend behandelt zu werden, war ihm unerträglich.

Sowohl mit Frankfurt, dessen stickige »Börsenluft« ihm offenbar den Atem verschlug, als auch mit München mit all seiner Hektik hatte der fünfzigjährige Busch eigentlich abgeschlossen. Von nun an steuerte er nach gelegentlichen Abstechern in die meist näher gelegene Welt immer wieder seinen sicheren Hafen in Wiedensahl an. Neue Erkenntnisse erwartete er bei seinen Exkursionen eigentlich nicht mehr. Es kam ihm nun darauf an, gewonnene Eindrücke zu vertiefen. Aus der Distanz seines Dorfes sah er natürlich viel mehr als andere, die sich willenlos dem Strom einer Zeit überließen, der nicht mehr so recht zu trauen war.

Über die neuralgischen Punkte der Gründerzeit konnte sich Busch nicht hinwegtäuschen. So entzog er sich der Betriebsamkeit einer Welt, in der er keine neuen Erfahrungen mehr sammeln konnte und sperrte sich sozusagen selbst ein. Schaden trug ihm diese Zurücknahme aus der Welt nicht ein, wie man vielfach gemutmaßt hat. Schließlich erlebte er in seinem dörflichen Umfeld mehr als in der großen Stadt, die den Menschen zerstreute anstatt ihn zu sammeln. Es fiel ihm nun nicht schwer, sich sozusagen aus dem Verkehr zu ziehen, so daß man ihn weithin bereits für längst gestorben hielt. Er, der den Ruhm ohnedies für eine »Schwindelware« hielt, ertrug es lächelnd, wenn er in der zünftigen Kunst- und Literaturgeschichte als unbekannte Größe gehandelt wurde. Er ließ sich nicht so ohne weiteres in die bestehenden Kategorien einordnen; daher wußte man mit ihm so recht nichts anzufangen. Busch konnte geduldig auf seine Stunde warten. Er hat dann auch, wie er mutmaßte, das Gros der überschätzten Tagesgrößen seiner Zeit mühelos überlebt.

Da der Arzt ihm bei seinem körperlichen Kollaps Ende 1881 eine Bäderkur verordnet hatte, begab Busch sich gegen Ende Dezember wieder einmal zu Bruder Gustav nach Wolfenbüttel, in dessen Haus er immer die Behaglichkeit fand, die er sich in seinem etwas angeschlagenen Zustand wünschte. Im Januar heißt es dann auch schon: »Mit meinen Pullen und Pillen komm ich mir oft recht absonderlich vor. Hab aber wieder Appetit. Nur Schlaf und die Heiterkeit, welche mein Handwerkzeug ist, hab ich noch nicht recht wieder.«

Gegen Ende Januar 1882 taucht Busch wieder im Wiedensahler Pfarrwitwenhaus auf, um sich mit regenerierten Kräften seiner Arbeit an der nächsten Bildergeschichte hinzugeben. Es handelt sich diesmal um »Plisch und Plum«, um eine Bubengeschichte, mit der er offenbar an den exorbitanten Erfolg von »Max und Moritz« anknüpfen wollte.

Jedenfalls hatte ihn die alte Arbeitslust wieder gepackt, und so kann er seinem alten Freund Kaulbach nach München berichten: «Über Deinen lustigen Brief hab ich recht geschmunzelt, konnt's auch schon so seit einigen Tagen. Kurzum: es geht wieder gut. – War auch zu scheußlich, den Kopf alleweil voll Watte zu haben, daß kein lustiger Floh drin hupfen kunnt. – Jetzt heißt's kritzekratze und an die sogenannten Arbeiten, daß nachgeholt wird, was seither verpaßt wurde.«

Wieder einmal ließ Busch in den beiden Hunden Plisch und Plum zwei Elementarwesen auf eine sterile Menschheit los, unter der sie für die notwendige Verwirrung sorgten. Die Arbeit ging ihm offenbar flott von der Hand. Er hatte diesen neuen Stoff nämlich bereits eine geraume Weile mit sich herumgetragen. Um eine richtige Kindergeschichte handelt es sich recht eigentlich auch diesmal nicht, obwohl die Hauptakteure zwei Lausejungen sind. Aber dieses Opus setzte zu seiner geistigen Bewältigung eben doch reifere Leser voraus, da es zuviel Ironie und tiefere Bedeutung enthielt. Diese von Busch angepeilten Käufer stellten sich dann auch schon bald sehr zum Wohlgefallen des Verlegers ein.

Immerhin hatte Busch noch einmal an seine großen Würfe würdig anknüpfen können. Noch im Oktober 1881 hatte er sich Otto Bassermann gegenüber über seine künftigen Arbeitsimpulse eher resigniert geäußert: »Ja, lieber Freund«, so hieß es damals noch, »ich bin alt geworden, und um wahr gegen Dich zu sein: ich glaube, zu den Büchern für große Leute kommt so bald nichts hinzu.« Offenbar hatte Busch seine schöpferischen Reserven selbst falsch eingeschätzt. Bassermann ging jedenfalls kein Risiko ein, als er gleich 10000 Exemplare des neuen »Busch« drucken ließ.

Wieder einmal ganz aus dem Vollen schöpfend, setzt Busch so etwas wie ein kleines Welttheater in Szene. Und wieder stellt sich heraus, daß seine Darstellung dieser entzauberten Welt in der Tat so etwas wie das »Schweben von Seifenblasen über der blanken, schwarzen Tiefe der Sinnlosigkeit« ist. Das absolute Böse inkarniert sich dieses Mal in der Gestalt von zwei Hunden, die diese Bürgerwelt in einen heilsamen Aufruhr versetzen.

Wieder einmal auch betreibt Busch seine Charakterisierungskünste bis hin zur Virtuosität, indem er den beiden Lausbuben Paul und Peter, dem spießigen Ehepaar Fittig und dem gerissenen und schadenfrohen Bauern Schlich alle Freiheit gibt, sich in dieser bürgerlichen Tragikomödie auszutoben. Madame Kümmel, der Jude Schmulchen Stiefelbeiner und zu guter Letzt der Lehrer Bokelmann sind demgegenüber eher Statisten in diesem Pandämonium menschlicher Unvollkommenheiten. Busch scheint selbst seine helle Freude an diesen Kindern seiner Phantasie gehabt zu haben.

Er hat sich während der Arbeit wiedergefunden und sucht sogar wieder Kontakte mit der Umwelt. So schreibt er im Nachsommer an Franz von Lenbach: »Inzwischen geht's mit dem Sommer zu Ende. Seine durchweichten Rockschlappen flattern im Winde und matt und verdrießlich und fröstelnd streckt er dem Bruder Herbst die kalte Hand entgegen. Ja, wo bist Du denn, lieber Freund? Wo, bei dem Wetter, stoßen die übrigen Bekannten ihre entrüsteten Seufzer aus? – Sag nichts gegen mein Schweigen! Aus meiner leeren Ecke heraus, was hätt ich zu sagen, was des Hörens wert wäre? Dahingegen Du, der Du in der Fülle bemerkenswerter Dinge sitzt, Du könntest wohl bald wieder mal ein paar erquickliche Brocken mitteilen.«

Im Februar 1883 frischt ihn dann eine neue Begegnung mit

dem von ihm so sehr geehrten Lorenz Gedon mächtig auf. Der Münchener Freund hatte im Detmolder Schloß architektonische Arbeiten erledigt, und so verabredete man ein Zusammentreffen. »Er war bei Hof, wie im Wirtshaus, ein vielgefeierter Mann; hat aber auch einen potzwunderfeinen Saal erbaut, der sich im Glühlicht frei geschwungener Lüster gar stattlich ausnahm... Von Detmold ging's nach Münster, wo in allen Schlupfwinkeln herum getandlert wurde. Abschied in Hamm... Der wunderliche Kerl ist mir womöglich noch lieber geworden als bisher. – Ja, was weiter? Ich schusterte eine neue Chose für den Druck zurecht. Von vorn gesehen, scheint's immerhin weitläufig, bis man sich da hindurchgewürmelt hat.«

Der Abschied in Hamm war ein Abschied für immer gewesen. Noch im Dezember des gleichen Jahres stirbt Lorenz Gedon, erst vierzigjährig, nach einer Krebsoperation. Sein Tod muß Busch tief bewegt haben, Er widmete dem toten Freund einen gereimten Nekrolog, der in einigen Zeitungen erschien.

»So ist es leider mit unserer Lebenszeit«, räsoniert der eben Fünfzigjährige. »Erst trägt sie uns und spielt mit uns und deutet in die Hoffnungsferne; dann geht sie Arm in Arm mit uns und flüstert uns gar hübsche Dinge; aber so zwischen vierzig und fünfzig, da hängt sie sich plötzlich als Trud auf unsere Schultern, und wie müssen sie tragen. – Auch mir fängt's an ungemütlich zu werden auf dieser Welt. Madam rosa Phantasie empfiehlt sich reisefertig durch die Vordertür und herein durch die Hintertür tritt Madam Schwarz.«

Bei der »Chose«, von der Busch berichtete, daß er sie für den Druck zurechtschustere, handelt es sich um seine vorletzte Bildergeschichte überhaupt, um seinen »Balduin Bählamm«, mit der er noch einmal einen einsamen Höhepunkt seines Schaffens erreicht. Diesmal hat er als Adressaten ausschließlich Erwachsene im Sinn, die imstande sind, dem tragikomischen Schicksal eines Möchtegern-Dichters nachzusinnen.

Für Busch muß die Darstellung eines verhinderten Dichters ein spontaner Impuls gewesen sein, da er als Maler selbst gescheitert war. Bereits die Titelvignette zeigt einen empfindsamen Menschen, der verzückten Blickes nach einem Lorbeer-kranz emporblickt, der offenbar unerreichbar hoch über seinem Haupte schwebt. Natürlich ist er auch mit Joppe und Samtbarett ausgestattet. Aber das allein macht eben noch keinen Poeten, auch wenn er erwartungsvoll vor einem Schreibtisch mit zwei zum Überlaufen vollen Tintenfässern sitzt und auf entspre-chende Inspirationen von oben her wartet. Dieser von künstle-rischen Ambitionen gequälte brave Büroangestellte lebt am Le-ben vorbei und wird dadurch unwillkürlich zu einer komischen Figur, die das mitleidige Lächeln des Betrachters herausfordert. Allerdings holt ihn das Leben, dem er entwischen will, doch immer wieder in Gestalt einer fünfköpfigen Familie ein. Frau und Kinder hängen wie mit Bleigewichten an ihm, so daß seine Höhenflüge immer wieder mit einem ernüchternden Fiasko en-den. Selbst seine Muse, eine ganz in Weiß gehüllte »Flügel-dame« kann sein Streben nach Höherem nicht erfüllen. Im ent-scheidenden Augenblick verwandelt sie sich sogar in eine bösar-tige Ziege, die diese mimosenhafte Seele zutiefst verschreckt. Nach diesem Alptraum eines verhinderten Poeten heißt es bei Busch am Ende dieser Irrfahrt höchst ernüchternd:

»Frau Bählamm ruft, als er erwacht:
›Heraus mein Schatz! Es ist schon acht.‹«

Ehe wir Zeuge der menschlichen Misere dieses Bählamm sind, werden wir bereits in einem geradezu klassischen Prolog auf das Kommende schonend vorbereitet. Mit weitausholender Geste zieht sein geistiger Vater den Plüschvorhang vor diesem Stiefkind seiner Phantasie zurück:

»Wie wohl ist dem, der dann und wann
Sich etwas Schönes dichten kann!

Der Mensch, durchtrieben und gescheit,
Bemerkte schon seit alter Zeit,
Daß ihm hinieden allerlei

Verdrießlich und zuwider sei.
Die Freude flieht auf allen Wegen,
Der Ärger kommt uns gern entgegen,
Gar mancher schleicht betrübt umher;
Sein Knopfloch ist so öd und leer.
Für manchen hat ein Mädchen Reiz,
Nur bleibt die Liebe seinerseits.
Doch gibt's noch mehr Verdrießlichkeiten.
Zum Beispiel läßt sich nicht bestreiten:
Die Sorge, wie man Nahrung findet,
Ist häufig nicht so unbegründet.
Kommt einer dann und fragt: Wie geht's?
Steht man gewöhnlich oder stets
Gewissermaßen peinlich da,
Indem man spricht: Nun, so lala!
Und nur der Heuchler lacht vergnüglich
Und gibt zur Antwort: Ei, vorzüglich!
Im Durchschnitt ist man kummervoll
Und weiß nicht, was man machen soll.«

Noch einmal guckt der unsterbliche Schopenhauer dem Meister Busch über die Schulter. Dieser kennt die existentiellen Nöte seines Hobby-Poeten, der sich so gern von der Schwere der lastenden Materie befreien möchte und doch immer auf dieser Erde mit einer fatalen und überstürzten Bruchlandung niedergehen muß.

Der immer noch stupende Einfallsreichtum des mittlerweile 50jährigen Busch hat sich auch nach vielen Jahren intensiver schöpferischer Tätigkeit auf seiner eigenen Domäne noch keineswegs abgenutzt. Die Furcht, er könnte sich nach einer kaum je abreißenden Produktion, inzwischen ausgeschrieben haben, erweist sich also als unberechtigt. Noch immer kann er seinen überlegenen Humor voll ausspielen und damit seine Zeitgenossen entzücken.

Den literarischen Kitschier, der seine hochgestochenen Emotionen möglichst ungefiltert in Reime umsetzen möchte, hat Busch sicher unzählige Male in München angetroffen. Was ihm zu denken gab, war die erschreckende Diskrepanz, die zwischen dem künstlerischen Anspruch dieser Musenjünger und dem Resultat ihres musischen Einsatzes jedesmal klaffte. Sie lebten ein Leben voller schöner Täuschungen, für die Busch augenscheinlich volles Verständnis hat:

>»Ein schönes Los! Indessen doch
>Das Allerschönste blüht ihm noch.
>Denn Laura, seine süße Qual,
>Sein Himmelstraum, sein Ideal,
>Die glühend ihm entgegenfliegt,
>Sie flüstert schmachtend inniglich:
>›Göttlicher Mensch, ich schätze Dich!
>Und daß du so mein Herz gewannst,
>Macht bloß, daß du so dichten kannst!!‹
>
>Oh, wie beglückt ist doch ein Mann,
>Wenn er Gedichte machen kann!«

Der Junggeselle Busch, der auf Eheglück und Vaterfreuden verzichten mußte, um seinen künstlerischen Auftrag erfüllen zu können, hatte in seiner vorletzten Bildergeschichte die Gelegenheit beim Schopfe gepackt, ein wenig Licht über sein Schicksal als Bürger zweier Welten zu verbreiten. Er wußte es aus eigener Erfahrung nur zu gut, daß man für jedes gelungene Kunstwerk teuer zu zahlen hat. Es genügt eben nicht, daß hin und wieder »der Geist im Faberstifte zuckt«. Zum perfekten Kunstwerk gehören nicht nur Genie, sondern eben auch Fleiß und nicht zuletzt auch ein gerüttelt Maß an Entsagung.

Im November 1883 war Busch bei der Hochzeit von Grete Fehlow anwesend. Er war zu diesem Anlaß keineswegs mit leeren Händen gekommen. Für die junge Hausfrau hatte er ein Kochbuch mitgebracht und sich zu diesem Präsent eine Widmung einfallen lassen, die auch einmal den Genießer Busch herauskehrte, der vom Asketentum nicht sonderlich viel hielt:

»Gar lieblich dringen aus der Küche
Bis an das Herz die Wohlgerüche.
Hier kann die Zunge fein und scharf
Sich nützlich machen, und sie darf,
Hier durch Gebrätzel und Gebrittel
Bereitet man die Zaubermittel
In Töpfen, Pfannen oder Kesseln,
Um ewig den Gemahl zu fesseln;
Von hier aus herrscht mit schlauem Sinn
Die Haus- und Herzenskönigin.«

Und wie stand es mit Buschs Arbeit um diese Zeit? Bereits im Februar des gleichen Jahres hatte es in einem seiner Briefe geheißen:

»Ja, was weiter? Ich schustere eine neue Chose für den Druck zurecht. Von vorn gesehen, scheint's immerhin weitläufig, bis man sich hindurchgewürmelt hat.«

Busch würmelt sich also durch und gelangt schließlich dann auch zu einem recht respektablen Resultat. Diese letzte größere Bildergeschichte Buschs enthält viel Autobiographisches, das dem Kenner der Buschschen Vita nicht verborgen bleiben kann. Vieles von seinen eigenen Erfahrungen als Maler konnte er in diese Bildergeschichte mit einbringen, die im ganzen dann auch um einige Grade derber ausfiel als der vielleicht allzu lyrisch getönte »Balduin Bählamm«.

Endlich hatte Wilhelm Busch also einmal Gelegenheit, seinen Kollegen von der Malerei ein paar bittere Wahrheiten, die er längst schon einmal loswerden wollte, ins Stammbuch zu schreiben. Endlich einmal konnte er auch ungehemmt und ohne alle Rücksichtnahme auf empfindliche Bekannte und Freunde etwa den sterilen Akademismus, unter dem er zumindest in seinen früheren Jahren so ungemein gelitten hatte, auf die satirische Schippe nehmen. Auch gegen die ihm so unerträgliche Historienmalerei zog er gehörig vom Leder. Selbst die Kunstkritik wird in Gestalt des Kunstkritikers Dr. Hinterstich nach allen Regeln der Kunst persifliert.

Offenbar hat der Meister der Bildergeschichte während der Arbeit an seinem »Maler Klecksel« den Eindruck verdrängen müssen, es könnte sich bei dieser Künstlergeschichte um seinen Schwanengesang als Vorfertiger von Bildergeschichten handeln, um die das Publikum sich riß. Er fürchtete nicht nur zu Recht, sich im folgenden immer wiederholen zu müssen. Auch die Arbeit selbst bereitete ihm zunehmend Unbehagen. Er mußte sich nämlich diesmal bereits einer Weitsichtigenbrille bei Anfertigung der Zeichnungen bedienen. Sie störte ihn ungemein bei der Ausübung seiner künstlerischen Arbeit.

Gleichwohl bewegte er sich noch einmal so ganz auf der Höhe seiner Kunstfertigkeit. Immer mehr gewinnt das Tragikomische gegenüber dem nur Komischen die Oberhand in ihm. Immer mehr scheint auch das gestaltete Wort über die Zeichnungen zu dominieren. Schon in seiner weitausholenden Vorrede stimmt Busch seine Leser in das Geschehen ein, das sie erwartet. Diesmal versichert er, sie nicht in die geräuschvolle Welt der Musik oder Rhetorik zu entführen, sondern ins stille Reich der Malerei, in der er sich besser auskennt als irgendwo sonst. Und so bricht er denn aus großer Distanz eine Lanze für die Kunst, an der er selbst gescheitert ist:

»Ich bin daher statt des Gewinsels
Mehr für die stille Welt des Pinsels;
Und, was auch einer sagen mag,
Genußreich ist der Nachmittag,
Den ich inmitten schöner Dinge
Im lieben Kunstverein verbringe;
Natürlich meistenteils mit Damen.
Hier ist das Reich der goldenen Rahmen,
Hier herrschen Schönheit und Geschmack.
Hier riecht es angenehm nach Lack;
Hier gibt die Wand sich keine Blöße,
Denn Prachtgemälde jeder Größe
Bekleiden sie und warten ruhig,
Bis man sie würdigt, und das tu ich.

Mit scharfem Blick nach Kennerweise
Seh ich zunächst mal nach dem Preise
Und bei genauerer Betrachtung
Steigt mit dem Preise auch die Achtung.
Ich blicke durch die hohle Hand,
Ich blinzle, nicke: Ah, scharmant!
Das Kolorit, die Pinselführung,
Die Farbentöne, die Gruppierung,
Dies Lüster, diese Harmonie,
Ach, bitte, sehn Sie nur, Komteß!
Und die Komteß, sich unterdeß
Im duftigen Batiste schneuzend,
Erwidert schwärmrisch: ›Oh, wie reizend!‹
Und wahrlich! Preis und Dank gebührt
Der Kunst, die diese Welt verziert.«

Zum Schluß seines Epilogs aber schüttete Busch eine volle
Schale seines Hohns über die Kunst, die ihm sein Lebtag so
schwer zu schaffen gemacht hat. Für andere war sie hingegen,
wie er ohne Neid feststellt, eine Quelle opulenter Einnahmen
gewesen:

»Wer weiß die Hallen und dergleichen
So welthistorisch zu bestreichen?
Al fresco und für ewig fast,
Wenn's mittlerweile nicht verblaßt.
Wer liefert uns die Genresachen,
So rührend oder auch zum Lachen?
Wer schuf die grünen Landschaftsbilder,
Die Wirtshaus- und die Wappenschilder?
Wer hat die Reihe deiner Väter
Seit tausend Jahren oder später
So meisterlich in Öl gesetzt?
Wer wird von allen hochgeschätzt?
Der Farbenkünstler! Und mit Grund!
Er macht uns diese Welt so bunt.

Drum, Jüngling, fasse Mut:
Setz auf den hohen Künstlerhut
Und wirf dich auf die Malerei;
Vielleicht verdienst du was dabei!«

Buschs fragwürdiger Held, der sich ohne Aufmucken durch die kahlen Antikensäle der Akademie gequält hat, ist mit seinen Gedanken doch stets bei der drallen Serviererin Susanna vom Schimmelwirt. Kein Wunder, daß er als Künstler eigentlich immer nur ein Scharlatan bleibt, der seine Rolle aber mit auffallender Lockerheit spielt. Im Grunde handelt es sich bei ihm natürlich um einen verhinderten Bürger, der nur auf den Augenblick wartet, in dem er seine künstlerische Attitüde ablegen kann. In der Tat führt ihn sein Schicksal am Ende geradezu zwanghaft in die Rolle des Schimmelwirtes, für die er akkurat geschaffen ist. Am Ende läßt sich Busch eine Vignette einfallen, auf der ein winziger Kobold mit einem zum Besen zweckentfremdeten Pinsel dem ganzen falschen Kunstbetrieb den Garaus macht, wobei der anmaßende Künstler wie ein Käfer hilflos auf den Rücken zu liegen kommt. Mit eingekniffenem Auge will uns Busch wieder einmal die gewaltige Kluft zwischen Schein und Sein vor Augen führen.

Immerhin bediente er sich dieser unvergeßlichen Kunstfigur, um die eigenen Leiden, die er wegen der Malerei ausgestanden hat, noch einmal zu rekapitulieren. Seine unnütz im Antikensaal verbrachten Stunden sehen sich in der Rückerinnerung wenig ergötzlich an:

»Die alten ewig jungen Götter –
Wenn mancher auch in Wind und Wetter
Und sonst durch allerlei Verdrieß
Kopf, Arm und Bein im Stiche ließ –
Ergötzen Bruno unbeschreiblich,
Besonders wenn die Götter weiblich.
Er ahmt sie nach in schwarzer Kreide.
Doch kann er sich auch diese Freude

An schönen Sommernachmittagen,
Wenn's grade nötig, mal versagen
Und eilt mit brennender Havanna
Zum Schimmelwirt zu der Susanna.«

Es stellt sich im weiteren Verlauf dieses seltsamen Lebenslaufes heraus, daß Klecksel nicht aus dem feinen Stoff gemacht ist, aus dem die Natur Künstler zu formen pflegt. Er bleibt, was er von Anfang an war und worauf sein beziehungsreicher Name bereits hindeutet, ein hoffnungsloser Pfuscher in seinem Fach, der sich mit der aufgesetzten Pose des professionellen Künstlers über seine eigene Unzulänglichkeit hinwegtäuscht. Am Ende fungiert er als Schimmelwirt und kehrt den Erzphillister heraus, der seine Susanna behutsam in den Hafen der Ehe geleitet und mit ihr viele Kinder gezeugt hat.

Busch kann sich angesichts dieses konsequenten Handlungsablaufes nicht einen ausführlichen Schlußchor verkneifen, in dem er die Summe seiner eigenen künstlerischen Existenz zieht. Er kommt dabei nicht gerade zu besonders optimistischen Resultaten.

»Hartnäckig weiter fließt die Zeit;
Die Zukunft wird Vergangenheit.
Von einem großen Reservoir
Ins andre rieselt Jahr um Jahr.
Und aus den Fluten taucht empor
Der Menschen buntgemischtes Korps.
Sie plätschern, traurig oder munter,
'n bissel 'rum, dann gehen's unter
Und werden ziemlich abgekühlt
Für längre Zeit hinweggespült.«

Die großartige Schlußapotheose dieser letzten Bildergeschichte Buschs zeigt die Klecksel-Geschädigten vom Lehrer Bötel, dem Klecksel mit einer in einen Kirchenschlüssel verpackten Pulverladung zugesetzt hatte, bis zum Malermeister

205

Quast und den im eigenen Redaktionsbüro mit Faberstiften so übel zugerichteten Kunstkritiker Dr. Hinterstich in froher Runde zum Abendbier beim Schimmelwirt vereint. Sie haben ihren an sich berechtigten Groll gegen diesen mißratenen Musensohn längst begraben, seitdem Klecksel sich einem durchaus honetten Metier verschrieben hat und als fünffacher Vater gut geratener Knaben hohes Ansehen in der Gemeinde genießt. Das letzte Wort behält schließlich selbstverständlich der selbstgefällige Schulmeister Bötel, dem nichts Besseres einfällt als eine abgedroschene Platitüde, durch die er sich als kleinkarierter Bildungsphilister ausweist:

»Wär nicht die rechte Bildung da,
Wo wären wir? Jajajaja!«

Mit diesem schwer erträglichen Gemeinplatz setzt Busch ganz allgemein den Schlußstrich unter zwei Jahrzehnte ununterbrochener Arbeit an seinen Bildergeschichten, die in fast alle deutsche Bücherschränke Einzug hielten. Mit dieser stark autobiographisch getönten Darstellung seines eigenen Scheiterns als Maler beschließt er die Serie seiner großen Bildergeschichten, mit denen er sich einen unsterblichen Ruf als Zeichner und Verseschmied erworben hat. Was ihn anbetraf, so brauchte er nicht den demütigenden Weg wie sein unglücklicher Balduin Bählamm ins Büro anzutreten. Er hatte eine Art Künstlerschaft erreicht, die er sich selbst nicht hätte träumen lassen, und sich eine eigene Domäne abgesteckt, in der er souverän wie ein Herrscher schaltete und waltete.

Offenbar hatte Busch, eben erst fünfzig Jahre alt, alles ausgesprochen, was er zu sagen hatte. Von nun an zieht er es vor, in weiser Selbstbeschränkung zu schweigen. Einige Entwürfe von Bildergeschichten wie »Der Privatier« oder »Die Spinne« bleiben trotz unverminderter Qualität Fragmente. Immer mehr wendet er sich dem gestalteten Wort zu. Er konnte in aller Zurückgezogenheit derweil abwarten, bis die Deutschen begriffen, wer ihnen da in diesem Niedersachsen geschenkt worden war. Es blieben ihm ja noch genügend äußerlich beschauliche Jahre, in denen er sich noch zum Prosaisten und zu einem der bedeutendsten Epigrammatiker der deutschen Literatur entfalten konnte. Zwar: sein Hauptwerk hatte er abgeliefert, aber sein letztes Wort war dann doch noch nicht gesprochen.

Der Maler

Nachdem Busch im Juni 1884 die Auslieferung seines »Maler Klecksel« erlebt hatte, begab er sich einen Monat darauf mit seinen Neffen Hermann und Otto Nöldeke auf eine ausgiebige Reise in den deutschen Norden. Man durchstreifte systematisch Schleswig-Holstein und ließ sich sogar auf eine Seereise nach Helgoland ein, um diesen »Felsbrocken« zu besichtigen, der für Buschs Geschmack allzu penetrant nach Fisch roch. Für ein paar Tage sah auch Sylt diesen illustren Gast. Aber auch Lübeck, die Kieler Bucht und die Flensburger Förde wurden resolut angesteuert. Unterwegs sah man in den Buchläden der Städte, die man aufsuchte, den »Maler Klecksel« ausliegen, dessen Entstehung der Onkel den Neffen wie üblich verheimlicht hatte.

Im Oktober traf sich Busch mit seinem Freund Hermann Levi in Wolfenbüttel. Wieder einmal saß er mit seinem »herzlieben Musikanten« ganze Nächte beim Gespräch zusammen. Levi war in der Zeit für Busch der rechte Mann, von dem er auf vernünftige Fragen auch gescheite Antworten erwarten konnte.

Der Wagnerdirigent, der eben den »Parsifal« aus der Taufe gehoben hatte, entpuppte sich damals als leidenschaftlicher Leser des großen Russen Dostojewski. Er legte seinem Freund dringend die Lektüre des »Raskolnikoff« ans Herz, »nicht zur Erholung und Stärkung, sondern um sich dran zu erhitzen und dann nach Haus zu gehen und alles kurz und klein zu schlagen«. Busch ließ dieses literarische Meisterwerk immerhin als realistisches Dokument eines Zeitgeistes gelten, mit dem er sich aber bei bestem Willen nicht identifizieren konnte.

Busch hatte nach der Ablieferung seines »Klecksels« eine

lange schöpferische Pause eingelegt. Er hatte mit einem Male begriffen, daß er in Gefahr schwebte, sich von nun an dauernd zu wiederholen. Dieser Gefahr wollte er sich um jeden Preis entziehen. Immerhin hatte er nach einer schwierigen und schmerzlichen Anlaufzeit zwei Jahrzehnte lang im Zenit seines Könnens gestanden, ohne nach irgendeiner Seite hin Konzessionen machen zu müssen. Nur durch eine wohlauskalkulierte Arbeitsökonomie hatte er Erkleckliches zustande gebracht. Das reichte eigentlich aus, seinen Ruhm weit über die Grenzen des deutschen Sprachgebiets hinausstrahlen zu lassen.

Daß er nun einer der meistgelesenen deutschen Autoren war, hätte ihn eigentlich zutiefst befriedigen müssen. Aber die Art und Weise, wie man ihn als Spaßmacher der Nation so gründlich mißverstand, traf ihn empfindlich. Es war aber durchaus keine Resignation, die ihn dazu bewegte, nunmehr in seinen Schatten zurückzutreten, entschlossen, keineswegs die Hände passiv in den Schoß zu legen, sondern sich neue Kunstbereiche, in denen er bisher nur dilettiert hatte, systematisch zu erschließen. Die Zeit nach Abschluß seiner letzten Bildergeschichte stand daher beispielsweise ganz im Zeichen einer gesteigerten Maltätigkeit. Gerade auf diesem Gebiet bestand für ihn ein kaum zu stillender Nachholbedarf.

Über seine Bedeutung als Gestalter des absolut Komischen war er sich selbst durchaus im klaren. Daß ihm die Göttergabe des Humors verliehen worden war, hatte ihm im Laufe der Jahre eine Volkstümlichkeit eingetragen, der er selbst ein wenig mißtraute, die sich bis in unsere Tage hinein jedoch noch keineswegs abgenutzt hat. Seine Bücher erreichten ungeahnte Auflagenhöhen. Die Deutschen hatten nicht eben viel zu lachen. Nun suchten sie bei Busch Entspannung, aber auch Rat und Zuspruch.

Otto Bassermann hatte in sicherer Witterung einer nicht abreißenden Busch-Konjunktur im Jahre 1884 die erste Lieferung einer Sammelausgabe der Buschschen Geschichten unter dem Titel »Humoristischer Hausschatz« erscheinen lassen. Er hatte damit ein im besten Sinne des Wortes deutsches Hausbuch geschaffen, das dann mit den Jahren exorbitante Auflagen erreichte. In einer imaginären Bestsellerliste deutscher Titel würde dieses Buch einen der vorderen Ränge einnehmen.

Natürlich griff Wilhelm Busch auch weiter noch zum Zeichenstift. Mit der Zeit bediente er sich immer mehr weicherer Stifte oder der schwarzen Kreide, die die Strenge seiner Konturen erheblich milderte. Man sah ihn nun immer mehr draußen in der freien Natur herumstreifen, immer auf der Suche nach lohnenden Motiven. Das Skizzenbuch war sein ständiger Begleiter geworden. Dabei entdeckte er mit der Zeit immer mehr sein Faible für Kühe, diese gehörnten Buttertiere, die er als Symbole für eine geradezu urweltliche Ruhe und Geduld begriff, von denen sich seine Zeitgenossen allerlei abgucken könnten.

Auch als Maler vollzog er nun eine abrupte Wendung zum Plainair. An seinen kleinen Formaten hielt er allerdings auch weiterhin fest. Diese besaßen den großen Vorzug, daß man sie in einem Zuge zu Ende malen konnte, ohne seine frischen Impressionen unterbrechen zu müssen. Der Tag des Künstlers im Ruhestande begann in der Regel damit, daß er schon in aller Frühe mit Malzeug und Feldstuhl aufbrach und in der Gegend umherstreunte, bis sich ihm ein passendes Motiv darbot. Die lebendige Atmosphäre seiner heimatlichen Landschaft, für die er einen untrüglichen Blick entwickelte, reizte ihn immer wieder, den Pinsel hervorzuholen.

Kein Wunder, daß angesichts einer so hektischen Produktivität sich in seiner Stube die Bilder, fertige wie unfertige, stapelten. Die meisten von ihnen hatten seinem kritischen Blick nicht standgehalten. Dabei unterzog er sich nicht gern der Mühe, unter der Ernte, die er von seinen Streifzügen heimbrachte, gewissenhaft zu selektieren und Gelungenes vom Verpatzten fein säuberlich zu trennen. Die Folge dieser Nachlässigkeit war dann, daß seine Bilder dutzendweise der Nachwelt verloren gegangen wären, hätten seine Neffen nicht hin und wieder einiges vor dem Autodafé, das Busch mit seinen Gemälden veranstaltete, retten können.

Das Jahr 1885 stand für Busch so ganz im Zeichen einer geradezu monomanischen Maltätigkeit, als hätte er etwas nachzuholen. In den Jahren zwischen 1872 und 1884, in denen seine großen Bildergeschichten entstanden waren, hatte er sich als Maler betont Askese auferlegt. Er hatte die Malerei im wesentlichen nur zu seiner Entspannung betrieben. Die Arbeit an den Bildergeschichten hatte doch mehr an seinen Kräften gezehrt, als er es sich selber eingestehen mochte. Schließlich waren seine kleinen »Gesamtkunstwerke« nicht nur mit viel Kunstverstand und mit höchster Nervenanspannung zustande gekommen. Sie waren, wie er selbst mit Recht meinte, »im Leben geglüht, mit Fleiß gehämmert und nicht unzweckmäßig zusammengesetzt« worden. So locker und schwerelos sich seine Konturwesen auch durch seine Kunstwelt bewegten, so hatte ihr geistiger Vater vor ihrer Existenz alle Mühe darauf verwendet, ihnen Leben von seinem Leben einzuhauchen.

Erfreulicherweise verfügte Busch, dem der große Durchbruch als Maler versagt blieb, über genug Selbstkritik, um die Produkte seiner Malerei nicht auf irgendwelchen Ausstellungen einer kritischen Öffentlichkeit zu präsentieren. Nur während seines Studiums in Hannover hatte er einmal in aller Stille ein Märchenmotiv im Stile Moritz von Schwinds zustandegebracht, das sein Bruder Otto dann, allerdings ohne seine Zustimmung, in eine Ausstellung schmuggelte.

Da Busch jeden geistlosen Heldenrummel zutiefst verabscheute, besaß er auch kein Organ für die Historienmalerei, die damals auf Deutschlands Akademien en vogue war. Sein Herz gehörte nun einmal den Niederländern, und dabei blieb es dann auch bis zuletzt. Frans Hals und immer wieder Frans Hals war neben Adrian Brouwer, David Teniers und dem jungen Rembrandt sein malerisches Idol, an das er sich hielt, ohne es je zu erreichen. Der malerische Pomp der Gründerjahre besaß keinerlei Faszination für ihn. Er bleibt vielmehr der Welt der kleinen Leute verhaftet, die menschlich bedeutend mehr ausstrahlen. Selbst die asozialen unter ihnen reizen sein Malerauge ungemein. So kann man vieles, was er auf die Leinwand zaubert, als einen betonten Affront gegen die Großmannssucht der Gründerzeit verstehen. Aber auch die italienische Malerei hatte dem Niedersachsen nichts oder nur wenig zu sagen. Sie besaß für ihn ein bestenfalls museales Interesse.

Den Anschluß an den Impressionismus seiner Zeit schaffte Busch nicht mehr. Zwar gelangen ihm von 1880 an einige Landschaften, denen man eine gewisse expressionistische Ausdruckskraft nicht absprechen kann. Aber er hat diese verheißungsvolle Linie nicht weiter verfolgt. Immer wieder verfiel er der Genremalerei, in der er immer mehr die bräunlichen, ja sogar schwärzlichen Töne bevorzugte.

Die Märchenidyllik im Stile Moritz von Schwinds hatte Busch vergleichsweise schnell überwunden. Der Aufenthalt in Flandern vor allem hatte ihn auf die Realitäten des Lebens zurückverwiesen. Diese Wendung zum Konkreten hin entsprach so ganz dem Naturell dieses Norddeutschen. Je länger er sich als Maler betätigte, um so mehr war er versucht, das leere Pathos und die gestelzte Pose der Klassizisten und Neuromantiker zu entzaubern. Immer wo sich ihm Gelegenheit dazu bot, regte sich der Satiriker in ihm, wenn er dem zeitgenössischen anspruchsvollen und bombastischen Malstil begegnete. Über die verkitschte Malerei der Piloty und Makart hatte er zu Recht die volle Schale seines Spotts ausgeschüttet. Er wußte, warum er den alten Niederländern niemals abschwor: sie waren grundehrlich und täuschten sich und anderen keine Welt vor, die es in Wirklichkeit nicht gab.

Am ehesten hat sich Busch noch in gewissen Auftragsarbeiten von seiner volkhaft-derben Generallinie entfernt. Johanna Keßlers Porträt zum Beispiel strahlt in der Tat weiblichen Charme, aber auch eine gewisse Hoheit und frauliche Würde aus. So, hat man den Eindruck, hat er die Freundin seines Lebens gesehen und erlebt. Seinem Bruder Otto, den er im Profil malt, verleiht er das anspruchsvolle Air eines römischen Imperators. Diesmal gerät er in eine gewisse klassizistische Bewegungsstarre und Statuarik, die er sonst immer zu umgehen versucht. Aber so und nicht anders muß er die geistige Ausstrahlung seines gelehrten Bruders empfunden haben.

In seinen Selbstporträts ist er nie der Gefahr einer Stilisierung aus Selbstliebe erlegen. Auch hier blieb er auf dem Boden der nackten Wirklichkeit. Mit Vorliebe malt er daher auch die vom Leben gebeizten Gesichter von Menschen, aus deren Zügen er eine ganze Lebensgeschichte herauslesen kann.

Mit der gleichen Selbstverständlichkeit malte er die Arbeiter und Arbeiterinnen, die ihm in der Fabrik seines Wolfenbütteler Bruders als Modell zur Verfügung standen. Als Maler der High Society wie sein Freund Franz von Lenbach wäre Busch überhaupt nicht zu denken gewesen. Im Gegenteil: Er blieb als Genremaler der legitime Gestalter des profanen deutschen Alltags. Er verschönte grundsätzlich nichts und bevorzugte nicht von ungefähr die grauen, oft schmutzigen Farbtöne, die schonungslos die Realitäten des Lebens aufdeckten.

Es sagt auch einiges über Buschs Naturell aus, daß ihn immer wieder herbstliche Motive ansprachen. Auffallend auch, daß die Menschen, die seine Bilder bevölkern, oft einen geduckten, fast unfrohen Eindruck machen, als litten sie schwer an diesem Leben und trügen eine unsichtbare Last. Auch seine Skizzenbücher sind mit Gestalten angefüllt, die man versucht ist in die Kategorie der Beleidigten und Erniedrigten einzuordnen. Ihnen gehörte nun einmal ein wesentlicher Teil seines Herzens.

Im Grunde ist Busch, den alten Niederländern verfallen, am Anachronismus seiner Malerei gescheitert. So sehr er sich auch als Zeuge seiner Zeit verstand, der er wie wenige auf ihre Schliche gekommen war, so bekam er sie malerisch nie in den Griff. Für ihn war die Zeichnung das kompetente Kunstmittel, mit dem er alles aussprechen konnte, was ihm auf den Nägeln brannte. Mit ihr konnte er überzeugender als jeder andere seinen Protest gegen die Verfallserscheinungen seiner Zeit formulieren.

Als Busch im Herbst 1877 nach Abschluß seiner Arbeiten an seinem »Julchen« in München weilte, beschworen ihn seine Freunde, doch möglichst bei seinen Leisten zu bleiben, mit de-

nen er den Menschen in diesem Lande und anderswo soviel
»Pläsier« bereitete.

»Lenbach setzte mir von seinen modernen Farben auf die
Palette«, schrieb er damals an Johanna Keßler. »Ich blieb aber
hartnäckig bei meinem Oker und meiner Manier, stahl mir ein
paar katzenjämmerliche Morgenstunden, wo ich allein sein
konnte, und malte ein paar ungenierte Skizzen hin. Nun kam
erst der Gedon und sagte: Ja, das hab ich halt nicht gewußt;
Dann Seitz und Lossow und sagten: Ja, das ist ja, was die Dietz-
schule will. Und so fast einer nach dem andern bis zum Prinzen
Ludwig und Gemahlin. Das alles wäre natürlich sehr schön,
wenn ich nicht das peinlich – kümmerliche Gefühl hätte, daß
ohne ein stilles Plätzchen nichts Ordentliches für mich zu machen ist. Ich male wohl abends bei Lampenlicht nach der Natur; aber das hilft nicht viel. Hoffentlich findet sich ein Atelier,
was ich behalten kann, wenn ich auch nur den vierten Teil des
Jahres hier wäre.«

Erst nachdem sich Busch völlig von München gelöst hatte,
findet er wieder zu seinem individuellen Stil zurück. Da er die
Malerei ja nicht professionell betrieb und er wirtschaftlich unabhängig war, konnte er sich den feudalen Luxus erlauben, keinen modischen Trends hinterherzujagen, sondern ungestört
den eigenen Intentionen nachzugehen. Mit den modernen Epigonen hatte er nun einmal nichts im Sinn. Und wieder rühmte
er seine alten Freunde, die Niederländer, in einem Brief an
Johanna Keßler:

»Diese Herren von ehedem haben ihr Sach zur Vollendung
gebracht. Darum wollen wir's den Epigonen, wenn sie uns auch
erst mal stutzig machen, doch nicht verdenken, daß sie aparte
Wege einschlagen, um die Ellenbogen frei zu kriegen und sich
auch ihrerseits bemerklich zu machen, ohne stets mit dem großen Maßstabe gemessen zu werden, wobei sie immer zu kurz
kommen. Aparte Kerle werden auf diese Art was Erfreuliches
leisten können. Und dann überhaupt: Die Welt hat Fieber. Unruhig, wie der Fieberkranke, wirft sie sich von einer Seite auf
die andere, bis auch hier wieder der Kopf zu heiß wird. So

geht's in der Kunst, Politik, Wissenschaft und sonstigen Dingen; und so wird's wohl weitergehen, solange der Patient noch lebendig ist.«

Was also ist von den lebenslangen Bemühungen Buschs vor der Staffelei übriggeblieben? Was hat sich von seinen unzähligen Gemälden auf diesen Tag hinübergerettet? Theodor Heuss hat in einem Buch-Essay eine Antwort auf diese Frage zu geben versucht.

»Man kennt von ihm ein paar Bilder aus der griechischen Mythologie, viele Landschaften aus der heimischen Umgebung, manche von sehr wagender Farbigkeit, ungezählte Studien von Bäumen, Hügelbewegungen, daneben allerlei Tierzeug, auch Menschengruppen – ein Porträt, das man in die Nähe des Leibl-Kreises, des jungen Trübner, bevor dieser in seinem Künstlertum erstarrt, rücken würde.«

Busch stellt insofern ein Kuriosum dar, als es in der gesamten Kunstgeschichte wohl kaum je einen Maler gegeben hat, der es sich leisten konnte, nur für sich zu malen, ohne Welt und Nachwelt auch nur einen Blick auf seine Kunstwerke zu gestatten. An die Nachwelt verschwendete Busch schon ganz und gar keinen Gedanken. Man kann sogar den Verdacht nicht verdrängen, daß die Malerei für ihn eine vorwiegend therapeutische Funktion besaß. Auffallend jedenfalls, daß er sie fast monomanisch immer dann betrieb, wenn er nach enervierenden Arbeiten Entspannung suchte. Selten erhob er für eine seiner Malerarbeiten den Anspruch, fertig zu sein.

»Bilder, meine Tochter«, schrieb er einmal an seine Nichte Grete Meyer, »Bilder nennt man nur solche Malerei, die beanspruchen, fertig zu sein. Von den übrigen sagt man, es seien Studien, Skizzen oder Geschmier, wo nicht viel Ehre mit einzulegen ist, was man demnach vor den Augen der Leute gern zu verbergen sucht.«

Wenigstens das eine läßt sich vom Maler Busch mit Sicherheit behaupten: Er versuchte, jedem Gegenstand sein Geheimnis zu entlocken, wenn er sich an die Arbeit begab. »Jedes Ding, und wär es nur ein irdener Topf, besitzt eine Art von schlauer Verborgenheit«, hatte er herausgefunden, »die durch Fleiß, Lust, Talent überwunden wird. Es ist schwer, der Natur hinter die Schliche zu kommen.« Und weiter: »Ein brauner Krug mit einem Glanzlicht drauf ist mir bereits Idee. Geht dann so ein Ding durch ein originelles Menschenhaupt, so wird, der Teufel weiß, ein Bild daraus. Ich habe bei Teniers und Brouwer unglaubliche ›geistige‹ Töpfe gesehen.«

In der Überzeugung, kein Ding sähe so aus, wie es in Wirklichkeit ist, beschränkte sich Busch keineswegs auf die bloße Nachbildung des Objekts; er ließ viel eher der Phantasie freien Lauf. Was er für darstellenswert hält, ist nicht der äußerliche Natureindruck, sondern das Wesen, die »Seele«, der Dinge, der er intuitiv nachspürt.

Mit seiner Genremalerei lag Busch so ganz und gar nicht im Zeittrend der bildenden Kunst. Man hielt ihn für einen Epigonen wie so viele andere seiner Zeit- und Leidensgenossen. Als man daher nur wenige Monate nach seinem Tode in München eine Gedächtnisausstellung für den weithin unbekannten Maler Busch veranstaltete, der zu den populärsten Deutschen zählte, bestand sicher Grund, in helles Erstaunen über die Reichhaltigkeit und Vielschichtigkeit des Buschschen Nachlasses auszubrechen. Neue Erkenntnisse fielen bei dieser repräsentativen Gesamtschau seines malerischen Œuvres nicht ab. Anders verhielt es sich bei einem ähnlichen Versuch aus Anlaß des 100. Geburtstag des Meisters im Jahre 1932 in Hannover, als man wesentliche Kostproben seiner Gemälde der Öffentlichkeit vorlegte. Damals beschäftigte man sich bereits gezielter und ernsthafter mit dem Maler Busch, ohne daß man hätte sagen können, diese Jahrhundertausstellung hätte eine radikale Neubewertung seines malerischen Lebenswerkes eingeleitet.

Zeitweilig hat sich Busch auch, was nur wenig bekannt ist, als Bildhauer betätigt und dabei einiges Geschick entwickelt. In seinen Frankfurter Jahren hat er sich neben Porträtbüsten auch an einer Kleinplastik in rotem Terrakotta versucht, einem »Kellermeister mit Teufel«, die etwas vom verschmitzten Humor Buschs artikuliert. Immerhin löste diese Miniaturgestalt des selig-trunkenen Kellermeisters, dem ein neunmal gewitzterer Teufel hohnlachend im Nacken hockt, eine Aura gelöster Heiterkeit aus. Zu Buschs 100. Geburtstag hat die Staatliche Porzellanmanufaktur in Berlin das Vervielfältigungsrecht dieser einzigen erhaltenen Kleinplastik Buschs erworben. Natürlich wurde die Nachbildung nicht in rotem Terrakotta angefertigt, sondern in weißem Porzellan. Die sparsame Tönung brachte das betont Skizzenhafte dieser Plastik dann wirkungsvoll zum Ausdruck.

Vom Zeichner im Ruhestande, von dem man Jahr für Jahr neue schriftstellerische Attraktionen erwartete, profitierte nicht nur der Maler, sondern auch der Leser Busch. Seine intellektuelle Neugier verwies ihn mit den Jahren immer mehr auf eine Literatur, deren Bewältigung sich auch qualitativ auszahlte. Bücher hatte Busch zeit seines Lebens für seine verläßlichsten Begleiter gehalten. Dieser Eindruck verstärkte sich selbstredend in seinem Alter. Sie hatten gegenüber Menschen den unschätzbaren Vorzug, daß man sie sich selbst auswählen und auch wieder aus der Hand legen konnte, wenn sie einen zu langweilen anfingen, und man ihrer Gesellschaft überdrüssig war.

Busch war ehrlich genug, sich selbst und anderen einzugestehen, daß er sich selbst nicht immer der beste Umgang war. Ganz in diesem Sinne schrieb er am 21. Oktober 1885 an Kaulbach: »Mit sich selbst ist man nicht immer in der vornehmsten Gesellschaft. Die großen Geister, deren Körper zur Zeit noch die Ehre haben, sie zu beherbergen, wollen nicht stets in der schriftlichen Droschke herumrumpeln, um Visiten zu schneiden. Die Gefahr läge nahe, in angenehmer Fäulnis allmählich dahinzustumpfen, gäb's nicht liebenswürdige Tote, die, schon längst der irdischen Hülle entledigt und unabhängig von Eisenbahnbillets und Postmarken, allstündlich bereit sind, den Einsamen besuchend zu umschweben, zu belehren und auf den leisesten Wink sanft säuselnd wieder hinwegzuschwinden.«

Für einen engagierten Leser, der so hohe Anforderungen an

seine Lektüre stellte, wie Busch es tat, fiel die moderne Literatur von vornherein aus. Er gönne sich einfach nicht die Zeit zur geistigen Bewältigung der Epigonenliteratur und der Hervorbringungen des literarischen Naturalismus, der sich vorzugsweise mit der Gosse beschäftigte. Die klassische Literatur bot ihm hingegen ein in einem einzigen Leben kaum zu bewältigendes Arsenal des noch Lesbaren, dessen Kenntnis er sich möglichst in den ihm verbleibenden Jahren noch erobern wollte.

Wenn jemand Busch gelegentlich ein Werk der neuen Literatur dringend zur Lektüre ans Herz legte, so pflegte dieser lapidar die Gegenfrage zu stellen: »Kennen Sie eigentlich schon den Werther?« Er gab damit zu verstehen, daß jemand, der sich nicht gründlich in den literarischen Schätzen der Vergangenheit umgesehen hatte, eigentlich seine Zeit nicht damit verschwenden sollte, sich in der neuesten Literatur umzusehen, von denen es die Spatzen von den Dächern pfiffen, daß sich darunter nur wenig wirklich Lesenswertes befinden dürfte.

Auch war ihm das Leben offenbar viel zu kurz, sich intensiver mit der Tagespolitik zu beschäftigen. Lenbach, der ständig bei Bismarck im Sachsenwald Zugang hatte, wollte Busch immer gern einmal im Hause Bismarck einführen. Busch lehnte generell die Berührung mit der politischen Prominenz seiner Tage ab. Auch der von ihm hochverehrte Bismarck machte da keine Ausnahme.

»Er ging einmal spazieren in Kürassieruniform«, beschreibt er sein Verhältnis zum Reichsgründer. »Ein ganzer Haufe Bengels und Proleten war hinter ihm her. Als mich Lenbach dann einlud, mal mit nach Friedrichsruh zu fahren, hatte ich nicht die geringste Neigung dazu. Wer wird sich denn in solchen Zwang begeben, und wenn es noch so zwanglos und bummlig sein sollte, es gehört eine andere Natur dazu. Ich habe vor Bismarck eine außerordentlich hohe Achtung und Bewunderung; aber ich weiß ja so, was er getan hat. Dazu brauch ich ihn nicht zu sehen.«

Autobiographie

Als der Pariser Schriftsteller John Grand-Cateret im Sommer 1885 ein Buch über die Karikaturisten im deutschsprachigen Raum veröffentlichte, zeigte sich, daß hier ein überschwenglicher Busch-Enthusiast am Werke gewesen war. Ganze dreißig Seiten seines reich illustrierten Werks mit dem Titel »Les moeurs et la caricature en Allemagne, Austriche et Suisse« behandelten mit einer stupenden Detailkenntnis Deutschlands berühmtesten Karikaturisten, dem Grand-Cateret eine einmalige Erfindungsgabe und eine erstaunliche Fruchtbarkeit bescheinigte.

Busch hat nach Meinung dieses französischen Kunstkenners dem Genfer Illustrator Rodolphe Toepffer längst den Rang abgelaufen. Dieser hatte mit seinen Bildromanen ganze Generationen in helles Entzücken versetzt. Goethe zum Beispiel hatte sich schon an seinen Arbeiten ergötzt, und noch immer wurde er zumindest in Frankreich verehrt und gelesen. Immer noch konnte er jenseits des Rheins mit einem ihm treu ergebenen Publikum rechnen.

Bezeichnenderweise besagte der Name Rodolphe Toepffer dem Wiedensahler Meister überhaupt nichts. Es bestand also nicht der geringste Grund, ihn als Vorbild für Buschs Bildergeschichten zu reklamieren. Busch konnte ihm überhaupt nichts abgesehen haben. Toepffer bevorzugte nämlich eine geradezu homerische epische Breite, während Busch einen absoluten Lakonismus in seiner Kunst vertrat und sich als ein Meister in der Kunst des Weglassens mehr und mehr profilierte. Er galt vielen als der eigentliche Erfinder der Stenographie in der Kunst. Nicht nur seine Zeichnungen, sondern auch seine Knittelverse versuchte er stets auf die knappste Formel zu bringen.

Der Zeichner Busch war recht eigentlich bei niemandem in die Schule gegangen. Als Meister der Bildergeschichte war er ein Original, das ganz allein aus seinem Inneren schöpfte. Mit Recht konterte er daher allen Unterstellungen und Mutmaßungen sogenannter »Schnüffler«, die in seinem Werk nach Vorbildern fahndeten. Es gab sie in der Tat nicht.

Busch verhielt sich der Neuerscheinung Grand-Caterets gegenüber, in der er emphatisch gefeiert wurde, auffallend reserviert. Um so erstaunlicher, daß er kurz nach Erscheinen dieses französischen Werks erheblich aus der gewohnten Reserve hinaustrat, als ein Düsseldorfer Maler ihn um eine Unterredung bat. Dieser hatte nämlich nicht mehr oder weniger im Sinn, als eine ausführliche Monographie über Deutschlands wohl meistgelesenen Autor zu verfertigen. Er wollte ein wenig das Leben eines Mannes aufdecken, von dem niemand so recht wußte, wen man in ihm denn nun eigentlich vor sich hatte. Inzwischen lag nämlich wegen Buschs Reserviertheit gegenüber allem, was Öffentlichkeit hieß, die Vermutung nahe, es müßte sich bei ihm um einen rechten Sonderling handeln, der sich beizeiten vom Jahrmarkt der literarischen Eitelkeiten abgesetzt und sich in die dunkelste deutsche Provinz zurückgezogen hatte, um niemanden auch nur einen einzigen Einblick in sein Privatleben zu gestatten.

Seinen Düsseldorfer Biographen hatte Busch bereits flüchtig in München kennengelernt. Es handelte sich um Eduard Daelen, der keinen schlechten Eindruck auf Busch hinterlassen hatte. Auf dessen Anfrage wegen eines Treffens antwortete ihm Busch am 21. September 1885: »Ihren liebenswürdigen Brief, worin Sie mir mitteilen, daß Sie etwas über mich schreiben wollen, habe ich erhalten. Der Stoff, den Sie ausgesucht, scheint mir freilich gar nicht ersprießlich zu sein; aber ein erfindsamer Kopf kann ja einen Kürbis melonisieren oder aushöhlen und erleuchten, daß er nach was aussieht. Mit einer Verwendung von Illustrationen zu sotanem Zweck, wenn mein Verleger sie billigt, bin ich einverstanden. Für unsere Begegnung ist mir neutrales Gebiet das Liebste, und da Sie demnächst nach Hannover reisen, so bitte ich Sie freundlichst, mir dann zu schreiben, wo und wann Sie dort zu treffen sind.«

Mittlerweile hatte sich herausgestellt, daß Daelen vor allem daran gelegen war, Busch als einen prominenten Verbündeten in seinem Kampf gegen die Ultramontanen zu gewinnen. Er konnte sich dabei natürlich auf die antiklerikalen Bildergeschichten Buschs berufen, die an polemischer Schärfe nichts zu wünschen übrig ließen. Mit einem so treffsicheren Satiriker als Sekundanten, den dazu bereits jeder Klippschüler in Deutschland kannte und schätzte, konnte man natürlich Eindruck schinden, wenn man sich in die Arena des immer noch nicht abgeklungenen Kulturkampfes wagte.

Busch wandte bei seiner Begegnung mit Daelen auf dem Bahnhof in Hannover all seine Überredungskünste an, um seinen Biographen von seiner Person abzulenken und dessen Buchprojekt mehr eine Wendung ins Allgemeine zu verleihen. Ihm schwebte dabei so etwas wie eine Phänomenologie des Grotesken vor.

Mit diesem Ablenkungsmanöver hatte Busch jedoch keinen Erfolg. Der martialische Düsseldorfer Kulturkämpfer war nun einmal vor allem an dem Katholikenfresser Busch gelegen. Daher beschwor dieser Daelen in einem Brief vom 16. Dezember 1886 noch einmal mit allem Nachdruck:

»Nur zu gern betrachtet man den neckischen Zwist betriebsamer Wünsche mit dem, was nicht so will; denn da man das Spiel durchschaut, daß Verdruß und Ungeschick bei andern sind, so fühlt man sich derweil an Leib und Seele so angenehm gedockt, daß man lachen muß. Zuweilen, doch nicht so herzlich, lacht man über sich selber, sofern man sich mal bei einer mäßigen Dummheit erwischt, indem man sich nun sogar noch gescheiter vorkommt als man selbst.«

Aber selbst dergleichen Stichworte zu einer Theorie des Lachens, die Busch seinem Biographen zukommen ließ, um ihn von seinem ursprünglichen Vorhaben abzulenken, schienen Daelen wenig zu beeindrucken. Er hatte sich nun einmal in den Kopf gesetzt, einen kämpferischen Beitrag zum Kulturkampf

abzuliefern. Busch sollte zu diesem Zweck seinen Kopf hinhal-
ten.

Inzwischen war Busch zu Ohren gekommen, daß Daelens
Projekt in Münchner Künstlerkreisen bereits einige Furore erregt hatte. Er ließ sich dadurch aber kaum aus der Ruhe bringen. »Wohl all die Leutchen, welche eine bedenkliche Leichtigkeit in sich verspüren, haben die verzeihliche Neigung, durch
allerlei kleine Handgriffe ihre Waagschale in ein wohltuendes
Gleichgewicht zu bringen«, schrieb er an seinen Informanten
Levi. »Es gibt auch Leute, die als Lügenwebemeister ein so
altes, festgegründetes Geschäft besitzen, daß es nicht zu ruinie-
ren ist. Im Grunde genommen haben diese Verdünnerungen
etwas Schmeichelhaftes an sich. Vielleicht ist das Porträt, was
Du dagegen von mir aufgerissen, auch viel zu glatt, und falls
ich's selber mit mir selbst vergleichen könnte, müßt ich unbedingt hie und da eine tiefe Falte hineinkorrigieren. Jedenfalls
freue ich mich und bin Dir dankbar, wenn Du mir so gut bist wie
ich Dir. Im übrigen laß uns guten Muts die Herren Bekannten
so verbrauchen, wie sie sind.«

Busch konnte das sich bereits anbahnende Unheil nicht mehr
aufhalten. Am 26. Januar klagt er Levi die Kalamitäten, die
ihm sein Biograph bereitet, auf den er sich da eingelassen hat,
»Als Herr Daelen mir schrieb, was er vorhätte, riet ich ihm ab«,
heißt es da. »Als er dabei verharrte, macht ich gute Miene zum
bösen Spiel. Dann sucht ich ihn persönlich zu veranlassen, weniger die Person als die Sachen zu besichtigen und weiterhin zu
untersuchen und deutlich zu machen, wann und warum man
lacht.«

Das Schicksal nahm jedoch unerbittlich seinen Lauf. Im Mai
lag Daelens Schrift bereits gedruckt vor. Sie war unter dem
fragwürdigen Titel »Über Wilhelm Busch und seine Bedeutung. Eine lustige Streitschrift. Mit bisher ungedruckten Dich-
tungen, Illustrationen und Briefen von W. Busch« erschienen.

Die Peinlichkeit dieses Geistesprodukts ließ sich auf die
Dauer nicht verheimlichen. Eduard Daelen hatte die Ge-
schmacklosigkeit besessen, Busch mit allen nur erdenklichen

Superlativen herauszustreichen. »Glühend wie ein junger Krieger, der ein Palladium zu verteidigen hat, damit es nicht von rohen Händen entwürdigt, nein, von der ganzen Welt als etwas Heiliges verehrt werde«, heißt es da etwa in einem schwer erträglichen Sprachschwulst in bezug auf Busch.

An anderer Stelle fabelt Daelen nicht weniger kitschig drauflos: »Am 15. April 1832 wurde den Eltern als erster ein kräftiger, urgesunder Knabe geboren, der, als er das Licht der Welt erblickte, ein so verschmitztes Gesicht aufsetzte, daß sein Elternpaar in ein helles Freudengelächter ausbrach. Ein rechter Schelm! lachte auch der mit einer vergnügten Miene dreinschauende Mond, und die aus langem Winterschlaf zu heiterem Frühling erwachende Erde schmunzelte beifällig: ›Na, mit dem werden wir manchen Scherz erleben!‹«

Dieser flapsige Stil stellte die Seriosität dieser Monographie von vornherein in Frage. Auch hatte sich Eduard Daelen nicht verkneifen können, seinen Lesern den unerträglichen Künstlerklatsch über Busch aufzutischen. Vor allem sein Verhältnis zu der Frankfurter Bankiersfrau hatte er höchst indiskret angedeutet und damit den Eindruck erweckt, bei Busch handele es sich um einen Don Juan, der er eben doch so ganz und gar nicht war.

Wilhelm Busch sah sich durch diese Broschüre auf einen Podest gehievt, der ihm nicht zukam und auf dem er sich totunglücklich fühlen mußte. Gleichwohl rang er sich einen Dankesbrief an Daelen ab.

»Sie haben sich in Ihrem Büchlein mit so viel Mut und Wohlwollen meiner angenommen«, heißt es da, »daß ich Ihnen meinen verbindlichsten Dank dafür aussprechen muß, wenn ich auch, wie Sie schon vermutet, natürlich nicht ganz damit einverstanden bin...

Der scharfe, leidenschaftliche Ton, den Sie, besonders auch zum Schluß gegen die Ultramontanen anschlagen, stimmt, ob ich gleich kein Freund derselben, doch nicht zu meiner gelinden Gemütsverfassung... Übrigens ist Ihr Büchlein, wie in frischem Anlauf begonnen, so mit andauernder Lebendigkeit zu

Ende geführt. Hoffentlich haben Sie den gewünschten Erfolg damit. Nur fürchte ich eins: Da das Lob, welches Sie erteilen, schon dem Belobten viel zu groß erscheint (und der Mensch kann in dieser Hinsicht doch einen gehörigen Puff vertragen), so wird es andern Leuten erst recht so vorkommen.«

Busch kündigte seinem seltsamen Biographen, der ihm mehr geschadet als genutzt hatte, trotzdem sein Wohlwollen nicht auf. Als dieser ihn dann im August 1886 bat, ein von ihm geplantes neues Buch ihm zueignen zu dürfen, zeigte sich Busch abermals von seiner konziliantesten Seite und erteilte seine Einwilligung.

»Geehrter Herr Daelen«, teilte er ihm in einem Schreiben vom 24. August mit, »es freut mich, daß Sie Ihre neue Schöpfung mir widmen wollen und nehme ich mit bestem Dank Ihr freundliches Anerbieten entgegen. Seltsam berührt es mich, daß Sie mich zu einem Rufer im Streit machen wollen. Dazu habe ich wohl nie das Zeug gehabt, und heute erst recht muß ich diese Ehre dankend ablehnen. Mag sein, daß ich nur den Augenblick verpaßt habe. Aber Sie haben jüngere Schultern als ich und breitere, also sind Sie dazu vermutlich berufener. Ich überlasse Ihnen gerne das Amt und wünsche Ihnen besten Erfolg dazu.«

Seine wirkliche Meinung über Daelens fragwürdiges Elaborat sprach er unverblümt in einem Brief an Kaulbach aus. »Die Broschüre von Daelen hat mich nur mäßig erfreut«, läßt er seinen Freund wissen. »Für sein schwungvolles Wohlwollen hab ich ihm natürlich meinen Dank ausgesprochen, meine Zustimmung im übrigen abgelehnt.« Busch hoffte nur, dieses Buch, in dem es von Flüchtigkeiten, Unrichtigkeiten und Taktlosigkeiten nur so wimmelte, würde recht bald wieder vergessen sein.

Daelen, der ihm unterstellt hatte, er habe eine Italienreise angetreten, um den Ultramontanismus und die Heuchelei der Pfaffen vor Ort zu studieren und sich zu einer neuen Satire ermuntern zu lassen, bekam allerdings noch folgende Richtigstellung von Busch zu hören: »Ich bin nicht als Satiriker nach

Italien gegangen, lebte dort auch in einer solchen Traum- und Wunderwelt, daß mir sämtliche Pfaffen höchst gleichgültig waren.«

Immerhin hatte Daelens Publikation wenigstens den einen Vorzug, daß man sich bei uns zulande für die Person Buschs immer mehr zu interessieren begann. In der Frankfurter Zeitung zum Beispiel erschien aus der Feder des Literaturhistorikers Johannes Proelß im September eine ausführliche Besprechung über die »Lustige Streitschrift«.

Proelß gab sich alle erdenkliche Mühe, die Mythenbildung, um die Daelen sich mit höchst unvollkommenen Mitteln bemüht hatte, zu zerstören und Busch wieder auf diese Erde herunterzuholen. An Bürgers bekannte Ballade »Leonore« anknüpfend, stellte er die rhetorische Frage: »Bist untreu, Wilhelm, oder tot?«, um dann zu bestätigen, daß Busch trotz seiner zurückgezogenen Lebensweise noch unter den Lebenden weilte. Auch befreite er ihn von der unerträglichen Aura eines leidenschaftlichen Kulturkämpfers. Um so intensiver befaßte er sich jedoch mit dem Humoristen Busch.

»Es ist gewiß wahr, daß den Schnurren und Schwänken Buschs eine höhere künstlerische und auch epische Bedeutung innewohnt, als man bei oberflächlicher Beurteilung meist anzunehmen geneigt ist; aber gerade Busch hat sich einer tiefer urteilenden Anerkennung vor vielen anderen Vertretern der Komik längst zu erfreuen gehabt«, stellte Proelß fest.

Der Beitrag des Literaturhistorikers endet mit dem Wunsch: »Buschs urwüchsiges, echt volkstümliches Talent möge nicht verloren gehen, ehe er eine Aufgabe gelöst, für die er ganz allein geradezu berufen ist: die humoristischen unter den deutschen Volksmärchen in einer Weise zu illustrieren, die den Goldschatz an komischer Szenerie, der in ihnen verborgen und noch ungeborgen ruht, zu aller Deutschen dauernder Freude ans Licht fördert. Was für Bilder könnte Busch zu den Märchen von den Bremer Stadtmusikanten, vom Froschkönig, von dem, der auszog, das Gruseln zu lernen, vom Däumling, vom tapferen Schneiderlein und wie sie alle heißen, liefern, wenn er sie auf einfach-drastische Weise, wie er es ähnlich in den Bildern der ›Jobsiade‹ getan, auf dies Stoffgebiet übertrüge.«

Busch wandte sich nach Einsicht in diesen Beitrag an die Frankfurter Zeitung mit der Bitte, ihm den Namen des anonymen Autors zu übermitteln. Gleich anschließend schrieb er an Proelß, der die Frage nach seinen Vorbildern gestellt hatte: »Ich verkehre allerdings viel mit unterhaltlichen Toten, aber in sogenannte alte Schriften habe ich mich nie vertieft. Die älteren deutschen Humoristen sind mir jetzt noch so gut wie unbekannt. Den wonnigen Don Quichote lernt ich erst vor einem Jahr ganz kennen, und sollt ich geschwind noch eins der Bücher nennen, die mich so recht von Herzen ergötzt haben, so würd ich vielleicht Pickwick sagen.«

Auch den Anspielungen von Proelß, die sich auf die Ausbeutung Buschs durch seinen ersten Verleger Caspar Braun bezogen, versuchte er die Spitze zu nehmen, indem er schrieb: »Daß ich an ›Max und Moritz‹ meinen reichlichen Anteil gehabt, läßt sich kaum sagen. Sie wurden nach dem selben Maßstab von ungefähr drei Gulden bezahlt, den der alte Braun für meine früheren Zeichnungen selbst bestimmt hatte. Ein kleines nachträgliches Extrahonorar wurde mir für die Sammelwerke überwiesen wie ›Kunterbunt‹, ›Schnaken und Schnurren‹, deren Titel gleichfalls von mir sind. Ob nun die Verleger recht oder unrecht gehabt, jedenfalls haben sie Reklame für mich gemacht. Längst seh ich die Sache gelind und heiter an, und eine Erörterung meines Verhältnisses zum alten Caspar Braun in der Öffentlichkeit ist mir stets unerwünscht und peinlich gewesen.

Obschon der alte Knabe meine Adresse nicht wußte, als einst andere Verleger danach fragten, obschon er in den sechziger Jahren, in einem Artikel über sich und seine Mitarbeiter, den Grafen Pocci mit einer Zeichnung ausstattete, die von mir war, obschon er mir, trotz spärlichen Honorars, auch noch das Manuskript mit den Originalen zu ›Max und Moritz‹ abbettelte – könnte er jetzt und, wo er auch sei, zu mir herauf- oder heruntersteigen, ich gäb ihm lächelnd die Hand, falls das bei einem Geist überhaupt rätlich ist.«

Bei allen Abstrichen, die gegen die Leistung des ersten Busch-Biographen angebracht sind, hatte Daelen doch das unstreitbare Verdienst, Busch zu seinen kurzgefaßten autobiographischen Aufzeichnungen angeregt zu haben. Damit raffte sich Busch noch einmal zu einigen Prosaarbeiten auf, die ganz allgemein zum Besten gehörten, was er hinterlassen hat.

Die Verzeichnungen und Fehlinterpretationen, die auf Daelens Konto entfielen, veranlaßten Busch, nun doch einmal seine Vorsätze fahren zu lassen und aus seiner Reserve hervorzutreten. Ohne diese »Richtigstellungen«, die ihm offenbar ungemein am Herzen lagen, würde man heute in Hinblick auf einzelne Etappen in Buschs Leben doch noch sehr im dunkeln tappen. Endlich hatte er einmal, worauf viele seiner begeisterten Leser schon lange gewartet und gehofft hatten, aus aktuellem Anlaß die Gelegenheit beim Schopfe gefaßt, um das auszusprechen, worauf er Wert legte, daß die literarische Öffentlichkeit von seinem Leben erführe.

Bereits am 1. Oktober 1886 erschien in der Frankfurter Zeitung seine selbstbiographische Skizze »Was mich betrifft«. An dieser Stelle ringt sich Busch zum ersten Mal dazu durch, den Schleier, der bisher über gewisse Details seines Lebens bis zum 26. Lebensjahr gelegen hatte, mit der notwendigen Dezenz zu lüften. Es widerstrebte ihm nämlich, daß sich bestimmte falsche Ansichten über seine Person im öffentlichen Bewußtsein festsetzten. Andererseits hütete er sich aber nach wie vor, sein Leben allzu konkret vor neugierigen Blicken auszubreiten. Natürlich verfremdet er die einzelnen Fakten ein wenig. Seine Kindheit wird leicht idyllisiert, und vielen Ereignissen verleiht er durchschlagende komische Züge. An einem geschlossenen Lebensbild war ihm natürlich nicht gelegen. Er war nur bereit, Details preiszugeben, wenn er sie für seine innere Entwicklung als wesentlich ansah.

Irgendwelche Indiskretionen oder Sensationen waren also von diesem Autobiographen nicht zu erwarten. Da er nach wie vor nichts mehr wünschte, als von »Schnüfflern« in Ruhe gelassen zu werden, um sein anonymes Leben ungestört fortsetzen zu können, legte er den Lesern dringend ans Herz, seine Person um Gottes willen nur nicht zu wichtig zu nehmen und sich mehr für seine Bücher zu interessieren. Er wußte nur zu gut, daß sein äußeres Leben künftigen Biographen wohl kaum Stoff für aktionsreiche Lebensbilder bieten würde.

Der zweite Teil von »Was mich betrifft« erschien am 2. Dezember 1886 in der gleichen Zeitung. In den schwer zu entschlüsselnden Sätzen dieses Beitrags erfährt man überhaupt keine konkreten Fakten aus Buschs Leben. Im Grunde handelt es sich bei diesem ausgefallenen Stück Prosa um lose aneinander gereihte Szenen aus dem Leben, wie es sich vor dem durchdringenden Blick Buschs nun einmal abzuspielen pflegte. Er wollte die Leute wissen lassen, wie kurios doch eigentlich das Leben ist, wenn man sich schon einmal die Muße nimmt, Rückschau auf die Jahre zu halten, die man mit einigem Anstand hinter sich gebracht hatte. Er stößt sozusagen viele Türen auf, um aus den Polterkammern seiner Erinnerungen einige Stichproben auszuwählen. Bei diesen Exkursionen in die Vergangenheit erfährt man über den Menschen Busch so gut wie nichts, wohl aber einiges über den Künstler, der nun auf dem besten Wege ist, sich auch als Prosaist einige Meriten zu erwerben.

Der Humorist Busch tritt nun ganz hinter dem Realisten zurück, der das Leben in diesem makabren Stück Prosa schildern möchte, wie es wirklich ist. Selbst auf das vermeintliche Idyll der Jugend fallen erhebliche Schatten, wenn er schreibt: »Es ist noch die gute alte Zeit, wo man den kranken Handwerksburschen über die Dorfgrenze schiebt und sanft in den Chausseegraben legt, damit er ungeniert sterben kann, obwohl der unbemittelte Tote immerhin von rechtswegen noch einen positiven Wert hat; unter anderm für den Fuhrmann, der ihn zur Anatomie bringt. Und da wir nun schon bei der Anstalt angelangt sind, wo man die toten Leute kaputtschneidet, kann gleich das arme, schamhafte Puckelriekchen vorgestellt werden, das schließlich doch nicht zu dem recht gemütlichen Fest gelangt, das sie sich ›drei Tage nach ihrem Tode‹ zu bereiten gedachte.«

Was um Gottes willen sollten Buschs Leser damals von einer Prosa denken, die scheinbar einzelne Sätze wahllos hintereinander aufreihte? War es in der Tat so, daß dieser Busch bereits die Tricks des literarischen Surrealismus vorwegnahm?

»Wer grad in ein Ballett vertieft ist, wer eben seinen Namenstag mit Champagner feiert, wer zufällig seine eigenen Gedichte liest, wer Skat spielt oder Tarock, dem ist freilich geholfen.

Leider stehen diese mit Recht beliebten Mittel temporärer Erlösung nicht immer jedem zur Verfügung. Oft muß man schon froh sein, wenn nur einer, der Wind machen kann, mal einen kleinen philosophischen Drachen steigen läßt, geklebt aus altem Papier. Man wirft sein Bündel ab, den Wanderstab daneben, zieht den heißen Überrock des Daseins aus, setzt sich auf den Maulwurfshügel allerschärfster Betrachtung und schaut dem langgeschwänzten Dinge nach, wie's mehr und mehr nach oben strebt, sodann ein Weilchen in hoher Luft sein stolzes Wesen treibt, bis die Schnur sich verkürzt, bis es tiefer und tiefer sinkt, um schließlich matt und flach aufs dürre Stoppelfeld sich hinzulegen, von dem es aufgeflogen.«

Der Leser folgt ein wenig unschlüssig und benommen den Buschschen Bilder- und Gedankenschnörkeln, die den Begriff der Erinnerung umkreisen: »Wenigstens, was mich betrifft, so mag nur einer kommen und mir beweisen, daß die Zeit und die und das bloß ideal ist, ein angeerbtes Kopfübel, hartnäckig, unkurabel, bis der letzte Schädel ausgebrummt; er soll mich nur aufs Eis führen, seine blanken Schlittschuhe anschnallen, auf der gefrorenen Fläche seine sinnreichen Zahlen und Schnörkel beschreiben; ich will ihn gespannt begleiten, ich will ihm dankbar sein; nur darf es nicht gar so kühl werden, daß mir die Nase friert, sonst drücke ich mich lieber hinter irgendeinen greifbaren Ofen, wär es auch nur ein ganz bescheidener von schlichten Kacheln, bei dem man sich ein bissel wärmen kann.«

Offenbar wollte der zum deutschen Freudenbringer avancierte Busch seinen Lesern doch noch zu guter Letzt eine Lektion in Realismus erteilen. Deshalb läßt er seinen Traktat in ein paar herzhaften Ratschlägen ausklingen: »Liebst du herz- und sonnenwarme Prosa, lies Werther. – Suchst du unverwelklichen Scherz, der wohl dauern wird, solange noch eine sinnende Stirn über einem lachenden Munde sitzt, begleite den Ritter von der Mancha auf seinen ruhmreichen Fahrten. – Willst du in einem ganzen Spiegel sehn, nicht einer Scherbe, wie Menschen jeder Sorte sich lieben, necken, raufen, bis jeder sein ordnungsmäßiges Teil gekriegt, schlag Shakespeare auf. – Trägst du Verlangen nach entzückend mutiger Farbenlust, stelle dich vor das Flügelbild Peterpauls in der Scheldestadt und laß dich anglänzen von der jungfräulichen Mutter mit dem Kinde. – Und ist dir auch das noch nicht hinreichend, so zieh meinetwegen an den Arno, wo eine gedeckte Brücke zwei wundersame Welten der Kunst verbindet.«

Nach dieser vorläufigen Zwischenbilanz seines Lebens lagen noch mehr als zwei Jahrzehnte vor Busch, in denen er sich der unverwüstlichen geistigen Schätze der Menschheit bemächtigen wird, zu denen er sich in seinen autobiographischen Aufzeichnungen so emphatisch bekannt hat. Sie geben ihm seinen oft zu Recht erschütterten Glauben an diese Menschheit zurück. An ihnen kann er sich immer wieder aus Phasen der Depression aufrichten.

Während die Wogen um Daelens Monographie noch hochschlugen, rang sich Wilhelm Busch endlich dazu durch, den wiederholten Einladungen Lenbachs, ihn in Rom zu besuchen, zu folgen. Im April 1886 setzte er sich in den Süden in Bewegung. Er hatte schwer gegen seine Aversion Auslandsreisen gegenüber zu kämpfen gehabt. Natürlich wurde er von dem großen Porträtisten geradezu fürstlich in dessen Palazzo empfangen. Aber bereits Venedig hatte Busch als eine »Mistkuhle« empfunden, und in Florenz hatte er recht eigentlich schon die »Tute« gestrichen voll.

Überhaupt stand diese Italienreise unter keinem guten Stern. Rom zeigte sich bei Regen und Kälte von seiner schlechtesten Seite. Auch daß sich die große Welt bei Lenbach traf, imponierte ihm wenig. Ein Gesellschaftslöwe war er ohnedies nie gewesen. Ein Glück nur, daß ein alter Frankfurter Bekannter, Alexander Günther, ihm als Cicerone durch die Ruinen Roms zur Verfügung stand. Aber offenbar war er in eine Welt geraten, mit der ihn nichts verband und die ihm beängstigend exotisch erschien. Aber er war wieder einmal um eine Erfahrung reicher geworden.

»Ich war auf meine alten Tage noch mal tiefer in Italien hinein«, schüttete er Marie Hesse sein Herz aus. »Aber schon in Florenz hatte ich so überwältigend viel gesehen, daß ich Lust hatte, wieder umzukehren, hätt ich nicht Lenbach versprochen, ihn in Rom zu besuchen. Hier wohnte ich dann aufs Fürstlichste im Palazzo Borghese, wo sich im ersten Stock ein hübscher Garten mit Lorbeergängen und Fontänen befindet. Es war sehr kaltes und regnerisches Wetter, und wenn ich in Florenz eine Unmasse von Bildern in den Erinnerungskasten gepackt hatte, so wurde nun hier auch noch eine Last von alten Steinen dazugeworfen. Herrlich, aber zu viel!«

Am 24. April hatte ihn nach diesem Abstecher in ein ihm völlig fremdes Land der heimische Boden wieder. »Samstagnachmittag betrat ich wieder die heimatliche Hütte, stolz und entzückt, nach diesem rauhen Rom, über den sonnigen Frühling und das milde Klima meines geliebten Vaterlandes«, bekam Lenbach von dem glücklichen Heimkehrer zu hören.

Im heimischen Wiedensahl konnte er endlich wieder seinen eigenen Ideen nachhängen. Hier konnte er den Blick über die endlose Ebene bis zum Horizont schweifen lassen, wo Erde und Himmel sich berührten, und den bizarren Wolken nachträumen, die der Wind vor sich herjagte. Dies war geradezu eine Ideallandschaft für einen Deutschen, der es nicht lassen konnte, seine Gedanken immer wieder auf die Reise zu schikken und sie bis an die »Grenzen des Unfaßbaren« und womöglich noch darüber hinaus schweifen zu lassen. In diesem Land der oft so kauzigen und verstiegenen Individualisten konnte jeder seiner Passion nachgehen, »in der Gehirnkammer Mäuse zu fangen, wo es gar so viele Schlupflöcher gibt«.

Busch hatte trotz seiner »Reisefeigheit« gegen Besuche bei

Verwandten im näheren Umkreis überhaupt nichts einzuwenden. Er ließ sich zu diesem Zwecke, wie man weiß, immer wieder gern aus seinem Dachsbau herauslocken. Wenn er die deutschen Grenzen überschritt, so handelte es sich durchweg um Kunstreisen. Immer wieder fuhr er einmal in die nahegelegenen Niederlande, um sich von der Wertbeständigkeit der dortigen Maler zu überzeugen, die ihm so sehr ans Herz gewachsen waren. Aber einen »unruhvollen Wandersinn«, über den er sich so gern mokierte, besaß er nun wirklich nicht. Dementsprechend gab er sich auch nicht die geringste Mühe, seine peinlich fragmentarischen geographischen Kenntnisse auf dem Laufenden zu halten oder sie zu erweitern. Er pflegte sich nun einmal in allem und jedem an das Nächstliegende zu halten.

In seinem »Plisch und Plum« hatte er die Karikatur eines Menschen abgeliefert, der durch die ganze Welt jagt, weil ihn jeder Ort auf diesem Erdball bereits in dem Augenblick, in dem er ihn erreicht hatte, schon wieder zu langweilen begann. Er hatte sich einen englischen Mister Pief ausgedacht, der mit einem voluminösen Fernrohr ausgestattet war, dessen er sich immer dann bediente, wenn er in eine neue Gegend verschlagen wurde, um nicht die höchst profane nähere Umgebung in sein Bewußtsein aufnehmen zu müssen. Diesem englischen Globetrotter legte Busch die vielsagenden und zutreffenden Worte in den Mund:

»Warum soll ich nicht beim Gehen,
Spricht er, in die Ferne sehen?
Schön ist es auch anderswo,
Und hier bin ich sowieso.«

Worauf es ihm bei der Auswahl seiner Domizile vor allem ankam, hat er selbst in die rhetorische Frage gehüllt: »Wer wär nicht da am liebsten, wo er ungefähr denken kann, was er mag?« Das war natürlich in Wiedensahl ohne alle Einschränkungen der Fall. Hier war der richtige Ort, an dem er ungestört Gedanken zu Ende spinnen konnte, ohne daß ihm jemand bei seinem Denkvorgang unstatthaft in die Kandare fuhr. Hier am heimischen Herd konnte er auch seinen anderen mehr oder weniger noblen Passionen nachgehen. Keine Macht der Welt übte hier einen unheiligen Zwang auf ihn aus. Nur wenn ihn die Reiselust wieder einmal packte, fuhr er mit seinem Reiseköfferchen nach Ebergötzen, Lüthorst, Celle oder Wolfenbüttel. Ansonsten jedoch »hockt der Kerl in seinem Winkel und sieht leidlich zufrieden aus«, äußerte er sich mit sichtlichem Wohlbehagen Kaulbach gegenüber. »›Er tut's aus Grundsatz‹, sagt der eine. ›Er tut's aus Not‹, ein zweiter. ›Er tut's aus Neigung‹, ein dritter. Der erste belacht, der zweite bedauert, der dritte verachtet ihn. Lachen, Bedauern, Verachten sind, nach der Wurzel zu, intime Verwandte, gemeinsam erzeugt von dem wohltuenden Gefühl der Überlegenheit.«

Im Dreikaiserjahr 1888 unternimmt Busch Ende August eine Reise mit Franz von Lenbach und dessen Frau zu den Museen nach Den Haag und Antwerpen. Nur ein wenig später trifft er sich mit Hermann Levi in Northeim, um dann gemeinsam in Kassel die Galerie zu besichtigen. Anschießend trifft er Freund Hanfstaengl in Hannover. Der November sieht ihn wieder in Ebergötzen und Hattorf.

Den Einbruch des Winters erlebt er in diesem Ort am Harz. Lenbach berichtet er darüber: »Am Harz bin ich gewesen, neulich, als viel Schnee in Wirbeln herunterwehte und das Dörflein verhüllte, wo ich mich aufhielt. Er war grausamgemütlich. Man fühlte sich so weich und sauber verpackt, wie eine Pflaume im Auflauf. Der Schlummer sanft und erklecklich. Zureisende Skrupel vermutlich irgendwo eingeschneit.«

Seine autobiographischen Aufzeichnungen beschäftigten Busch immer wieder in der Muße seiner »Ruhestandsjahre«. Als Emil Franzos ihm 1888 ein paar Skizzen aus seinem Leben abjagen will, um sie in einer Zeitschrift »Deutsche Dichtung« zu publizieren, kriegt er einen Korb. Busch aber nimmt diese Gelegenheit wahr, um in seinem Antwortschreiben einmal kurz, wie es seine Art ist, seine Gedanken zum Thema Biographie zu übermitteln.

»Erst neulich, als ich etwas genauer zusah, wurde mir's ganz klar, welche Schwierigkeit ein Lebensbild oder auch ein Stück davon macht, wenn's so werden soll, wie's sein sollte, das heißt, richtig. Daß einem nichts Absonderliches passiert ist, wie zum Beispiel mir, das wäre gar nicht so anstößig; auch der allergewöhnlichste Gegenstand in Licht und Gegenlicht, die zur Deutlichkeit so hochnotwendigen Reflexe – da liegt's. Selbst Scharfsinn und Aufrichtigkeit, nach innen und außen, zureichend vorausgesetzt, kann ich mich jetzt, wie ich nun einmal geworden bin, nicht mehr für berechtigt halten, die vielen Menschen, ich ich liebe, oder gar die wenigen, welche ich ehemals haßte, so mir nichts dir nichts vors Licht zu holen, um mich selbst ins Klare zu setzen.«

Was er über seine Person auszusagen wünschte, hatte er bereits in seiner Kurzbiographie ausgesprochen. Es gab da für ihn absolut nichts mehr hinzuzufügen, ohne nicht ins allzu Intime abzugleiten. Im Gegenteil hatte er je länger je mehr das Bedürfnis, manche allzu persönlich geratenen Details seiner früheren Aufzeichnungen abzuschwächen oder sogar ganz zu streichen. Für die Jubiläumsausgabe der »Frommen Helene« machte er sich daher im Jahre 1893 noch einmal an die Arbeit, um Bassermann auf dessen Wunsch eine Fassung von ihnen vorzulegen, in der er in diesem Sinne einiges geändert hatte und der er den Titel »Von mir über mich« verlieh.

Vor allem hatte er allerlei Fakten gelöscht, die irgendwelche Rückschlüsse auf Menschen seiner Umgebung, die noch lebten, zuließen. So verzichtete er auch darauf, vom Tode seiner Schwester zu reden, und ebenso unterschlug er das methusalemische Alter seines Lüthorster Onkels.

Als ihm nach Abschluß dieser Korrekturen die Streichungen immer noch nicht als ausreichend erschienen, um dem Kombinationsvermögen von »Schnüfflern« einen Riegel vorzuschieben, machte er sich noch einmal an die Arbeit und redigierte diese zweite Fassung. Diese letzte Version schickte er im Januar 1894 an Bassermann mit der Bitte, bei künftigen Anlässen diese als Unterlage zu verwenden.

»Sollte es wünschenswert sein«, hatte er der Sendung hinzugefügt, »einem meiner Bücher eine Biographie beizugeben, so soll dies Manuskript benutzt werden, ohne irgendwelche Veränderung. Ein Wiederabdruck des ›Von mir über mich‹ der Jubiläumsausgabe der ›Helene‹ soll dagegen nicht stattfinden. Es wurde mir zugeweht, daß doch vielleicht etwas zu viel Wörtliches aus dem ›Was mich betrifft‹ herübergenommen sei. Auch möcht ich nicht, daß die Charakteristik meines Vaters, die von einem Zeitungsschreiber falsch gedeutet ist, wiederholt werde.«

Wie aber lautete das letzte autobiographische Wort des Realisten Busch, den man irrtümlicherweise für einen ausgemachten Pessimisten hielt? »So stehe ich denn tief unten an der Schattenseite des Berges. Aber ich bin nicht grämlich geworden; sondern wohlgemut, halb schmunzelnd, halb gerührt, höre ich das fröhliche Lachen von anderseits her, wo die Jugend im Sonnenschein nachrückt und hoffnungsfreudig nach oben strebt.«

Die Prosawerke

Mit dem Erscheinen seines »Malers Klecksel« im Jahre 1884 hatte sich der 54jährige Wilhelm Busch offenbar für immer von seiner Gemeinde verabschiedet. Man war daher geradezu verblüfft, als sieben Jahre später wieder eine Neuerscheinung aus seiner Feder in den deutschen Buchhandlungen auslag. Viele hatten bereits gemutmaßt, er wäre längst gestorben. Aber nun war er doch wieder im Buchhandel präsent, wenn auch diesmal nicht mit einer Bildergeschichte, wie man sie sich von ihm erhofft hätte. Es handelte sich vielmehr um eine Erzählung mit dem ominösen Titel »Eduards Traum«, die für den durchschnittlichen Literaturkonsumenten im damaligen Deutschland dazu noch viel zu schwer oder auch gar nicht zu entschlüsseln war.

Buschs erste Erzählung besaß in der damaligen deutschen Literatur zweifellos einen singulären Rang. Offenbar war Busch seiner Zeit weit vorausgeeilt. Jedenfalls konnte man diese eher surrealistische Geschichte, die sich in imaginären Räumen abspielte, nicht in die bestehenden Kategorien der Literatur einordnen. Handelte es sich etwa um eine scharf gepfefferte Gesellschaftssatire im Stile des Jonathan Swift? Jedenfalls wird die neue deutsche Bourgeoisie wieder einmal unerbittlich aufs Korn genommen. Dabei werden die Sitten und Unsitten der Zeitgenossen geradezu ätzend glossiert. Das Bürgertum in seinem hemmungslosen Egoismus, in seiner Hohlheit und Aufgeblasenheit wird mit ironischem Achselzucken unter die kritische Sonde genommen. Obwohl nur wenigen der Sinn danach stand, sich unangenehme Wahrheiten sagen zu lassen, und sich nur wenige die Mühe machten, eine gesellschaftskritische Tendenz aus dem Geschehen herauszulesen, fand das Buch dann doch hier und da verständnisvolle Interpreten.

Kurz nach Erscheinen von »Eduards Traum« machte Franz von Lenbach seinem Freund ein ehrliches Kompliment wegen dieser Neuerscheinung, die einen ganz anderen Busch vorstellte. »Besten Dank für die freundlichen Worte über meinen kleinen Schnickschnack auf Druckpapier«, bedankte sich Busch mit betontem Understatement. »Viel werden's ihrer nicht sein, denen wie Dir in angestammter Hellhörigkeit schon ein leises Säuseln der Probleme genügend ist, um sich selbstdenkend zu belustigen. Ein emsiger Schritt des Wortes schien mir heilsam. Durch stilistische Behaglichkeit nach Landesbrauch wär mir meine Sach unpassend dick geworden.«

Dieser knappe Hinweis gehört zu den ganz wenigen Kommentaren, die Busch seinem nicht ganz alltäglichen Buch widmete, das bereits Perspektiven einer Welt von übermorgen andeutet, für die kein höherer Lebenssinn mehr zu existieren scheint.

Auch Hermann Levi hatte dieses neue Opus offenbar mit merklichem Gewinn gelesen und ließ es Busch mit Worten der Anerkennung wissen. Dabei wiederholte er seine Einladung nach Bayreuth. »Du kennst mich Laubfrosch«, antwortete ihm Busch ablehnend. »So heimlich für sich versteckt im Laub, da quakt er sein Stücklein und erhascht sich ein Mücklein und dankt Gott, daß es ihm gut geht, so leidlich, was ja immer noch mehr ist, als er verdient. Er klettert höchstens mal auf den Gartenzaun und sieht die Vöglein fliegen, weit, weit bis nach Bayreuth, und hupps, ist er schon wieder drunten.«

Auch Friedrich Warnecke meldet sich nach langer Zeit wieder einmal aus Berlin. Der große Heraldiker erklärt sich bereit, demnächst für ein Buschsches Familienwappen zu sorgen; denn die Nobilitierung eines so bedeutenden Mannes wie Busch würde ja nun auf der Tagesordnung stehen. Busch aber winkte entschieden ab. Er lehnte es ab, sich mit solchen Federn zu schmücken. »Es würde auch sowieso nichts helfen, denn mein Stammbaum wurzelt in einer kleinen Bauernhütte an der Weser.«

Die erste Prosaerzählung Buschs war in der Stille seiner Wiedensahler Werkstatt, in der sich die Ölgemälde bis zur Decke stapelten, herangereift. Im Herbst 1890 bosselt er wieder einmal in aller Zurückgezogenheit an einem Werk, für das es keinerlei Vorbilder gab. Im Januar des folgenden Jahres konnte er Bassermann bereits das abgeschlossene Manuskript vorlegen, das dann im April erschien. Die Resonanz war, wie nicht anders zu erwarten, spärlich. Eine Handvoll nichtssagender Rezensionen, bei denen man den Eindruck haben konnte, die Kritiker wären der Absicht des Autors überhaupt nicht auf die Spur gekommen, und das war es dann vorerst auch schon.

Wie in seinen Verserzählungen hatte sich Busch auch in dieser Prosa seines stenographischen Stils bedient, um mit wenig Worten möglichst viel aussagen zu können. Alles Zufällige und Überflüssige ist aus dieser Prosa eleminiert. Um so plastischer tritt das Wesen der Dinge in Erscheinung. Sie bieten sich in einer oft schmerzlich dekuvrierenden Blöße dem Betrachter dar.

Busch hatte sich diesmal einer Erzählung bedient, um seine Kritik an der Zeit, unter der er mehr als andere litt, unter die Leute zu bringen. Er bemächtigte sich dazu bereits des legitimen literarischen Mittels der Verfremdung. In den Traumbildern des schlafenden Eduard gerät ihm eine Generalabrechnung mit der Gegenwart, die er in seinem Wiedensahler Exil deutlicher in den Griff bekam als andere. Und doch: trotz des unverkennbaren geistigen Sprengstoffes, das diese literarische Kostbarkeit enthält, ist der geistige Gehalt dieses Buches trotz aller aktuellen Bezüge bis heute noch nicht voll ausgeschöpft worden.

Obwohl sich Busch wieder einmal des »emsigen Schrittes des Wortes« bediente, seine potentiellen Leser also nicht durch »stilistische Behaglichkeit nach Landesbrauch« einschläferte, ging man nur zögernd an die Lektüre heran. Wahrscheinlich konnte man die Traumwirklichkeit dieser Erzählung, die mit den sprachlichen Mitteln des Surrealismus bereits gewisse Zwischenbereiche transparent machte, nicht so recht nachvollziehen. Die Ohren seines Jahrhunderts waren augenscheinlich für solche Zwischentöne noch nicht geschärft. Deutschlands bekanntester Aphoristiker eilte auch in dieser Hinsicht seiner Zeit weit voraus. Worum handelt es sich also bei Buschs Fabel? Er schickt seinen Protagonisten Eduard auf eine Traumreise, auf der er mit allen nur erdenklichen menschlichen und gesellschaftlichen Phänomenen seiner Zeit konfrontiert wird. Zu diesem Zwecke läßt er ihn zuvor zu einem »denkenden Punkt« zusammenschrumpfen. Im Grunde handelt es sich also um das uralte Menschheitsthema der Bewußtseinserweiterung, das Busch auf seine Fasson zu lösen versucht. Er durchbricht zu diesem Zwecke die Schranken der menschlichen Logik, um diese Welt auch einmal mit der Sachlichkeit eines Chronisten von ihrer Rückseite zu betrachten, wo es nichts zu kaschieren gibt. Auf diese Weise fördert Buschs Eduard bei seinen Exkursionen ins Innenreich Erstaunliches, vorwiegend natürlich Erschreckendes zutage.

Als »denkender Punkt« hat Buschs »Phantasiehansl« nämlich unbehindert Gelegenheit, hinter die Kulissen des menschlichen Szenariums zu gelangen. Schönheitsfehler menschlichen Verhaltens, die sonst durch eine raffinierte Kosmetik zugedeckt sind, bekommt er nun mit einem Male mit schreiender Deutlichkeit ins Blickfeld.

Buschs geradezu kinematographische Szenenfolge hat für den ungeübten Leser etwas geradezu Bestürzendes. Aber eben das ist beabsichtigt. Er soll sich vor Verwunderung immer wieder die Augen reiben, während er von Schauplatz zu Schauplatz einer menschlichen Tragikomödie geführt wird. Und was das Erschreckendste ist: Stadt und Land, die er überschaut, sind von lauter Betrügern und Verbrechern, Dummköpfen und gemeinen Kreaturen bevölkert. Einen Sinn vermag Busch in diesem Gewimmel nicht zu entdecken. Unter dem Aspekt der Ewigkeit betrachtet, schrumpft die Welt, wie er sie sich ausdenkt, zu einem »unbedeutenden Knödel, durchgespickt mit Semmelbrocken« zusammen.

Von einem Bahndamm gerät dieser Mini-Zeitgenosse Buschs in eine Gärtnerei, vom Theater in einen ästhetischen

Zirkel, vom Tempel der Wissenschaft in ein Museum, von einem Börsenjuden ins Haus eines Antisemiten. Schließlich gelingt es dem arg reduzierten Eduard sogar, sich mit Hilfe eines Luftballons von dieser Erde abzusetzen und zwischen lauter Planeten und Tierzeichen seine Runden zu ziehen. Nach einer ziellosen Jagd durchs Universum kehrt er schließlich zur heimischen Erde zurück. Dort setzt er seine Odyssee durch alle nur erdenklichen extremen menschenlichen Zustände fort, bis er sich am Ende einer Verfolgungsjagd durch den leibhaftigen Teufel im Mund eines schnarchenden Riesen wiederfindet, den er als sich selbst erkennt. Endlich ist er, an Leib und Seele geschunden, bei sich selbst angelangt. Der profane allmorgendliche Ruf seiner Frau »Eduard, steh auf! Der Kaffee ist fertig!« befördert ihn dann wieder unsanft in die so gänzlich unromantische Realität des Lebens.

Als einen der Glanzpunkte dieser Traumreise kann man wohl Eduards augenöffnende Einsicht in ein sozialistisches Utopia ansehen, in ein »Reich der Behaglichkeit«. In diesem Wunderland, einem irdischen Paradies geradezu, hackt keine Krähe der anderen ein Auge aus. Schließlich wurden den Bürgern als kollektive Maßnahme ihre »Konkurrenzdrüse« kurzerhand amputiert. Neid ist daher eine Vokabel, die im Wörterbuch der Bewohner dieses Traumreiches erst gar nicht auftaucht.

»Man gönnte jedem seine Schönheit und seine Gescheitheit und seine Frau auch, sie mochte so verlockend sein, wie sie wollte«, bemerkt Busch sarkastisch. »Und ob die Grete den Hans kriegte oder den Jochen oder den alten Nepomuk, das war ihr und überhaupt jedem egal. Diese wohldurchdachte Gemeinschaft hatte unsern Herrgott und seine zehn Gebote nicht nötig.«

Selbst das Lachen ist in dieser egalisierten Gesellschaft, in der es keinerlei Wettbewerb gibt, abgeschafft worden. Busch enthält uns dieses Manko der von ihm beschriebenen Utopie ebenso wenig vor wie die anderen Schattenseiten.

»Jenes selige Gefühl, wobei das ganze Gesicht glanzstrahlend aus dem Leime geht, jenes wonnige Bewußtsein, daß wir wen vor uns haben, der noch dümmer und häßlicher ist als wir selber, diese aufrichtige Freude an der Bestätigung unserer überwiegenden Konkurrenzfähigkeit, deren lauten oder leisen Ausdruck wir Lachen oder Schmunzeln nennen, konnte unter derartig geregelten Verhältnissen nicht mehr vorkommen. Daß sich aber dagegen eine gewisse sanfte Eintönigkeit herbeischleichen würde, deren Wert man nur selten zu schätzen weiß, das ließ sich wohl annehmen.

Und so war's. Sie hatten gemütliche Parkanlagen; aber an jedem Baum hing wer. Die Eingeborenen freilich spazierten herum dazwischen und hatten nichts weiteres dabei. Ich konnte mich aber nicht recht daran gewöhnen.«

Mit keineswegs geringerem Scharfblick deckt Busch auch die Schwachstellen des kapitalistischen Systems auf. Er geißelt zu Recht eine Ellenbogenmentalität, die vor keiner Brutalität zurückschreckt, um Konkurrenten zu überspielen und das vorhandene Kapital auf wenige zu konzentrieren, während die breite Masse leer ausgeht und unter der Armutsgrenze dahinvegetiert.

Um die ganze Malaise dieses Systems aufzudecken, läßt Busch einen »nachmittäglichen Kurierzug« vor den Augen des träumenden Eduard heranrollen und mit ihm Glanz und Elend des Kapitalismus vorführen.

»Im ersten Kupee«, heißt es da, »hatte ein gewiegter Geschäftsmann Platz genommen, der, nachdem er seine Angelegenheiten geregelt hatte, nun inkognito das Ausland zu bereisen gedachte.

Im zweiten Kupee saß ein gerötetes Hochzeitspärchen, im dritten noch eins.

Im vierten erzählten sich drei Weinreisende ihre bewährten Anekdoten, im fünften noch drei, im sechsten noch drei. –

Sämtliche noch übrigen Kupees waren voll besetzt von einer Kunstgenossenschaft von Taschendieben, die nach dem internationalen Musikfeste wollten.

Auf dem Bahndamm standen mehrere Personen. Ein Greis

ohne Hoffnung, eine Frau ohne Hut, ein Spieler ohne Geld, zwei Liebende ohne Aussichten und zwei kleine Mädchen mit schlechten Zeugnissen. Als der Zug vorüber war, kam der Bahnwärter und sammelte die Köpfe. Er hatte bereits einen hübschen Korb voll in seinem Häuschen stehn.«

Diese makabre Allegorie Buschs erscheint bereits wie eine kühne Vorwegnahme unserer dubiosen Wirtschaftswunderwelt, die nur die rücksichtslos Erfolgreichen, die sich ihrer Ellenbogen zu bedienen verstehen, oder aber gestrandete Existenzen kennt, die sich der Brutalität des Lebensstils mit dem absoluten Mammonismus als tragender Weltanschauung nicht anpassen konnten oder mochten.

Diese »Schwächlinge des Lebens« geraten in Buschs Allegorie buchstäblich unter die Räder und werden erbarmungslos überrollt. Sie haben die Kraftprobe in dieser Welt der gewalttätigen Rücksichtslosigkeiten nicht bestanden. Daher braucht man sie nicht mehr und kann ihre Köpfe getrost in Körben einsammeln. Sie waren den rüden Lebenspraktiken des Kapitalismus als Ausdruck einer entgötterten Welt einfach nicht mehr gewachsen.

Auch die Intellektuellen nimmt Busch sich zu guter Letzt noch vor. Eduard sieht sich nämlich plötzlich in eine Ideallandschaft versetzt. In ihr bewegt sich gemessenen Schrittes eine Schar von Pilgern voran, »jeder ein Päckchen tragend«. Sie pilgern zu einem strahlenden Schloß in der Höhe. Verständlich nur daher, daß Eduard sich gern diesem Zug der »Erlösten« anschließen möchte.

»Nur langsam, Freundchen! Ich will noch mit!« rief er einem der Pilger zu. »Mit ruhig-mildem Blick mich ansehend«, sprach er: »›Fremdling, armer Fremdling! Du hast kein Herz!‹ Betroffen blieb ich stehen und sah ihnen nach. Sie wandelten bescheiden ihres Weges weiter. Sie kamen an das Wasser. Ein schmaler Steg führte hinüber. Hinter dem Stege, in einem Gemäuer, tat sich ein enges Pförtchen auf. Die Pilger traten ein. Das Pförtchen schloß sich wieder. Neugierig, wie ich war, versucht ich gleichfalls hineinzugelangen; aber das Pförtchen hatte nicht einmal ein Schlüsselloch, und auch die Mauer, welche sich rechts und links unabsehbar weit ausdehnte, war undurchdringlich für mich. Ich erhob mich und schaute hinüber. Eine herrliche Tempelstadt, ganz aus Edelsteinen erbaut und durchleuchtet von wunderbarem Lichte, viel schöner als Sonnenschein, stieg zum Gipfel des majestätischen Berges empor.

Mit kräftigem Schwunge versuchte ich dahin zu fliegen. Ein heftiger Stoß war die Folge. Über der ersten Mauer stand noch eine zweite, die ich nicht bemerkt hatte, unendlich hoch, vom reinsten, durchsichtigsten Kristall.

Eine Weile noch schwirrt ich dran auf und nieder wie eine Stubenfliege an der Fensterscheibe, dann fiel ich erschöpft zu Boden, daß es klirrte wie eine ›tönende Schelle‹.«

Busch hatte die Summe dessen, was sich als Extrakt seines Nachdenkens in der Stille Wiedensahls herauskristallisiert hatte, in seinen »Eduard« einfließen lassen. Nun konnte er mit der üblichen Gelassenheit auf die Resonanz warten, auch wenn sie sich erst nach seinem Tode regen sollte. Immerhin vergaß er über allem Reflektieren keineswegs, sich wieder intensiver dem Leben selbst zuzuwenden. Dazu bot sich ihm ausgiebig Gelegenheit, als Lenbach nach dem Tode des Bankiers Keßler das Kunststück fertig brachte, die vor dreizehn Jahren so jäh abgerissenen Fäden zwischen seinem Freund Busch und der Bankiersgattin wieder anzuknüpfen. Mitte August 1891 faßte Busch sich ein Herz und unterbrach das lange Schweigen, das er aufrichtig bedauert hatte, durch einen couragierten Brief.

»Meine liebe Frau Keßler«, hatte er damals spontan an die Freundin vieler erlebnisreicher Jahre, die ihn jäh im Aufstieg sahen, geschrieben. »Von Lenbach hörte ich, es hätten ihn neulich zwei Damen besucht, aus Frankfurt, beide sehr hübsch und ungemein liebenswürdig. Das hat mich ermuntert.

Und wirklich, schon tausend Jahre sind's her, daß ich nicht mehr geschrieben. Schnell glitscht die Zeit. – Der Sommer ist hin – die Sensen rauschen durchs Korn – und – ja, ja was wollte ich doch sagen? Kurzum: Es sollte mich freuen, erhielte ich wieder mal so ein, zwei Zeilen von meinen anmutigen Tanten wie ehedem. Ich würde z. B. auch nicht die gewöhnliche Brille nehmen zum Lesen, sondern den goldenen Zwicker, den ich bloß dann aufsetze, wenn ich's mit Leuten zu tun habe, an deren Hochachtung mir besonders gelegen ist.«

Johanna Keßler und ihre beiden Töchter Nanda und Letty ließen es daraufhin nicht bei einem unverbindlichen Briefwechsel bewenden. Busch stand ihnen immer noch ungemein nahe. Sie wünschten nichts sehnlicher, als ihn womöglich wieder als väterlichen Freund und »Onkel« in ihre familiäre Lebensgemeinschaft mit einzubeziehen. Daher machten sie sich allesamt mit den beiden Kindern Nandas auf, den Einsiedler in seiner verborgenen Eremitage dort irgendwo im Niedersächsischen persönlich aufzusuchen.

In Wiedensahl trafen sie ihn allerdings nicht an. Er war wieder einmal aus seinem Nest geflogen. Kurzentschlossen fuhren sie ihm bis Bad Rehburg nach. Von dort aus reiste man gemeinsam nach Bad Lauterberg im Südharz. Es kam dann alles, wie es eigentlich zu erwarten war. Man verlebte Tage voller Harmonie miteinander und wärmte alte Erinnerungen auf. Zum Abschluß gab Busch den Damen noch bis Northeim das Geleit; dann trennten sich ihre Wege.

»Trotz diesem und dem, liebste Tante, bin ich doch eigentlich sehr glücklich in dem Gefühl, daß ich Sie und die Ihrigen wieder habe und damit ein geliebtes Stück dieser Welt, welches ich, hauptsächlich durch eigene Schuld, schon für immer verloren glaubte«, hieß es in dem Brief, in dem Busch seinen »Tanten« für ihren Besuch dankte und in dem er einen Gegenbesuch in Aussicht stellte.

Schon im November des gleichen Jahres tauchte Busch nach so langer Zeit wieder einmal für drei Wochen in Frankfurts Nobelviertel auf und ließ sich von der großzügigen Gastgeberin verwöhnen. Von da ab rissen seine Besuche im gastfreien Keßlerhaus nicht mehr ab. Allerdings traf er sein altes gemütliches Frankfurt, in dem er auf Schopenhauers Spuren gewandelt war, nicht mehr an. Die Stadt war unübersehbar hektischer geworden. Aber sonst stellte sich der vertrauliche Umgangston mit den Freunden sogleich wieder ein. Der alte Junggeselle hatte durchaus das Gefühl, wieder irgendwo zu Hause zu sein.

Dreizehnmal wird Busch im Laufe der kommenden Jahre, die ihm noch bleiben, die Reise zu den Keßler-Damen antreten. Diese sind natürlich hochbeglückt, einen so prominenten und dazu noch amüsanten Gast in ihre Familie aufgenommen zu haben. Vor allem sein Verhältnis zu Nanda Keßler, die nach einer zerbrochenen Ehe auch mit Busch kokettierte, ohne daß er nicht anders als sein heiliger Antonius ihrem Charme erlegen wäre, intensivierte sich zusehends. Hatte die agile junge Frau früher nur Autogramme berühmter Männer gesammelt, so hieß es nun, sie sammele solche Männer selbst ein. Busch reagierte recht überlegen und väterlich reserviert auf einen Heiratsantrag, den sie ihm machte. Im Letzten war ihm dieses echte Produkt einer kapitalistischen Umwelt dann doch wohl zu oberflächlich, als daß er sich an sie hätte binden können. Aber bis zuletzt hatte er ein offenes Herz für sie und gab den Beichtvater für diese mondäne und moderne Frau ab. In allen Situationen ihres Lebens fand er stets ein befreiendes und aufbauendes Wort für sie.

Bereits zu Nandas Geburtstag im Juni 1892 verfertigte er für sie ein weitausholendes Geburtstagspoem. Er besang die »schöne Frau aus der Wiesenau« wie ein mittelalterlicher Troubadour. Seine enge Verbundenheit mit der Frau seines Lebens und ihren liebenswerten Töchtern sprach sich in solchen Poemen unverfälscht aus. In jedem Fall hatte Nanda ihn verzaubert. Noch im höheren Alter war Busch imstande, vielsagend lächelnd über den platonischen Zaun zu blinzeln.

Ein Brief vom 22. Oktober 1891 spricht mehr als alle Worte für das innige Verhältnis Buschs zu der jungen Frau in Frankfurt.

»Ganz geschwind, liebste Nanda, muß ich Dir sagen, wie sehr mir Dein Brief nicht dumm, sondern gut erscheint«, beruhigt er sie. »Er ist offenherzig. Offenherzigkeit ist ein Medikament; und daß Du die Symptome des Übels naturgetreu geschildert hast, ich weiß es. Ach, ich fühl es, denn ich selber habe es auch schon gehabt. Ja, die Sehnsucht, die allgemeine, im rosigen Nebel von tausend Möglichkeiten der Erfüllung, ist eher etwas Wonniges. Kommt aber der »Wunsch, der bestimmte, und zugleich das Hindernis, das grad so bestimmte, dann ist der Teufel los. Unwirsch, unstet, wenig Schlaf und Appetit; wo man auch hintappt, nichts recht, nichts wünschenswert. –

Doch endlich tobt er aus, der arme Kerl; Madam Vernunft, die scheu beiseit gegangen, darf wieder nähertreten; müd und matt legt er sein Haupt an den getreuen, wenn auch nicht sehr üppigen Busen dieser verständigen Freundin; sammelt sich; baut sich ein schönes Luftschloß weit hinten am Nordpol und kann nie mehr heraus, will nie mehr heraus, wenigstens nie mehr auf lange.

Wer jung und hübsch, der, freilich, scheint's, hat dergleichen nicht nötig. Und doch, wie gut, wenn er sich früh etwas ideales Bauholz bearbeitet für spätere Zeiten!

Was tut Nausikaa, als sie sich in dem alten ruppigen Odysseus so bitter enttäuscht sah? Hat sie geschimpft und die Mägde gekniffen, hat sie gewaschen, gebügelt wie verrückt, für die ganze königliche Familie; hat sie den Heldenliedern des Sängers gelauscht, zur Nacht, in der Halle? Nahm sie einen braven Phäaken zum Mann, kriegte sie zehn Kinder und hundert Enkel hernach, bis ihr der Kopf gewackelt? Der Dichter schweigt darüber; er ist ihretwegen beruhigt; er kannte das Mädel. Also samstag abends zwischen 8 und 9 – ganz ohne Quäkerhut, doch nicht ganz ohne Bartgigerl – hoff ich meine liebenswürdigen drei Tanten untertänigst zu begrüßen.«

Trotz seiner gelegentlichen Verwandtenbesuche und seiner Abstecher nach Frankfurt spinnt sich Wilhelm Busch immer mehr in Wiedensahl ein. »Ich zeichne, male, denke so vor mich hin«, beschreibt er seinen Lebensstil als den eines Privatiers. Aber dann greift er doch immer wieder zur Feder. Als Schriftsteller hat er sich noch lange nicht in den Ruhestand versetzt. Anfang 1893 gelingt ihm beispielsweise noch einmal ein besonderer Wurf, der sich an die Arbeiten seiner produktivsten

Zeiten nahtlos anknüpft. Er schreibt sich seinen »Nöckergreis« von der bedrängten Seele herunter, und es trifft sich gut, daß er dieses Poem in Knittelversen sogleich der Jubiläumsausgabe seiner »Frommen Helene« beisteuern kann.

Dieses Poem des späten Busch hat noch eine durchaus angemessene Berühmtheit erlangt. Im Grunde handelt es sich dabei um eine Kapuzinerpredigt, in der der Zeitkritiker Busch noch einmal in kurzgefaßter Form einige Zeitsymptome satirisch aufspießt. Diese bittere Abrechnung mit seiner Zeit zog weite Kreise. Da sie in einem erträglichen und mildernden Altershumor verpackt war, nahm man sie als einen echten »Busch« zur Kenntnis. Sie gehörte und gehört eigentlich immer noch zum Lieblingsrepertoire von Busch-Rezitatoren. Busch läßt sein Alter ego in Gestalt eines grob räsonierenden alten Mannes alle Wahrheiten aussprechen, die andere sich nicht zu formulieren getrauen. Diese Marginalien zur Zeitmisere ist dann auch so ziemlich sein letztes Wort geblieben, das er in seine Zeit hineinsprach und mit dem er eine aus den Fugen geratene Welt zu kommentieren versuchte. Das Fazit lautet dann auch etwa so:

»Kurzum – so sprach er – »ich sage bloß,
Wenn man den alten Erdenkloß,
Der, täglich teilweis aufgewärmt,
Langweilig präzis um die Sonne schwärmt,
Genau besieht und wohl betrachtet,
Und, was darauf passiert, beachtet,
So findet man, und zwar mit Recht,
Daß nichts so ist, wie man wohl möcht...
Und außerdem und anderweitig:
Liebt man sich etwa gegenseitig?
Warum ist niemand weit und breit
Im vollen Besitz der Behaglichkeit?
Das kommt davon, daß es hinieden
Zu vieles viel zu viel verschieden.
Der eine fährt Mist, der andre spazieren;

Das kann ja zu nichts Gutem führen,
Das führt, wie man sich sagen muß,
Vielmehr zu mehr und mehr Verdruß.

Und selbst, wer es auch redlich meint,
Erwirbt sich selten einen Freund,
Wer liebt z. B. auf dieser Erde,
Ich will mal sagen, die Steuerbehörde?
Sagt sie: Besteuern wir das Bier,
So macht's den Christen kein Pläsier.
Erwägt sie dagegen die Steuerkraft
Der Börse, so trauert die Judenschaft.
Und alle beide, so Jud wie Christ,
Sind grämlich, daß diese Welt so ist.«

Der »Nöckergreis« gehörte zu den letzten Worten, die Busch in
großem Stil als Kommentar des Zeitgeistes seinen Landsleuten
förmlich um die Ohren schlug. Immer noch ist ihm trotz allem
sein unverwüstlicher Humor nicht vergangen. Immer noch begleitet er seine Zeitgenossen in ein Jahrhundert, in dem es für
sie nichts zu lachen geben wird, wie er vorausahnt. Darum er-
teilt er ihnen seine guten Ratschläge:

»Und ging's auch drüber und drunter,
Wir bleiben unverzagt und munter.
Es ist ja richtig: Heut pfeift der Spatz
Und morgen vielleicht schon holt ihn die Katz;
Der Floh, der abends krabbelt und prickt,
Wird morgens, wenn's möglich, schon totgeknickt;
Und dennoch lebt und webt das alles
Recht gern auf der Kruste des Erdenballes. –
Froh hüpft der Floh. –
Vermutlich bleibt es noch lange so.«

Im April 1895 überraschte Wilhelm Busch abermals mit einer
Prosaerzählung mit dem Titel »Der Schmetterling«. Wieder

bedient er sich der phantastischen Verfremdung, sozusagen einer eher märchenhaften Form der Darstellung, um die Bankerotterklärung des bürgerlichen Humanismus an der Gestalt eines unscheinbaren Menschen sichtbar zu machen.

»Alles ist Ware geworden, sogar die Liebe«, will Busch, seiner Zeit weit vorauseilend, uns als Kriterium ihrer moralischen Verlotterung einhämmern. Zu diesem Zwecke läßt er einen einfachen Bauernjungen eines Sonntagsmorgens, als die anderen in der Kirche sind, einem Schmetterling nachjagen, den er nie erreichen und fangen wird. Schmetterlinge sind für Busch Symbole des Unerreichbaren und leicht zu Zerstörenden. Sie stellen Illusionen und Hoffnungen dar, denen die Menschen ihr Lebtag nachstellen.

Buschs Held Peter muß auf seiner Jagd durchs Leben eine Illusion nach der anderen klaglos abbauen, bis er am Ende, vom Leben unbarmherzig gebeutelt, in fröhlicher Armut an seinen Ausgangspunkt zurückkehrt und sich als Geschlagener und Erniedrigter dennoch mit dem Leben versöhnt. Seiner Weisheit letzter Schluß, zu dem er sich durchgerungen hat, lautet schlicht und einfach: »Was im Kongreß aller Dinge beschlossen ist, das wird ja wohl auch zweckmäßig und heilsam sein!« Wer also Wert darauf legt, gescheit oder sogar lebensklug und weise zu sein, ist gut beraten, sich den Beschlüssen dieses Kongresses widerstandslos zu unterwerfen und seine höhere Einsicht anzuerkennen.

Busch muß es ungemein gereizt haben, gegen Ende seines Lebens, das so reich an inneren, aber so auffallend arm an äußeren Abenteuern war, die Geschichte eines Durchschnittsmenschen wie du und ich zu Papier zu bringen. Es ist der Lebensroman eines Mannes, der sich nach seiner vollkommenen Desillusionierung in sicherer Erkenntnis seiner menschlichen Grenzen einem höheren Willen unterstellt.

Peter, der, sein Netz schwingend, auszog, einen buntschillernden Schmetterling zu fangen, und der erst nach Jahr und Tag als Krüppel heimkehrt, verbringt die letzten Jahre seines Lebens noch sinnvoll als Flickschneider in seinem Elternhaus, in dem ihn niemand mehr erkennt. Er verleiht sich nicht umsonst den symbolischen Namen Fritz Fröhlich. Nun kann er in aller Beschaulichkeit die Wunden pflegen, die ihm das Leben geschlagen hat. Das Schicksal hat ihn nicht zu Boden zwingen können. Nun möchte er wenigstens noch im Dienst an der Gemeinschaft sein Leben beschließen.

Irgendwie stimmt es sicher schon, daß Busch mit dieser reichlich düster getönten Lebensgeschichte auch Rechenschaft über sein eigenes Leben ablegen wollte. Hielt er sich vielleicht zumindest als Maler für einen Versager, einen Lückenbüßer, der es nur zu erbärmlichen Flickschustereien brachte? Hatte nicht auch er sich in ein Giebelstübchen zurückgezogen, um sich als nützliches Mitglied der menschlichen Gesellschaft zu bewähren?

»Kinder in ihrer Einfalt fragen immer: Warum? Der Verständige tut das nicht mehr, denn jedes Warum, das weiß er längst, ist nur der Zipfel eines Fadens, der in den dicken Knäuel der Unendlichkeit ausläuft, mit dem keiner recht fertig wird, er mag wickeln und haspeln, soviel er nur will«, nimmt Busch im Vorwort zu seinem »Schmetterling« bereits das Fazit voraus.

Der buchhändlerische Erfolg dieses tiefsinnigen Prosabandes war nicht umwerfend. An den exorbitanten Erfolg seiner Bildergeschichte konnte Busch mit seiner Prosa natürlich nicht anknüpfen. Er hatte dieses mangelnde Interesse seiner Gemeinde natürlich vorausgeahnt. »Daß meine prosaischen Sachen kein größeres Publikum finden würden, war ja vorauszusehen«, stellte er keineswegs resigniert fest. »Bild und Vers prägen sich leichter ein. Und überhaupt, wer vom zuerst eingeschlagenen Wege zur Seite biegt, der darf sich in der Regel nicht wundern, wenn nur wenige ihm folgen mögen.« Und doch kann man Buschs Lyrik und Prosa nicht auslassen, will man das Phänomen Busch voll und ganz in den Griff bekommen.

Bei Buschs Tod waren immerhin 20 000 Exemplare von seinem »Schmetterling« verkauft, doppelt so viel wie von »Eduards Traum«. Und doch: Wer wollte sich schon sein Gemüt von einem Pessimismus eintrüben lassen, den ein gestandener Realist, der sich nicht gern etwas vormachen ließ, auch in seiner Prosa gestaltete? Daß die Handlung der beiden Erzählungen am Ende doch noch einen versöhnlichen Ausgang hatte und daß die Fabel durch eine wenn auch drastische Komik, die nicht jedermanns Sache ist, sich leichter bewältigen ließ, änderte an dieser Tatsache nichts.

Busch hat sich ein ganzes Pandämonium skurriler Gestalten einfallen lassen, die den Lebensweg seines Helden kreuzen. Sie besitzen alle auf ihre Art einen gewissen Symbolgehalt; vor allem der clevere Jägernazi, der sich als Praktiker des Lebens jeder Situation gewachsen zeigt, und die verführerische Hexe Lucindili, in deren Fänge unser kläglicher Held gerät und die bereits den rücksichtslosen Pragmatismus eines kapitalistischen Zeitalters praktiziert. Obwohl Peter von allen nur erdenklichen Dämonen gezwickt und gepiesackt wird, läßt er sich nicht aus seiner Contenance bringen. Als er dann schließlich die Bilanz eines vergebens durchstürmten Lebens zieht, hört sich das bei Busch so an: »Sofort fiel mir die Heimat ein, die ich so leichtfertig verlassen hatte. Was hatt' ich gefunden heraußen in dieser verlockenden Welt als Schmerz und Enttäuschung; wie tief, durch meine unsteten Begierden, war ich gesunken. Ein Streuner war ich geworden, ein Faulenzer, ein Gauner beinah, und schließlich ein Pudel, ein kriechender Hund mit dem Pelz voller Flöhe, der verächtliche Sklave einer geldgierigen, ruchlosen Hexe.«

»Und so leb ich denn allhier als ein stilles, geduldiges, nutzbares Haustier«, so klingt die Geschichte von den zerplatzten Illusionen eines Durchschnittsmenschen aus. »Schmetterlinge beacht ich nicht mehr. – Oben im alten Giebelstübchen hab ich mir eine gemütliche Werkstatt eingerichtet. Noch immer reiten die Hexen da vorbei. Neulich, in der Walburgisnacht, als ich saß und schrieb an dieser Geschichte, spähte Lucinde durchs Fenster herein. Sie lachte wie närrisch, sie war noch grad so hübsch wie ehedem. Gelassen sah ich sie an, flötete, nahm eine Prise und machte Haptschih.«

Während Busch noch an seiner Prosa feilte, bekam er Ärger

mit dem Finanzamt, das aufgrund eines neuen Gesetzes von ihm die Offenlegung seiner Vermögensverhältnisse verlangte. Obwohl er aus einer Kaufmannsfamilie stammte, waren ihm alle kaufmännischen Manipulationen höchst zuwider. Er besaß gar keinen Erwerbssinn. Das Geld war ihm nur ein Mittel zum Zweck. Aber er schätzte es nicht, von anderen übervorteilt oder übers Ohr gehauen zu werden. Als im Juni 1894 die Hamburger Kunsthalle seine Originalzeichnungen zu »Herr und Frau Knopp« erwerben wollte, ging er nur zögernd auf das Angebot ein.

»Im Privatbesitz (und wär's mein eigener) müssen sich die Schosen selbstverständlich später verkrümeln«, überlegte er haarscharf. »Nun könnte man sagen: Was tut's? Besseres und das Beste verduftet im Nebel der Zukunft. Aber selbst der Sperling, dieser nichtsnutzige Vogel, ist besorgt um seine Eier; eine Eitelkeit, die man, weil naturgemäß, vielleicht gütigst entschuldigen dürfte.«

Zwei Jahre später versuchte er dann, seine Beziehungen zu Bassermann, die in einem für ihn nicht eben ungünstigen Vertrag geregelt waren, auf eine neue Basis zu stellen. Busch war in Geschäftssachen nicht eben der angenehmste Partner. Er traute auch Bassermann, der von den Erfolgen seines Starautors mächtig absahnte, nicht über den Weg. Man kann Bassermann, der Busch mit 45 Prozent am Bruttogewinn am Verkauf seiner Bücher beteiligt hatte, kaum nachsagen, er hätte sich nicht mit allem Elan für den alten Freund eingesetzt. Der »Humoristische Hausschatz«, der auf Bassermanns Initiative zurückging, erreichte geradezu horrende Auflagen. Gleichwohl hüllte sich Busch seinem Verleger gegenüber immer mehr in ein »gemütliches Schweigen«. Als die Anfangserfolge seiner Kinderbücher ausblieben, ließ Busch seine verständliche Reizbarkeit sicher völlig zu Unrecht an seinem Verleger aus.

»Du kennst meine Unbeholfenheit in Geschäftsangelegenheiten«, lag er dem alten Freund in den Ohren. »Ich kann über diese ›Gesamtausgabe‹ nicht ins klare kommen. Wird das Publikum in dem bloßen Gesamtumschlage nicht bloß einen

Deckmantel der Unwahrheit sehen? Oder soll man der Gleich-förmigkeit wegen, das auf gutem Papier Gedruckte vernichten, um es auf schlechtem neu zu drucken? Meine Verhältnisse sind ja nicht so brillant, daß ich viel riskieren könnte. Ich muß das Ersparte zusammenhalten, denn schon klopft allerlei Gebre-chen an die Tür.«

Die Situation war von Busch natürlich stark dramatisiert worden. In Wirklichkeit brauchte er sich über seine Zukunft keine pekuniären Sorgen zu machen. Immerhin gehörte er nach wie vor zu den meist gekauften Autoren in Deutschland. Bassermann war redlich bemüht, seinen populären Autor bei guter Laune zu halten, und machte ihm alle nur erdenklichen Konzessionen. So schlug er ihm sogar eine gemeinsame Kur in Karlsbad vor, um die alten Freundschaftsbande wieder zu festi-gen. Busch ging jedoch auf diese Einladung nicht ein. Immer war er es, der dem anderen die kalte Schulter zeigte.

In einem Brief vom 6. November 1896 teilte Busch seinem Verleger mit, er wäre bereit, ihm alle Werke gegen eine einma-lige Abfindung zu überlassen. Eine neue Steuergesetzgebung verlangte nämlich von den Steuerzahlern, daß sie die Höhe ih-rer Abgaben selbst einschätzten. Busch sah sich dadurch arg in die Enge getrieben und geriet mit seinen gewissenhaften Be-rechnungen bald in die Bredouille. Daher zog er seinen Bruder Hermann, den Mathmatiker, bei seinen hochnotpeinlichen Be-rechnungen zu Rate.

»Ich habe die Nächte durchgesessen und Zinseszinstabellen gerechnet, daß mir der Schweiß die Ohren herunterlief, und ich hab's doch nicht fertiggebracht«, stöhnte er. »Ich will mit die-sen Dingen nichts mehr zu tun haben. Meine Welt ist die Welt der Phantasie, und darin will ich nicht gestört sein.«

Bassermann ging bereitwillig auf seine Wünsche ein. Im Ok-tober trafen sich beide in Hannover, um reinen Tisch zu ma-chen. In dem Abfindungsvertrag erhielt Busch 50000 Mark, zahlbar in drei Raten. Er ahnte nicht, daß Bassermann damit das Geschäft seines Lebens machte. Der Umsatz der Busch-Bücher zeigte nämlich noch aufsteigende Tendenzen. Man hat errechnet, Busch hätte an seinen Bildergeschichten etwa drei Millionen Mark verdienen können, wäre er nur kaufmännisch versierter zu Werke gegangen. Bassermann hatte ihn schon nach der Vertragsunterzeichnung auf folgendes hingewiesen: »Du darfst Dich aber nun nich ärgern, wenn ich an Deinen Sachen viel verdiene.« Buschs Antwort fiel recht lakonisch aus, bezeichnete aber sein Verhältnis dem Geld gegenüber: »Wenn ich's tue, sage ich Dir's sicher nicht.«

Pekuniäre Kalamitäten brauchte Busch allerdings nicht zu fürchten. Nach den Berechnungen seines Neffen Otto Nöldeke betrug sein Vermögen einschließlich der Abfindungssumme bei seinem Tode im Jahre 1908 301 330 Goldmark.

Mechtshausen

Was kaum jemand für möglich gehalten hätte, geschah im Herbst 1898 dann doch noch in aller Stille: Busch wechselte seinen Wohnsitz und verließ Wiedensahl, um nie mehr in seinem Leben dorthin zurückzukehren. Er vertauschte seinen Geburtsort, an dem er stets mit allen Fasern seines Herzens gehangen hatte, mit dem Dorf Mechtshausen im Vorland des Harzes in der Nähe von Seesen, ohne daß er deswegen einen merklichen inneren Widerstand hätte überwinden müssen.

Was also war geschehen? Otto Nöldeke, der Sohn seiner Schwester Fanny, der bis dahin als Pfarrer in Hunteburg im Osnabrückischen amtiert hatte, übernahm die Pfarrstelle in diesem weltentlegenen Ort. Da seine Schwester den verständlichen Wunsch äußerte, ihren Lebensabend in der Nähe eines ihrer Kinder zu verbringen, zeigte sich Busch sogleich bereit, diesen entscheidungsvollen Umzug mitzuvollziehen. Das Wiedensahler Pfarrwitwenhaus war ohnedies nach dem Auszug der drei Söhne verwaist.

Busch war vor allem in seinem 66. Jahr daran gelegen, noch ein stilles Plätzchen auf dieser Erde zu finden, an dem er ungestört seinen Gedanken nachhängen konnte. Er nahm es als sein Schicksal hin, daß er auch nach diesem Umzug dem ihm offenbar zusagenden Umfeld eines protestantischen Pfarrhauses verbunden blieb. Es kam noch hinzu, daß er mit seiner Schwester in Harmonie leben konnte.

Was er brauchte, war lediglich noch eine stille Ecke in dieser immer hektischer werdenden Welt, in der er ein wenig seine Seele »schneuzen« konnte. Nichts war ihm verhaßter als die betriebsame Gschaftlhuberei oder Haßpasserei, wie er es zu nennen pflegte, die den Menschen nicht mehr zum Nachdenken kommen ließ. Die kontemplative Komponente seines Wesens hatte sich im Laufe der Jahre immer mehr durchgesetzt. Er brauchte die Menschen immer weniger, wenn er auch alles andere als ein Misanthrop war. Er hatte offenbar an sich selbst genug.

Nach wie vor war er schöpferisch tätig. Von 1899 an entstehen in seiner Mechtshausener Klause vor allem jene Gedichte, die dann in »Zu guter Letzt« und in dem Nachlaßband »Schein und Sein« zusammengefaßt wurden. Aber auch viele der Zeichnungen des Nachlaßbandes »Hernach« verraten noch einen ungebrochenen schöpferischen Impetus. Daneben ließ er nie nach, seine Aphorismen, die ihm sozusagen unter der Hand einfielen, zu fixieren.

In Wiedensahl hatte sich zudem das Verhältnis zu seinem Bruder Adolf und dessen Frau, die das elterliche Geschäft weiterführten, zusehends verschlechtert. Auf seinem alltäglichen Gang zur Post hatte er sich daran gewöhnen müssen, lästige Umwege zu machen, um nicht einem seiner Verwandten über den Weg zu laufen.

Natürlich bewegte sich Wilhelm Busch in dem wohlhabenden Dorf Mechtshausen mit seinen vierhundert Einwohnern immer ein wenig am Rande des dörflichen Geschehens. Es dauerte eine gute Weile, ehe man den unauffälligen soignierten älteren Herrn mit dem breitrandigen Künstlerhut und der unvermeidlichen Zigarette in der auffallend kleinen Hand überhaupt zur Kenntnis nahm. Neben anderen Talenten verfügte Busch offensichtlich auch über die Gabe, sich vor den neugierigen Blicken der Welt völlig abzuschotten.

Wieder war es die abgeschirmte deutsche Hinterwelt, in die er sich verkrochen hatte. Hier, so meinte auch Wilhelm Raabe, konnten sich die spezifisch deutschen Talente am besten entfalten. Zwar hatte er sich im Pfarrhaus häuslich niedergelassen, aber in der Kirche des Ortes sah man ihn nie. Ein treuer Christ und Kirchgänger war dieser Busch also keineswegs. Überhaupt bot er dem Dorfklatsch nicht den geringsten Stoff. Extravaganzen waren seine Sache so ganz und gar nicht.

Als man dann in Mechtshausen allmählich zu begreifen begann, welche Berühmtheit man da als Mitbürger gewonnen hatte, wußte man immer noch nicht so recht, was man mit ihm anfangen sollte. Daß er in der zeitgenössischen Literatur eine nicht unwesentliche Rolle spielte, hatte sich zwar herumgesprochen. Aber die Mechtshausener Bauern legten selbst im Winter ihre abgearbeiteten Hände lieber in den Schoß, als daß sie sich auf irgendwelche Leseabenteuer einließen.

Dieses Dorf am Rande des Harzes, das nur auf beschwerlichen Umwegen zu erreichen war, entzog ihn völlig der Neugier der Welt. Kaum einer wußte so recht, wo denn eigentlich nun der berühmte Humorist sein Domizil aufgeschlagen hatte. Er war auch trickreich genug, jedes Wissen über seine Person so gut wie möglich zu verschleiern. So beantwortete er alle Briefe, die ihn noch unter seiner Wiedensahler Adresse erreichten, zwar gewissenhaft, aber er unterließ es mit allem Vorbedacht, jemandem seine neue Anschrift zu verraten. Er war einfach untergetaucht und wollte mit seinen Gedanken alleingelassen werden. Selbst gelegentliche Besucher, die sich bis nach Mechtshausen durchgefragt hatten, wimmelte er geschickt wieder ab.

Nachdem er Pinsel und Staffelei in Wiedensahl zurückgelassen hatte, konnte er sich um so intensiver dem Wort widmen, das ihm ebenfalls wie wenigen zur Verfügung stand. Immer noch brachte er Aphorismen von erstaunlicher Prägnanz und Aussagekraft zustande. Man muß schon auf den Göttinger Professor Lichtenberg zurückgreifen, um in unserer Literatur einen Meister von ähnlicher stilistischer Treffsicherheit zu finden. Viele seiner »Spricker«, die er noch in seinen späten Jahren niederschrieb, waren in der Tat Geschenke besonderer Sternstunden.

Aus dem Ärmel geschüttelt waren diese Aphorismen nun allerdings keineswegs. Er war im Gegenteil ein unentwegter, ja verbissener Arbeiter, der sein Werk ganz im Sinne Luthers als einen wahren Gottesdienst betrachtete. Er entließ nichts aus seiner Werkstatt, was nicht den Stempel äußerster Perfektion trug.

Verständlich daher, daß er, als ihm ein Borkumer Kurgast

unterstellte, ihm fielen seine bekannten Sentenzen sicherlich im Traume ein, aus seiner sonstigen Reserve heraustrat und entschieden erwiderte: »Erlauben Sie mal! Die sind mit großem Fleiß erdacht und sorgsam gefeilt. Hinter einem Satz wie ›Das Gute, dieser Satz steht fest, ist stets das Böse, was man läßt‹ steht viel Überlegung und Arbeit.«

Busch wußte wie wenige, worauf es in seiner Kunst ankam: »Diese Dinge müssen in ihrer Weise Schliff und Form haben, damit sie geläufig ins Gedächtnis und über die Lippen gehen, eine Eigenschaft, die Fleiß erfordert und worauf ich nicht wenig stolz bin.«

Er war daher auch ungemein kritisch gegenüber Übersetzungen seiner Arbeiten in fremde Sprachen. Als ihm daher eine Übersetzung seiner »Frommen Helene« ins Englische vorgelegt wurde, bemerkte er sicher zutreffend: »Die Übersetzung ist zum Teil recht drollig und gelungen, zum Teil aber auch holprig und wunderlich gesucht. Das ist falsch.«

Es war der 5. Oktober 1898, als Busch seine Zelte in Wiedensahl abgebrochen hatte. Bevor er von seinem neuen Wohnort Besitz ergriff, machte er noch eine seiner üblichen »Ringelreisen« mit den Hauptstationen Hunteburg, Münster und Norden, wo sein Neffe Adolf Nöldeke gerade als Gymnasiallehrer einen jungen Hausstand gegründet hatte. Im Winter versucht er, sich in die neue Umgebung einzuleben. Aber schon im Frühling packt ihn wieder das Reisefieber. Schon im März frischt er in Ebergötzen alte heimatliche Gefühle auf. Das Gerumpel der alten Mühle seines Freundes Bachmann stört ihn in seiner Nachdenklichkeit keineswegs. Der Reisekalender dieses Jahres verzeichnet im Juni einen Abstecher nach Wolfenbüttel und im August einen Aufenthalt in Münster bei Grete Meyer, einer Enkelin von Pastor Kleine und eine begabte Pianistin dazu, die dann noch zu den anregendsten Briefpartnern Buschs gehören wird.

Sonst aber lebt er das rückgezogene Leben eines privatisierenden Landbewohners, der mit dem Rhythmus der Jahreszeiten mitschwingt. »Noch immer seh ich gern den Wechsel der

Briefpartnerin Grete Meyer

Jahreszeiten, besonders den werdenden Frühling, doch auch den fertigen Sommer, den sanft melancholischen Herbst und den frischen Winter im weißen Gewande«, bekennt er freudig. Er besteht sogar darauf, unter dergleichen idyllischen Umständen sein Leben noch ein bißchen in die Länge zu ziehen.

Das alte Pfarrhaus am Rande des Harzgebirges, das in der germanischen Mythologie eine so bestimmende Rolle gespielt hat, eignet sich bestens zum Refugium für einen deutschen Humoristen, der das Beste aus sich selbst holte und kaum äußerer Anregungen bedurfte. Er hatte gelernt, mehr nach innen als nach außen zu lauschen. Wie sein Landsmann Wilhelm Raabe verfügte er über die beneidenswerte Gabe, weltweite Dinge im engsten Ringe zu erleben.

Wie aber spielte sich der Alltag in der neuen Umwelt ab?

»Des Morgens um halb sechs werden die Hühner gefüttert und der schlanke Pfau mit dem Krönchen auf und dem Gefieder von Gold und Edelstein. Das ist der Vornehmste. Er pickt nur wenige Körner; dann geht's trrr! und der Fächer von tausend Liebesaugen flimmert in der Morgensonne. Das zittert und trippelt und macht mit den Flügeln! Aber die alten Hühnertanten gucken nicht hin, sondern hacken mit ihren harten, knöchernen Nasen im Sand weiter. Es muß wohl ein verwunschener Prinz oder ein metamorphosierter Olympier sein; wenn die Frau Brückner, das kleine Waschweibchen, auf den Hof kommt, so fliegt er auf ihren Rücken und faßt sie ganz ordentlich und regelrecht beim Zopfe an. Wenn sie nur nicht nächstens das Eierlegen anfängt. Wenigstens schnattern und gakkern tut diese Madam Leda genug.«

Der ausgezeichnete Menschenkenner, dem keiner so leicht etwas vormachen kann, hatte begriffen, daß es sich auf die Dauer nicht auszahlen würde, sich kopfüber ins Getümmel der Welt zu stürzen. Sie bereichert nicht, sie gibt nicht einmal, sondern nimmt bloß. Offenbar erlebte Busch inzwischen in seiner dörflichen Gemeinschaft bei gelegentlichen Gesprächen mit Dorfbewohnern mehr als früher auf der Münchener Karlstraße oder der Frankfurter Zeil. Er hat dazugelernt, sich mit jeder Gans zu unterhalten, die ihm über den Weg lief und ihn anfauchte. Die Welt da draußen entrückte ihm immer mehr. Sie ist ihm unheimlich geworden, wie er selbst bekennt, ein »brodelnder Hexenkessel«. Er ist sich der Vorzüge seines Diogenes-Daseins durchaus bewußt und drückt sein neues Lebensgefühl in diesen Versen aus:

»Wer einsam ist, der hat es gut,
Weil niemand ist, der ihm was tut.

Ihn stört in seinem Lustrevier
Kein Tier, kein Mensch und kein Klavier.
Und niemand gibt ihm weise Lehren,
Die gut gemeint und bös zu hören –

Der Welt entronnen, geht er still
In Filzpantoffeln, wann er will.
Sogar im Schlafrock wandelt er
Bequem den ganzen Tag umher.

Er kennt kein weibliches Verbot,
Drum raucht und dampft er wie ein Schlot.
Geschützt von fremden Späherblicken,
Kann er sich selbst die Hose flicken.

Liebt er Musik, so kann er flöten,
Um angenehm die Zeit zu töten,
Und laut und kräftig darf er pusten,
Und ohne Rücksicht darf er husten,
Und allgemach vergißt man seiner.
Nur allerhöchstens fragt mal einer,
Was, lebt er noch? Ei Schwerenot,
Ich dachte längst, er wäre tot.

Kurz, abgesehn vom Steuerzahlen,
Läßt sich das Glück nicht schöner malen.
Worauf denn auch der Satz beruht:
Wer einsam ist, der hat es gut.«

In der Abgeschiedenheit des Mechtshausener Pfarrhauses
konnte es Busch sich sogar leisten, das sozialdemokratische
Parteiorgan, den »Vorwärts«, zu abonnieren, ohne daß jemand
schulmeisterlich die Stirn runzelte. Die soziale Frage beschäftigte ihn durchaus. Daß die Arbeiter ihre Lebensverhältnisse
gegenüber einem ausbeuterischen Kapitalismus unter Umständen sogar mit Gewalt zu verbessern suchten, fand er so ganz in
der Ordnung. Sie waren nun einmal gezwungen, ihre Probleme
selbst tatkräftig in die Hand zu nehmen.
    »Wenn die Sache wirklich vorwärtsgehen soll«, argumen-
tierte er zutreffend, »dann muß ein Mensch sie machen, der
schlaflose Nächte darum hat. Staatliche Beamte, die ihr Gehalt

kriegen, haben keine schlaflosen Nächte und grübeln nicht. Es muß einer grübeln über neue Mittel und Wege der Arbeit, und das kostet schlaflose Nächte. Nur dann wird etwas daraus.«

Mechtshausen war, wie sich herausstellen sollte, ein idealer Ruhesitz. Von hier aus konnte Wilhelm Busch aus gebotenem Abstand die diffusen Konturen seines Zeitalters anvisieren. Er war sensibel genug, um auch die lebensbedrohenden Bruchstellen des neuen Reiches zu wittern. Die ganze Fragwürdigkeit bürgerlicher Existenzen, die sich von allem Metaphysischen gelöst hatten, hat damals kaum einer deutlicher erkannt als er. Immer wieder brach er, von seinem Gewissen getrieben, dazu auf, seine Expeditionen in die Tiefendimensionen seines entzauberten Zeitalters zu unternehmen. In dieser Hinsicht hielt er es einfach nicht aus, sich in aller Gemütsruhe aufs Altenteil zu begeben.

Mechtshausen sollte nach seinem Wunsch und Willen die allerletzte Station seiner ungewöhnlichen Lebensreise sein, die ihn freilich nicht bis ans Ende der Welt verschlagen hatte. Er richtete sich von vornherein darauf ein, sich auf den letzten Schritt über die Schwelle des Lebens mit aller Gemächlichkeit vorzubereiten. Im wesentlichen konnte er sich nun endlich so ganz nach seinem Geschmack auf die ihm zugedachte Rolle des stillen Beobachters konzentrieren, der hin und wieder seine Feder zu augenöffnenden Kommentaren ansetzt, weil ihm die künftige Menschheit angesichts einer hereinbrechenden Katastrophe von Herzen leid tat. Es gab eben nicht viele seines Schlages, die fähig und willens waren, selbst eine ätzende Kritik mit einem alles versöhnenden Humor zu überspielen.

Die Gründerjahre, in die er unversehens hineingeschlittert war, empfand er im Grunde dann eben ganz im Gegensatz zur fortschrittsgläubigen Bourgeoisie als eine ganze Fatalität, die man über kurz oder lang noch bitter zu spüren bekommen werde. Der hedonistische Materialismus, meinte er zu Recht, würde früher, als man es sich denken könnte, die guten Eigenschaften, die Deutschland groß gemacht hatten, stillschweigend auslöschen. Mit jedem Tag ging ein Stück des alten

Deutschland, an dem sein Herz mit allen Fasern hing, gnadenlos zugrunde. Den Kult des Geldverdienens um jeden Preis, den die Deutschen unter Preisgabe ihrer Innerlichkeit den Angelsachsen abgesehen hatten, hielt er für den deutschen Geist, dessen »Exstirpation« er zähneknirschend miterleben mußte, geradezu für tödlich. Zwar hatte er wie jeder Patriot die Einigung Deutschlands begrüßt. Aber nun war er gezwungen, mit anzusehen, wie sich das neue Reich im Talmiglanz vermeintlicher Größe sonnte und das Beste darüber vergaß.

Was an ihm lag, so hatte er dem sterilen und saturierten Bürgertum immer wieder in seinen Bildergeschichten den Spiegel vorgehalten, aber es weigerte sich hartnäckig, sich selbst darin zu erkennen. Man war innerlich schon so ausgehöhlt, daß man es vorzog, über diesen Literaturclown zu lachen, der ihnen ein wenig Amüsement verschaffte und damit die eigentlichen Probleme der Zeit zu überdecken schien. Daß er an diesem Verlust an geistiger und seelischer Substanz unsäglich litt, macht die geheime Tragik seines Lebens aus. Man wollte in ihm partout nicht den Störenfried und Spielverderber der Friedhofsruhe erkennen, der er im Grunde freilich war und auch sein wollte.

Das habituelle Singletum Buschs wurde auf Grund solcher bitteren Lebenserfahrungen nicht gerade durch Weltzugewandtheit kompensiert. Er verkroch sich unauffindbar für die Welt in die letzte Provinz und nahm sich damit aus der Erscheinung zurück. Er vermißte die Menschen kaum. Im Grunde war er im Umgang mit ihnen doch meist nur der Gebende gewesen. Ganz allgemein taute der große Schweiger aus seiner Introvertiertheit ohnehin nur im kleinen vertrauten Kreise auf. Dann aber konnte er sprudelnd erzählen. Was er noch mit anderen auszutauschen hatte, vertraute er der Post an, die ihn mit seinen Freunden und Freundinnen in aller Welt verband. Die Kontakte mit Menschen, die seinem Herzen einmal nahegestanden hatten, ließ er sobald nicht abreißen.

Wie er sich sein ideales Leben vorstellte, vertraute er zuletzt noch Grete Meyer an: »Am liebsten säße ich zwischen weißgetünchten Wänden, da sieht man am schönsten darauf aus. Solch ein Zimmer mit Tisch und Stuhl, ohne jeden weiteren Schmuck wäre mir gerade recht. Je mehr man mit seiner Bildung fortschreitet, desto mehr ist man für das Einfache und Schlichte.« Ein Mann, der so haarscharf zwischen Wesentlichem und Unwesentlichem zu unterscheiden vermochte, mußte mit einer schrecklichen inneren Logik als einer der großen Unzeitgemäßen gegen den Strom seiner Zeit anschwimmen. Das kostete ungewöhnliche Kräfte, die er lieber in positive Aufgaben investiert hätte. Aber er hätte nicht vor sich bestehen können, würde er einen bequemen Konformismus praktiziert und sich den Usancen der Massen kritiklos angepaßt haben, anstatt erbarmungslos hinter die Fassaden einer längst brüchig gewordenen oberflächlichen Repräsentationszivilisation zu leuchten.

In erstaunlicher Abgeklärtheit konnte Busch dann am 15. April 1902 seinen 70. Geburtstag feiern. Natürlich entzog er sich allen Feiern, die ihm von jeher suspekt gewesen waren. Seine Meinung über dergleichen Altersjubiläen lautete schlicht und einfach: »Ist denn das Alter für Leute, die damit behaftet sind, so etwas extrem Lustiges, daß man ihnen mit Hoppheh! dazu gratulieren kann?«

Busch konnte sein Jubiläum nun einmal leider nicht aus seinem Kalender streichen. Er konnte lediglich seinen Buckel einziehen und der Dinge harren, die da auf ihn zukommen würden, obwohl sie ihm den Gleichklang seines Tagesablaufs erheblich stören würden. Natürlich ließ man es sich in deutschen Landen nicht entgehen, einen der populärsten Deutschen an seinem Ehrentag gebührend zu feiern.

»Wir stecken in einem geradezu ekelhaften Byzantinismus«, äußerte er sich aus gegebenem Anlaß über den sklavischen Personenkult seiner Zeit. Die allgemein grassierende »Jubiläen- und Denkmälerwirtschaft« fand er im höchsten Maße widerlich und degoutant. Kein Müllkutscher bliebe von dergleichen Festivitäten verschont, obwohl Alter nun alles andere als ein Verdienst wäre. Und so meinte er brummig: »Es ist schwer für den einzelnen, sich diesem Schwindel zu entziehen.«

Und doch entzog er sich eben diesem Schwindel, als sein

Festtag herannahte, um den unausweichlichen »Belästigungen«, die er zu erwarten hatte, zu entfliehen. Er hatte sich beizeiten zu seinem Pfarrer-Neffen nach Hattorf zurückgezogen. Zwar hatte er sich vorher noch in das Unvermeidliche geschickt und ein paar auserlesenen Zeitungsleuten sich zum Interview gestellt. So war vom »Berliner Tageblatt« Paul Block zugereist gekommen. Vom »Kladderadatsch« tauchte Johannes Trojan im weltentlegenen Mechtshausen auf und machte sich seine Notizen. Er war selbst ein Experte in Sachen Humor und konnte im Namen der gesamten lustigen Zunft dem Altmeister seine Verehrung zu Füßen legen. Die Mechtshausener selbst, allen voran natürlich der in diesen Tagen vielbeschäftigte Postbote, begriffen immer noch nicht so recht, warum denn um alles in der Welt soviel Aufhebens mit dem stets so reserviert auftretenden Bewohner ihres Pfarrhauses gemacht wurde.

Der große Tag selbst, an dem mehr als dreihundert Zeitungen sich ein paar mehr oder weniger verbindliche Worte über Busch abrangen, ging vorüber wie all die anderen in seinem langen Leben. Busch ließ sich seine geliebte Beschaulichkeit keineswegs stören. Er wollte nicht unbedingt auf die Wiederkehr des Ereignisses seines Eintritts in diese Welt, die er so ganz und gar nicht für die beste aller Welten hielt, erinnert werden. Er musterte sie schließlich immer noch mit seinen überkritischen Augen. Am Abend dieses Apriltages sah er dann so gegen zehn Uhr auf seine Taschenuhr, unterbrach seine Lektüre für ein Weilchen und meinte nur lächelnd, nun wäre ja wohl der ganze Geburtstagsspuk vorüber und er habe keine unliebsamen Überraschungen mehr zu erwarten.

Als dann die Luft wieder rein war und er sich in seinen vier Wänden einfand, mußte er feststellen, daß er im heimischen Mechtshausen beträchtlich an Anonymität eingebüßt hatte. Es hatte sich unter den Dorfbewohnern natürlich herumgesprochen, daß ganze Waschkörbe von Post in dem sonst so stillen Pfarrhaus abgegeben worden waren, darunter viele Telegramme, eines davon sogar von Seiner Majestät in Berlin.

Der Kaiser, selbst ein begeisterter Busch-Leser, hatte dem Meister vertraulich auf die Schultern geklopft.

Die Münchener »Jugend«, die damals weit verbreitet war, widmete dem Meister des deutschen Humors gleich eine ganze Nummer. Busch selbst hatte diesem Heft ein für ihn sehr bezeichnendes Gedicht beigesteuert.

»Wie andre, ohne viel zu fragen,
Ob man hier oben auch gebraucht,
So bin auch ich zu Lust und Plagen
Im Strom der Dinge aufgetaucht.
Geduld! Nach wenigen Minuten
Versink ich wieder in den Fluten.«

Der »vielbeschäftigte Bedankmichschreiber« machte es sich mit der Erledigung der eingegangenen Post nicht eben leicht. Unter anderem verfertigte er der Einfachheit halber auch ein öffentliches Dankschreiben, das ein paar markante Sätze enthält:

»Die Art, wie ich über die Peinlichkeit der Welt ein wenig zu triumphieren versuchte, ist nicht durchweg gebilligt worden. Von Leuten, die den prüfenden Tugendblick lieber nach außen als innen wenden, bin ich strengstens verurteilt. Man hat mich sogar, freilich ohne daß ich bis jetzt was davon merke, zur Verbüßung meiner zahlreichen Fehler ins Kloster geschickt. Manche dagegen wollen behaupten, ich sei zu schwach, um die bösen Geschichten allein zu machen. Solche aber, denen ich längst zu lange lebe, haben mich stoßweise seit fünfundzwanzig Jahren bereits totgesagt. Wer mit seinen Kunstkindern bei Sonnenschein im Freien spazieren geht, muß eben erwarten, daß ihm allerlei neckisches Zeug um die Ohren schwirrt.«

Bemerkenswert war an diesem 15. April vor allem die Tatsache, daß sich Buschs erster Verlag Braun & Schneider dazu aufgeschwungen hatte, dem Autor des längst unsterblichen Geniewurfs »Max und Moritz«, der sich zum Weltbestseller gemausert und der dem Verleger ein veritables Kapital eingetragen hatte, ein nobles Geschenk von 20 000 Mark zu machen, eine höchst ansehnliche Summe für die damaligen Verhältnisse. Busch überwies das Geld umgehend zu gleichen Teilen an zwei Krankenhäuser in Hannover. Bekanntlich beunruhigte ihn ein Übermaß an Geld, weit mehr als früher seine Armut. Er hatte kein Verständnis für die neudeutschen Moneymaker, die Geld nur so scheffelten, das sie eines Tages doch nicht mit auf die große Reise nehmen konnten. Sie überließen es ihren lachenden Erben, anstatt damit Armen zu helfen, die es in den Mietskasernenvierteln der deutschen Großstädte mehr als genug gab.

Der Münchener Verlag hatte ihn nach seiner Meinung natürlich übers Ohr gehauen, als er ihn für seinen »Max und Moritz« mit einer einmaligen Anfängerpauschale abspeiste. Überhaupt hatte er von den Verlegern die denkbar schlechteste Meinung. »Sie sind nichts weiter als Krämer«, lautete seine wahre Auffassung über sie. »Ob einer mit Büchern oder mit Heringen handelt, ist einerlei. Sie sind Kapitalisten und beuten andere aus und bauen sich Villen.« Damit traf er dann auch wahrscheinlich wieder einmal den Nagel auf den Kopf.

Besonders versöhnlich stimmte Busch in diesen Tagen aber die Nachricht, die Fraktion der Alldeutschen im österreichischen Reichsrat habe, wie bereits erwähnt, die Freigabe des immer noch verbotenen »Heiligen Antonius von Padua« durchgesetzt. Als ihm aber Mitglieder des bayrischen Maximilianordens einstimmig seine Aufnahme in diesen Orden vorschlugen, lehnte man diesen Antrag höheren Ortes einfach ab. Wahrscheinlich haben sich seine wohlmeinenden Münchener Freunde dadurch eine brüske Ablehnung ihrer Nominierung durch Busch erspart. Er war kein Mann, der um die Gunst von Fürsten buhlte. Zeit seines Lebens ist er weder durch einen Preis noch durch einen Orden dekoriert worden.

Einige Glückwünsche hoben sich aus der Masse derer, die ihn erreichten, wohltuend heraus, so beispielsweise die anrührenden Worte seines Landsmannes Wilhelm Raabe, der meinte: »Welch ein Wohltäter ist der Mann, der Millionen zum rechten Lachen verhilft und – zum Lächeln, dem besten, was der humoristische Poet der armen, geplagten Erdenbürgerschaft abgewinnen, abringen kann.« Raabe hat in der Tat intuitiv den Nerv der Dinge getroffen, wenn er seinem Landsmann, dessen Pessimismus er teilte, bescheinigte, er habe sich all die Jahre redlich darum bemüht, das Lachen in der Welt nicht aussterben zu lassen.

Nur langsam begann Busch zu begreifen, daß er inzwischen in ein Klassikerformat »gestolpert« war, von dem er nie zu träumen gewagt hätte, als er sich seinen Lebensunterhalt mühsam mit künstlerischen Gelegenheitsarbeiten verdienen mußte. Da standen seine bescheidenen Bändchen nun zwischen den gesammelten Werken von Shakespeare, Goethe und Schiller in den bürgerlichen Bücherschränken. Im Gegensatz zu manchen anderen brauchten sie nicht hin und wieder abgestaubt zu werden. Sie wurden eben gelesen und sogar geliebt.

Diese Tatsache beeindruckt ihn selbstredend mehr als alle Ordensverleihungen, die ihm höchst fatal gewesen wären. Er hatte nun einmal nicht das Zeug zum Opportunisten oder gar zum Byzantiner. Es wäre ihm ungemein schwergefallen, seinen Nacken vor irgendeinem Potentaten zu beugen. Schließlich wußte er, wie er seine ehrliche Arbeit selbst im Vergleich zu anderen einzuschätzen hatte. Kritische Stimmen konnten sein Selbstgefühl kaum modifizieren. Er ignorierte sie grundsätzlich. Der Gefahr einer maßstablosen Überschätzung seines Lebenswerks wäre er mit Sicherheit nie erlegen.

Der Lebensphilosoph

Seine Zurückgezogenheit in Wiedensahl und später in Mechtshausen waren die eigentlichen Voraussetzungen für Busch, sich zu dem Lebensphilosophen und Weisen zu entwickeln, mit den man ihn unwillkürlich assoziiert, wenn man sich sein Altersbild heraufbeschwört. Er war in diese anspruchsvolle Rolle fast unmerklich hineingewachsen. Schon in seinen frühen Jahren hatte er ja der noblen Passion gefrönt, »in der Gehirnkammer Mäuse zu fangen, wo es nur gar zu viele Schlupflöcher gibt«. Allerdings erregten philosophische Ideen immer nur dann sein Interesse, wenn sie mit dem wirklichen Leben in irgendeiner handgreiflichen Beziehung standen.

Busch war natürlich primär kein spekulativer Kopf. Als Künstler war ihm jede beziehungslose Abstraktion suspekt. Er pflegte jedesmal abzuschalten, wenn sich das Denken vom Leben zu abstrahieren begann. Denkerische Gymnastik und metaphysische Höhenflüge, die allzu sehr vom Erdboden abhoben, waren seine Sache nicht. Er hatte deswegen aber keinen Augenblick das Gefühl, etwas Entscheidendes im Leben zu verpassen.

Im allgemeinen pflegte er seine Weisheiten, die er unterwegs eingesammelt hatte, nur in kleiner Münze und das auch wiederum nur an kleine und anspruchslose Leute, die auf dem Teppich des Erträglichen blieben, auszuzahlen. Keinen Augenblick erlag er der Versuchung, die Kapazität eines mittleren Kopfes zu überfordern und ins Blaue hinein zu spintisieren. Arthur Schopenhauer war zum Exempel nicht nur deswegen sein Mann, weil er mit profunden Wahrheiten aufwarten konnte, die sogleich überzeugten, sondern auch weil er seine Erkenntnisse in einer allgemeinverständlichen Sprache unter die Leute brachte. Er war daher bei dem treffsicheren Stilisten Schopenhauer ein Leben lang in die Schule gegangen, hatte ihm bei seiner Arbeit über die Schulter geguckt und ihm manchen Kunstgriff abgesehen.

Solange sich Busch seines »blumenkohlähnlichen« Gehirns bediente, um dieser rätselhaften Welt und ihren noch rätselhafteren Menschen auf den Zahn zu fühlen, brachte er immerhin doch wesentliche Erkenntnisse von seinen Exkursionen ins Niemandsland des Geistes mit. Aus seinem Gesamtwerk lassen sich daher ganze Kompendien von Spruchweisheiten und Sentenzen zusammenstellen, denen man als Extrakt eines gelebten Lebens geradezu therapeutische Funktionen zuschreiben möchte.

Wie für Goethe bedeutete auch für Wilhelm Busch der Mensch das eigentliche Studium des Menschen. Sein langes Leben reichte eigentlich nicht aus, der Spezies Mensch hinter ihre Schliche zu kommen. Keiner wußte so recht, woran er bei ihnen war. »Kein Ding sieht so aus, wie es ist«, lautete daher die Quintessenz seiner Lebensphilosophie. »Am wenigsten der Mensch, dieser lederne Sack voller Kniffe und Pfiffe. Und auch abgesehen von den Kapriolen und Masken der Eitelkeit. Immer, wenn man was wissen will, muß man sich auf die zweifelhafte Dienerschaft des Kopfes und der Köpfe verlassen und erfährt nie recht, was passiert ist.« Eben deswegen bewegte sich auch der Denker Busch gern in Bodennähe, wo selbst seine kühnsten Gedanken nicht abstürzen konnten und wo er von seinen Erkundungszügen immer etwas Gescheites mitbrachte.

Schon im zweiten Teil von »Was mich betrifft« hatte er darauf hingewiesen, daß es seine Sache so ganz und gar nicht war, sich von dieser Erde abzuheben und sich in metaphysische Höhen zu verlieren oder, wie er sich ausdrückte, auf blanken Schlittschuhen sinnreiche Zahlen und Schnörkel auf dem Eise zu beschreiben. Er wußte sehr wohl, daß seine Zeit auf dem besten Wege war, sich in die Eisregion des Intellekts zu verflüchtigen, eine geradezu apokalyptische Vision, vor der ihm schauerte. Sein bäuerliches Naturell zwang ihn geradezu, sich nicht zu weit vom heimischen Ort zu entfernen, an dessen Kacheln er sich ein wenig erwärmen konnte.

Daß Wilhelm Busch neben Friedrich von Schiller am meisten von der gesamten deutschen Dichterequipe in Büschmanns »Geflügelten Worten« vertreten ist, verdankt er vor allem der selbstverständlichen Schlichtheit seiner Diktion, die sich im wesentlichen der Alltagssprache bediente. Hin und wieder schöpfte er auch aus der niedersächsischen Bauernweisheit, die ihm immer schon imponiert hatte. Die Folge davon ist, daß so gut wie jedem halbwegs gebildeten Deutschen, der durch Buschs Lebensschule gegangen ist, eine Sentenz einfällt, die jede noch so kritische oder unüberschaubare Lebenssituation entschärft. Der Buschsche Humor erreicht immer wieder und täglich von neuem eine krampflösende und entspannende Wirkung in allen Lebenslagen.

Die »Spricker«, die noch aus Buschs Nachlaß zutage gefördert wurden, bestätigen im nachhinein Buschs exzeptionellen Rang als Aphoristiker. In ihnen spricht sich kein verstiegener Ideologe aus, der seine Leser schulmeisterlich an die Hand nimmt. Den pädagogischen Zeigefinger hat Busch im Gegenteil stets verabscheut.

Er hat vielmehr in seinen »Sprickern« die Erfahrungen eines ganzen Volkes eingebracht. Dementsprechend finden seine Weisheiten ohne jede Schwierigkeit in Deutschland und anderswo ihre eigentlichen Adressaten, die sie mit Nutzen aufnehmen. Sie besitzen nämlich trotz ihrer anspruchslosen Diktion oder gerade deswegen eine zwingende Magie.

Mit seiner nicht gerade schmeichelhaften Einschätzung der eher raubtierhaften menschlichen Natur stimmten die unverbildeten Menschen seiner niedersächsischen Heimat vorwiegend überein. Er selbst hatte sich in dieser Überzeugung zeit seines Lebens nicht zu korrigieren und sah sich stets als einen extremen Antipoden des großen Franzosen Rousseau, dem er einen gravierenden Sehfehler unterstellte, als er dem Menschen in seiner aufklärerischen Euphorie schlechterdings eine habituelle moralische Integrität bescheinigte.

Busch dachte und empfand da entschieden realistischer. Er hatte die moralische Unzulänglichkeit des Menschen, der einem dunklen Trieb bei der rücksichtslosen Durchsetzung seines Willens folgt, schon früh in der »Wochenstube des Humors« entdeckt und war in seiner Kunst dementsprechend ohne Konzessionen an das, was andere gern von ihm gehört hätten, verfahren. Trotzdem hat er dem Misanthropen, der eigentlich in jedem ehrlichen Menschen steckt, nie Oberwasser gelassen. Er fügte sich in das nun einmal Unabänderliche und räumte dem Mitleid und der Liebe durchaus zentrale Positionen in seinem Leben ein. Als er in seinem Gedicht »Summa summarum« schon früh die Summe seines eigenen Daseins zog, kam er zu der Erkenntnis, daß recht eigentlich nur die Stunden zählen, »wo wir lieben«.

Selbst das Phänomen des Todes verliert im Denken Buschs, dessen Menschlichkeit sein künstlerisches Kapital war, das laufend Zinsen abwarf, all seine Schrecken. Die Gedanken ans Sterben haben ihn nie in Panikstimmung versetzt. Noch ein Jahr vor seinem Ende schrieb er am 12. Mai 1907 an Grete Meyer: »Ein Maikäfer flog durchs offene Fenster, surrte ums Licht, stieß sich, fiel auf den Rücken und strampelte hilflos mit den Beinen. Vermutlich war er erst eben aus der Erde gekrochen, denn er hatte noch einen Klumpen Dreck auf der Nase. Ich ließ ihn hinaus, wo's besser für ihn. Kurz währt sein Dasein an der Oberwelt. Viel Grünfutter, ein bissel Liebe, dann ist's für diesmal vorbei mit ihm. Aber tausend Jahre, von hinten besehn, sind wohl auch nicht viel mehr.«

Als Nanda Keßlers Sohn Hugo zwei Jahre vorher bei einem Bootsunglück im Main ertrunken war, tröstete er die Mutter in einem Brief, der viel über seine eigene Frömmigkeit aussagt, über die er sonst kaum zu sprechen pflegte.

»Ich danke Dir für den ausführlichen Bericht, so daß ich nicht mehr unsicher ins Dunkle hinaus grübeln muß«, schrieb er damals. »Es ist ein grausames Unglück. Aber der die Ge-

272

schicke lenkt, der die Herzen erschüttert, der hat in die Menschenbrust eine oft lange sorglos schlummernde Kraft gelegt, die, wenn's not tut, erwacht, um den Schmerz zu bekämpfen und den Willen zu läutern. Allmählich breitet dann auch die Zeit über das Schreckliche ihre verhüllenden Schleier; unsere geliebten Toten werden in der Erinnerung immer schöner und schöner, und so nehmen wir ihr verklärtes Bild mit hinein in die Ewigkeit.«

Als Nanda sich dann später an ihn mit der Bitte wandte, ihr seinen Begriff von Religiosität und Frömmigkeit zu erläutern, schrieb er ihr den folgenden Brief, der sicher zu seinen intimsten überhaupt gehört: »Du möchtest hören etwas über schlichte Frömmigkeit; ich will, wenn auch mit einigem Widerstreben, Dir zu sagen versuchen, was ich darüber denke. – Gott, genannt Vater als Urquell alles Lebens, der grundgute Wille im Gegensatz zum Eigenwillen, der Unbegreifliche, von dem sich kein Bild machen läßt, ist greiflich erschienen in Christo, der die armen leidenden Menschenkinder brüderlich zu sich ruft und über Kreuz und Tod hinaus ihnen nah ist mit seinem Geiste. Ihm, dem höchsten Vorbild der Liebe, suchen sie nachzufolgen in Demut und Gebet, ohne Askese, ohne die Freude an der Welt zu verlieren, und gehen so der Ewigkeit entgegen in der festen Zuversicht, dort ihr Teuerstes wiederzufinden, das ihnen vorangegangen. Nicht durch Lustbarkeiten, nicht durch Weihrauch und äußere Zeremonien suchen sie sich zu betäuben in ihrem Schmerz, sondern inwendig, wissen sie, kommt das Reich Gottes... Und gewiß, nur in der Tiefe der Seele, mit Hilfe jener Kraft, die stärker ist als alle Vernünftigkeit, kann Trost und Ruhe gefunden werden. Mehr mag ich nicht reden darüber.«

Mit dem Tod hatte sich Busch schon beizeiten befreundet. Mit zunehmendem Alter, gesteht er, erlebt er alles, was ich um ihn herum abspielt, »mehr rückwärts gekehrt, die Hand auf dem Drücker der bekannten eisernen Tür, durch die man in die Hinterwelt geht«. Mit den Jahren verblaßten dann auch die Todesarten, die er sich mit allen Schrecknissen für die Phantasiewesen seiner Bildergeschichten ausgedacht hatte. Am Ende dachte selbst er dann eben doch versöhnlicher über die Menschen, ohne allerdings je in ihre Laster verliebt zu sein, von denen sie für sein Empfinden reichlich viel Gebrauch machten. Allerdings sah er keinen rechten Grund, seine natürliche Reserve ihnen gegenüber abzubauen. Dazu hatte er in der Lebensschule Schopenhauers zuviel hinzugelernt.

Im Laufe der Jahre hatte sich Busch, der keineswegs das Zeug zu einem guten Kirchenchristen besaß, seine Privatreligion erarbeitet. Vor allem hatten ihn die deutschen Mystiker gelehrt, die Idee von der Vergänglichkeit alles Irdischen an den Begriff der Zeit zu binden. Selbst Jakob Böhme hatte er hingebungsvoll studiert. »Ich selbst versuche zu leben nach dem Grundsatz des berühmten Schuhmachers von Görlitz: ›Wem ist die Zeit wie Ewigkeit!‹ – aber es geht man nicht recht«, bekennt er. »Die Malefizzeit, so wesenlos im Kopfe betrachtet, sie scheint, hält und zieht beständig am Frack.«

Er war aber ebenso in Meister Eckhard und Angelus Silesius zu Hause und bereitete sich ganz in ihrem Sinne auf ein »allmähliches Verschwinden und Verschweben aus dem Dasein« vor. Von dem jugendlichen Feuerkopf, der sich einmal in die Gedankengänge Kants verbohrt und mit seiner angelesenen Freidenkerei kokettiert hatte, war am Ende also nicht mehr sehr viel übriggeblieben. Er hielt das ständige Räsonieren über Zeit und Ewigkeit nicht gerade für förderlich und räumte eher dem gesunden Menschenverstand durchaus einen festen Platz in seiner Vorstellungswelt ein. Noch kurz vor seinem Tode, am 18. Oktober 1907, bekam Nanda Keßler, die so gerne noch einige Weisheiten aus ihrem »Onkel« herausfragen wollte, folgendes von ihm zu hören: »Deine Glaubensfrage sieht fast so aus, als sollt ich mich verleiten lassen vom Verstande, dem nützlichen Gemüsezüchter, in einen Blumen- und Wundergarten, wo er nichts von versteht. Ich mag ihm nicht folgen dahin. Das mögen andere tun, denen das Zweifeln und Räsonieren Vergnügen macht.«

Busch war am Ende so ganz in seine eigentliche Statur hineingewachsen. Er hatte mit sich und der ihm so suspekten Menschheit seinen Frieden geschlossen und zeigte sich bereit, den Menschen vieles zu verzeihen, was er ihnen früher als schwerwiegend angekreidet hätte. Ein abendliches Leuchten hatte sich über sein Leben gebreitet. Im Gefühl des errungenen inneren Friedens, der seine menschliche Erscheinung so liebenswürdig erscheinen ließ, beschreibt er Grete Meyer den Zustand von Kontemplation, den er erreicht hatte: »Während gänzlicher Windstille saß ich drauß vor der Tür und rauchte mein Pfeifchen und betrachtete die stummen, schwarzen Gestalten der Bäume. Es kam mir vor, als säße in mir noch wahre Freiheit und schwunghaftes Leben. Oder war's Hochmut? Ist's mehr Freiheit auf Grund der Notwendigkeit?«

Nicht anders als Goethe sah Busch im Tod nur einen Kunstgriff der Natur, neues Leben zu zeugen. Das einzelne Leben konnte nach seiner Vorstellung nur eine vorläufige Abrechnung bedeuten. Wie so vielen großen Deutschen war ihm der Gedanke an die Reinkarnation zur zweiten Natur geworden. Es gab für ihn überhaupt nichts daran zu rütteln, daß er schon oft auf dieser Erde war und daß er noch viele Male wiederkommen würde, um sich zu einem vollkommeneren Menschen zu läutern und zu steigern. Die Unsterblichkeit des menschlichen Ich war für ihn eine Realität, von der er sich absolut nichts abhandeln ließ. Das einzige, was ihn noch zu gründlicherem Nachdenken zwang, war die Frage nach dem Wo und Wie der Wiedergeburt. In seinem Nachlaß fand man ein Wiedergeburtsgedicht, das eigentlich alles aussagt, was Busch zu diesem Thema im Laufe eines langen Lebens angesammelt hatte:

»Wer nicht will, wird nie zunichte,
Kehrt beständig wieder heim.
Frisch herauf zum alten Lichte
Dringt der neue Lebenskeim.

Keiner fürchte zu versinken,
Der ins tiefe Dunkel fährt.

Tausend Möglichkeiten winken
Ihm, der gerne wiederkehrt.

Dennoch seh ich dich erbeben,
Eh du in die Urne langst.
Weil dir bange vor dem Leben,
Hast du vor dem Tode Angst.«

Schon im Mai 1875 hatte es in einem Brief Buschs geheißen:
»Was tuts? Haben wir nicht, Gott sei's geklagt, noch sieben
Millionendreimalhundertachtundneunzigtausendsechshun-
dertundzwei und achtzigunddreiviertel Jahre ganz unver-
braucht vor unserer Nase liegen? Wird man aus einem Leben
herausgekippt, huscht man ins andre wieder hinein.«
   Die kirchliche Vorstellung von einer ewigen Seligkeit, in der
man sich von den Strapazen dieses Lebens je nach Verdienst
erholen kann und in der man nach seinem irdischen Verhalten
entweder belohnt oder aber bestraft wird, konnte Busch beim
besten Willen nicht nachvollziehen. So leicht wollte er es sich
nun auch wieder nicht machen und sich wegen unterlassener
moralischer Taten klammheimlich aus der Verantwortung
stehlen. Er wollte bereits in diesem Leben sein ihm aufgetrage-
nes Pensum erfüllen und damit das ihm gesteckte Klassenziel
erreichen, auch wenn er noch einmal die Chance zugespielt
bekam, es unter veränderten Bedingungen von neuem zu versuchen. Immer war er daher bereit, allen überflüssigen »See-
lenflitterkram« als lästigen Ballast abzuwerfen und zu neuen
Höhenflügen anzusetzen.
   Allerdings besitzen wir nur noch eine vage Ahnung von dem,
was früher einmal war; denn wir müssen Lethe trinken, wenn
wir die Grenze überschreiten, die Lethe, die das große Vergessen bringt und alle Erinnerung in uns auslöscht. Vielleicht ist
unser Gewissen so etwas wie eine Erinnerung an die Folgen
böser Taten, die wir in einem Vorleben erfahren mußten.
   »Hast du nie was von Lethe gehört?« fragt er in einem seiner
Briefe. »Und doch könnte ein Gefühl, eine Ahnung, ein Istmir-

dochso aus der fernsten Vergangenheit hängengeblieben sein. – Wenn man in den Abendstunden das träumerisch abgebrochene Flöten der Schwarzdrossel hört, ist's nicht grad, als besänne sie sich auf ein altes, vergessenes Lied und könnte es nur noch nicht recht wieder zusammenbringen?«

Mit seinem Glauben an die Reinkarnation hatte sich Busch als ständiger Bewohner evangelischer Pfarrhäuser von seiner näheren Umgebung natürlich erheblich isoliert. Aber er konnte der Vorstellung von der Unzerstörbarkeit der menschlichen »Entelechie« nicht so ohne weiteres abschwören. So wenig wie Goethe vermochte auch er sich vorzustellen, eine bedeutende Individualität könnte bei ihrem Tode sich in nichts auflösen. Moltkes Tod im Jahre 1890 zum Beispiel hatte ihn eben doch recht nachdenklich gestimmt. Er konnte daher nicht widerstehen, an Freund Lenbach zu schreiben: »Moltkes Tod hat mich beklemmt. Man verspürt Weltschmerz, wenn man sieht, wie die Bildhauerin Natur auch ihre besten Arbeiten in den großen Tonkübel zurückwirft und sie einstampft mit den anderen.«

Die Idee von der Reinkarnation und der Glaube an eine vorgeburtliche und nachtodliche Existenz bestärkten Busch in der Gewißheit, jeder wäre seines Glückes Schmied. Da jeder von uns mit Sicherheit schon einmal an der Gestaltung dieser Welt mitgewirkt haben mußte, konnte er seine Kritik an bestehenden Zuständen nur immer an sich selbst richten. Ganz in diesem Sinne dichtete er:

»Nahmst du in diesem großen Haus
Nicht selbst Quartier?
Mißfällt es dir, so zieh doch aus.
Wer hält dich hier?

Doch schimpfe auf die Welt, mein Sohn,
Nicht gar zu laut.
Eh du geboren, hast du schon
Mit dran gebaut.«

Als bereits vielfach Wiedergeborener fühlte Busch ein gutes Stück Mitverantwortung am Schicksal und an der Gestaltung dieser Welt. Früher hatte der Tod für ihn am Menschen stets eine erschreckende Metamorphose vollzogen. Man entsinnt sich, wie seine Traumfiguren im Augenblick ihres Sterbens auf eine bestürzende Weise ihre Gestalt verlieren. Entweder erfroren sie zu undefinierbaren bizarren Gebilden, wurden in flüssiger Form in Einmachtöpfe verpackt oder etwa wie Max und Moritz ohne viel Federlesens in eine Mühle geschüttet und fein säuberlich zu Schrot vermahlen.

Was Busch selbst anlangte, so schien es ihm völlig gleichgültig zu sein, was mit seinem Körper nach seinem Ableben geschehen würde. Er konnte sich auch nicht über die Nachricht aufregen, man hätte die Gräber gefallener Soldaten am Schipkapaß geöffnet, um aus ihren Gebeinen Knochenmehl herzustellen.

»Warum sollten sie nicht gemahlen werden?« meinte er ohne jeglichen ironischen Hintersinn. »Da nützt's doch noch was. Oder ich glaube, man kann auch Farben ziehen aus Leichen. Das ist ein ganz lustiger Gedanke, so hübsch blau oder grün oder rot von irgendeinem Bauern an die Scheunentür gestrichen zu werden und ordentlich zu leuchten.«

Auch die Tatsache, daß man Shakespeares Grab nicht kannte und den armen Mozart in ein Armengrab verscharrt hatte, fand er keineswegs verwerflich. Im Gegenteil: »So ist's gerade recht. Das Gute und Bedeutende von ihnen ist in ihren Werken da. Das andere Minderwertige und weniger Liebenswürdige soll verschwinden«, äußerte er sich einem seiner Neffen gegenüber. Der alte »Madensack«, war seine Meinung, »das ist man ja gar nicht mehr.«

Gegenüber letzten Glaubensfragen mußte sich die Philosophie am Ende als hilflos erweisen. Mit Schopenhauer großgeworden, sah er sich von Nietzsche, geradezu überfordert und erdrückt. Auf die Frage Grete Meyers nach seiner Stellung zur neuesten Philosophie antwortete er ohne alle Umschweife:

»Du willst was wissen von der vorläufig neuesten Philosophie. Ja, das geht man nicht so. Zu dergleichen braucht's eine verbohrte Betriebsamkeit. Ich selbst, der ich natürlich keine Lust habe, meine sauerverdiente Weltbetrachtung über die Hecke zu schmeißen, um dafür eine andere, jedenfalls nicht weniger hypothetische mir anzuquälen, las von dem, was Du meinst, nur wenig. Daher sag ich, unter Vorbehalt, nichts weiter als dies: Stülpe alles um; zu Recht sag Unrecht, zu Gut sag Bös, nenne den Teufel ›mein Bester‹, und Du hast die Moral von der Geschicht, sagen wir, ziemlich im Sack.

Das Meisterdeutsch, den hinterrücks wühlenden Tiefsinn, die drumherum sind, könntest Du nur bewundern bei höchsteigener Besichtigung. Was aber die ›Schnäcke‹ betrifft, die jetzund von den Papageien in allen Ecken wiederholt werden, so laß sie uns, bitte, lieber nicht nachplappern.«

In Mechtshausen fand Busch auch die nötige Muße, um ausgiebig über den Tod zu meditieren. Er konnte und mochte ihn schließlich nur noch als eine vorübergehende Behinderung des elementaren Lebenswillens des Menschen gelten lassen. Durch eine gewisse Vertraulichkeit versuchte er dem Tod seinen Stachel zu nehmen. Den Kult, den viele brave Bürger mit ihm trieben, konnte er auf keinen Fall teilen. Indem er ihm keinen allzu umfangreichen Platz in seinen Gedanken einräumte, gab er ihm seine eigene Würde zurück. Ganz in der Märchentradition seiner Heimat stehend, befand er sich mit Freund Hein auf durchaus vertrautem Fuße.

Sentimental war Wilhelm Busch so wenig wie die niederdeutschen Bauern, in deren Leben der Tod als eine Selbstverständlichkeit einbezogen war. Wie sie lebte auch er im Rhythmus der Jahreszeiten und ganz allgemein mit den Gezeiten des Lebens. Die Vergänglichkeit alles Irdischen rührte auch ihn keineswegs zu einer elegischen Weinerlichkeit.

Als Busch wieder einmal in Ebergötzen weilte, äußerte er in einem Brief an Kaulbach seine Gedanken über die Vergänglichkeit des Lebens, die ihn bei der Wiederbegegnung mit dem Ort seiner Kindheit überfallen hatten. »Fast unverändert lag's auf beiden Seiten des Bachs und zwischen den zwei Hügeln wie ehedem«, schreibt er. »Aber wie hat dagegen das Verändernde die Bewohner verarbeitet. Die alten Wohlbekannten alle weg; die damals Jungen, darunter ich, jetzt alt und auch rücksichtslos so genannt, wie's denn auch wahr ist. Dahinter der junge Nachschub, bereit, seine Vordermänner bei passender Gelegenheit in schwarze Kisten zu verpacken und ins Suteräng zu bringen. Es geht schnell, wenn man so umschaut. Man betrachtet mit Wehmut das spielende Kindervolk, mit staunender Genugtuung sehr Alte, die es ausnahmsweise so lang ausgehalten, ohne schwach zu werden.«

An Hermann Levi klingt es im Januar 1885 ganz ähnlich so: »Die große Bildnerin diesseits des Paradieses muß eben immer den alten Ton wiederhernehmen, um was Neues zurechtzukneten. Die frischen Mädchen von dazumal sind krumm und runzlig geworden oder haben sich hinweggehustet. Neue Bäume, neue Häuser, neue Rotznäschen. Erst tat ich mit, dann schaut ich zu, schwebte drüber als lachendes Nichts. Aber auf die Dauer geht's nicht. Ein leises Zupfen und Mahnen, ein tüchtiger Rippenstoß, und man merkt's, daß man bei all den Dummheiten von Grund aus beteiligt ist, daß, wer auf den rechten Weg will, durchaus durch sich selbst hindurch muß.«

Als Busch diesen nostalgischen Brief an Levi schrieb, war er eben 54 Jahre alt. Aber er hatte bereits aus seinen trüben Lebenserfahrungen, die ihm selbstredend nicht erspart blieben, eine Lebensweisheit filtern können, ohne die sein weltbewegender Humor einfach nicht zu denken ist. Er konnte allen menschlichen Phänomenen am Ende auch einen heiteren Aspekt abgewinnen. So versah er in einem Brief an Maria Anderson ein ländliches Schlachtfest mit seinem weisheitsvollen Kommentar.

»Das Leiden, die Marter haben etwas schauerlich Anziehendes«, hatte er herausgefunden. »Es bewirkt Grauen und Ergötzen zugleich. – Haben Sie jemals den Ausdruck von Kindern bemerkt, wenn Sie dem Schlachten eines Schweines zusehen? – Nein? – Nun, so rufen Sie sich das Medusenhaupt vor die Seele. Tod, Grausamkeit, Wollust – hier sind sie beisammen.«

Ähnliches bekam Franz von Lenbach am 23. Februar 1889 zu hören, als Busch wieder einmal aufs Schweineschlachten zu sprechen kam: »Nur einmal, noch ganz in dunkler Früh, war ich aufgeschreckt und schmerzhaft horchend wach erhalten durch die Wehklagen eines der vielen Schweine, welche der Genußsucht alljährlich zum Opfer fallen. Jetzt wird's herausgezerrt aus dem lieben, duftenden Stalle, jetzt liegt's geknebelt, jetzt der Stich, Notwehr geboten und heftig ausgeübt. Blutverlust fast beruhigend, scheint's, dann aber erst recht, nicht vor der Todesgewißheit, der höchste, gräßlichste Unmut; dann röchelnde Entsagung, zuletzt Stille mit Nachdruck. Die Metamorphose in Wurst kann beginnen. Wahrlich, gewisse Dinge sieht man am deutlichsten mit den Ohren.«

Dergleichen subtile Beobachtungen des bäuerlichen Lebens gehörten immer mehr zum Alltag dieses Humoristen, der sich natürlich auch über die Ursachen des Lachens den Kopf zerbrach. Er wollte partout herausbekommen, »warum die Leutchen eigentlich lachen«. In einem Brief an Kaulbach vom 21. November 1885 erteilte er dann die folgende Antwort:

»Man lacht, wenn man andre in Verdrießlichkeiten und kleinen Malheurs bemerkt, wenn man ihre Verstellung, ihre Pfiffigkeit, ihre Einfalt durchschaut; denn da fühlt man sich verhältnismäßig so wohl und gescheit, daß es ein rechtes Vergnügen ist.

Und ferner: Wann und worüber dürfen wir lachen? Der plebejische ›alte Adam‹ lacht noch über Krüppel und Blödsinnige; der Teufelhafte über das qualvollste Unglück; uns feiner Aufgestutzte kitzelt es oft schon, wenn wir unsere eigenen Dummheiten in ihren Filzschuhen erwischen. Dem warmen, alles umfassenden Mitgefühl wird nichts lächerlich, dem eisigen hochgestelzten Intellekt mag am Ende nichts ernsthaft erscheinen.

Dergleichen Zeug, mit allem, was noch dran hängt und baumelt, vom tüchtigen Federfuchser mit dem Gänsekiel gelenkig durcheinander gerührt, möchte nicht übel zu lesen sein. Inzwischen wir zwei, lieber Fritze, geduldig wie wir sind, lassen die Welt laufen und machen, wie's mag. Als ich vor zirka hundert Jahren mit dem alten Jäger Bicker mal durch den Wald spazierte, blieb er extra stehen, nahm mich beim Knopf, blickte mir mit seinen bejahrten Triefaugen weise und bedeutsam ins Gesicht und sprach in Anbetracht der allgemein tief eingewurzelten Boshaftigkeit: ›Ich will Sie mal was sagen, Herr Busch: Wer kann dem Esel das Bölken verwehren?‹«

Das Dorf am Rande des Harzes reichte völlig aus, um Buschs Neugier auf die Welt zu stillen. Wenn er wirklich einmal Lust verspürte, wieder etwas vom Wind der weiten Welt zu schnuppern, machte er sich einfach auf die Socken. Aber diese Reisen zu Verwandten und alten Freunden wurden am Ende auch immer seltener. Das ihm so vertraute München sah er nach dem letzten Eklat des Jahres 1881 nie wieder, obwohl ihn sein Freundeskreis dort geradezu emphatisch empfangen hätte. Überall, wohin es ihn verschlug, war Busch natürlich ein gern gesehener Gast. Seit dem Erscheinen von »Max und Moritz« war sein Name jedem Klippschüler geläufig.

Von der Tagespolitik hatte er sich nach seinem ultramontanen Zwischenspiel immer mehr distanziert. Das Schicksal Bismarcks und die weitere Entwicklung des Reiches nach dessen Entlassung lagen ihm ungemein am Herzen. Im übrigen hielt er von übertriebenen demokratischen Tendenzen nicht sonderlich viel. Er war vielmehr der Meinung, eine starke Hand könnte den Deutschen nicht schaden, da sie immer eine gewisse Affinität zum Anarchischen bezeigten. Ein moderater Monarchismus war so ganz nach seinem Geschmack.

Als Lenbach gerade wieder einmal einen König porträtierte, bekam er von Busch jedenfalls schulterklopfend zu hören: »Mir sagt eine ahnungsvolle Zuversicht, daß unsere Menschheit in den nächsten fünfhundert Jahren noch nicht so von Grund auf gut und gescheit geworden, um die Monarchen ungestraft entbehrlich zu finden und ihre Konterfeis mit häßlicher Seelenruhe in den Ofen zu schieben.«

Zu guter Letzt

Im April 1904 erschien im Verlag Bassermann dreißig Jahre nach seiner »Kritik des Herzens« wieder ein neuer Gedichtband Buschs: »Zu guter Letzt«. Große Hoffnungen auf eine besondere Leserresonanz knüpften sich auch diesmal wieder nicht an dieses nicht illustrierte Buch. Formell war Busch kaum über seine Gedichte aus dem Jahre 1874 hinausgewachsen, aber es war nicht zu übersehen, daß er an Lebenserfahrungen beträchtlich zugelegt hatte. Die damals noch feststellbaren nachromantischen Einflüsse waren inzwischen verblaßt und hatten einer auffälligen Sachlichkeit Platz gemacht. Busch war sich im Laufe seiner Jahre der Grenzen seiner Erkenntnis bewußter geworden. Schon sein Einleitungsgedicht verrät diesen neuen Erkenntnisstand:

> »Halt dein Rößlein nur im Zügel,
> Kommst ja doch nicht allzuweit.
> Hinter jedem neuen Hügel
> Dehnt sich die Unendlichkeit.
> Nenne niemand dumm und säumig,
> Der das Nächste nicht bedenkt.
> Ach, die Welt ist so geräumig,
> Und der Kopf ist so beschränkt.«

Die hundert Gedichte, die vor seinem kritischen Verstand bestanden und die er in diesem neuen Band zusammentrug, riefen diesmal keinen Sturm der Entrüstung mehr hervor. Die Tempelhüter der guten Sitten fanden offenbar keinen Stein des Anstoßes, über den sie gestolpert wären. Der berufene Epigrammatiker hatte auf die knappste Formel gebracht, was er zu sagen hatte, und das war nicht eben wenig. Man empfand durchaus, daß hier eine andere Sprache gesprochen wurde als in den Allerweltsversen, auf die sich das Ohr deutscher Bildungsbürger eingestellt hatte. Von der Butzenscheibenlyrik, die damals sagenhafte Auflagen erreichte, waren Buschs ohne alle Umschweife formulierender Verse ebensoweit entfernt wie von den literarischen Emanationen des Naturalismus, der nur die Schattenseite des Lebens anpeilte. Buschs Gedichte zielten recht unmittelbar auf das wirkliche Leben und bedienten sich dabei keiner gedrechselten Sprache.

Und doch: Der scharfe Beobachter Busch frappiert seine Leser immer wieder, so etwa, wenn er in seinem Gedicht »Die Kleinsten« mit geradezu prophetischem Blick Perspektiven einer makabren Zukunft aufreißt.

»Sag Atome, sage Stäubchen.
Sind sie auch unendlich klein,
Haben sie doch ihre Leibchen
Und die Neigung da zu sein.

Haben sie auch keine Köpfchen,
Sind sie doch voll Eigensinn.
Trotzig spricht das Zwerggeschöpfchen:
Ich will sein, so wie ich bin.

Suche nur, sie zu bezwingen,
Stark und findig, wie du bist.
Solch ein Ding hat seine Schwingen, ·
Seine Kraft und seine List.

Kannst du auch aus ihnen schmieden
Deine Rüstung als Despot,
Schließlich wirst du doch ermüden,
Und dann heißt es: Er ist tot.«

Mit Gedichten wie diesen hatte Busch wieder einmal seine Zeit weit hinter sich gelassen und sich ins Atomzeitalter vorgewagt. Die bürgerlichen Leser fanden sich von solchen Gedichten zutiefst beunruhigt. Sie verstanden diese Sprache nicht und zogen verstört den Kopf ein, wenn Busch ihnen einige unpopuläre Wahrheiten zu bedenken gab. Die ewigen Konformisten bekamen beispielsweise von ihm folgende beherzigenswerte Worte zu hören:

»Suche nicht apart zu scheinen.
Wandle auf betretnen Wegen.
Meinst du, was die andern meinen,
Kommt man freundlich dir entgegen.

Mancher, auf dem Seitensteige,
Hat sich im Gebüsch verloren,
Und da schlugen ihm die Zweige
Links und rechts um seine Ohren.«

Provokativ aber geradezu mußte Buschs unverhohlene Aufforderung, dem Laster zu frönen, auf sittsame Gemüter wirken. Und doch ließ er sich folgende Zeilen einfallen:

»Die Tugend will nicht immer passen.
Im ganzen läßt sie etwas kalt.
Und daß man eine unterlassen,
Vergißt man bald.

Doch schmerzlich denkt manch alter Knaster,
Der von vergangnen Zeiten träumt,
An die Gelegenheit zum Laster,
Die er versäumt.«

Versöhnt konnten seine Kritiker jedoch mit dem Schlußgedicht der Sammlung sein, in dem Busch noch einmal seinem unverfälschten Gefühl freien Raum läßt. In einer Zeit, in der das

Lied in unserer Literatur nur noch eine Rarität darstellte, die nur noch von ganz wenigen gepflegt wurde, trifft Busch noch einmal den unmittelbaren liedhaften Ton. Mit diesem ganz in Moll getönten Gedicht im leichten Volksliedton verabschiedet sich Busch von seinen Freunden überhaupt.

Auf Wiedersehn

»Ich schnürte meinen Ranzen
Und kam zu einer Stadt,
Allwo es mir im ganzen
Recht gut gefallen hat.

Nur eines macht beklommen,
So freundlich sonst der Ort:
Wer heute angekommen,
Geht morgen wieder fort.

Bekränzt mit Trauerweiden,
Vorüber zieht der Fluß,
Den jeder beim Verscheiden
Zuletzt passieren muß.

Wohl dem, der ohne Grauen,
In Liebe treu bewährt,
Zu jenen dunklen Auen
Getrost hinüberfährt.

Zwei Blinde, müd vom Wandern,
Sah ich am Ufer stehn,
Der eine sprach zum andern:
Leb wohl, auf Wiedersehn.«

Im Jahre 1909, also ein Jahr nach Buschs Tod, gab sein Neffe Otto Nöldeke postum jene Gedichte heraus, die er in dessen Nachlaß vorgefunden hatte. Nach einem leitmotivischen Ge-

dicht seines Onkels ließ sich der Neffe den eindrucksvollen Titel »Sein und Schein« einfallen; denn wieder einmal deckt dieser die gnadenlose Diskrepanz zwischen Sein und Schein auf.

>> »Mein Kind, es sind allhier die Dinge,
Gleichviel, ob große, ob geringe,
Im wesentlichen so verpackt,
Daß man sie nicht wie Nüsse knackt.

Wie wolltest du dich überwinden,
Kurzweg die Menschen zu ergründen.
Du kennest sie nur außenwärts.
Du siehst die Weste, nicht das Herz.«

Wieder muß sich Busch auch mit diesen Versen herumgetragen
haben, ehe er sie für druckreif hielt. Auch in ihnen meldet sich
noch einmal der unerbittliche Zeitkritiker zu Wort. Einen pro-
totypischen Zeitgenossen, mit dem er sich sicher nicht befreunden konnte, zeichnet er mit fast fotografischer Genauigkeit.

Glückspilz

>> »Geboren ward er ohne Wehen
Bei Leuten, die mit Geld versehen.
Er schwänzt die Schule, lernt nicht viel,
Hat Glück bei Weibern und im Spiel.
Nimmt eine Frau sich, eine schöne,
Erzeugt mit ihr zwei kluge Söhne,
Hat Appetit, kriegt einen Bauch,
Und einen Orden kriegt er auch.
Und stirbt, nachdem er aufgespeichert
Ein paar Milliönchen, hochbetagt;
Obgleich ein jeder weiß und sagt:
Er war mit Dummerjan geräuchert!«

Dem Satiriker Busch sind also, wie man sieht, auch im hohen Alter noch keineswegs die Giftzähne ausgefallen. Er kann, wenn es dann sein muß und er in Rage gerät, noch heftig zupacken. Es hat sogar den Anschein, als wäre sein zeitkritisches Bewußtsein mit zunehmenden Jahren und der allgemeinen Verschlechterung der menschlichen Situation in einer hochgezüchteten Zivilisationswelt beträchtlich geschärft worden. Die Vordergrundgestalten der unsäglichen Gründerepoche reizten ihn immer wieder zu satirischen Seitenhieben. Was sollte er auch schon Positives zu Papier geben, wenn er »auf das Ende« sah?

Im nur noch rein materialistischen Verhalten seiner Zeitgenossen sah Busch immer überzeugender Schopenhauers Grundthesen bestätigt. Es war bereits ein Stück Apokalypse, das er kurz vor dem Krieg heraufziehen sah, den er dann nicht mehr zu erleben brauchte. Er konnte sich nicht helfen: In Dantes Inferno erkannte er bei genauerem Zusehen keineswegs eine kühne Vision des Jenseits, sondern eher eine getreue Kopie des Diesseits.

Seitdem diese Welt arroganten Agnostikern ausgeliefert war, sah man überall nur Dämonen am bösen Werk. Eben deshalb konnten Grausamkeit, Verlogenheit, Heuchelei und Engstirnigkeit wahre Orgien feiern. Busch war hellsichtig genug, um angesichts dieses allgemeinen Traditionsverlustes Kriege und Geschichtskatastrophen unvorstellbaren Ausmaßes vorherzusagen. Was an ihm lag, so war er bis zuletzt bereit und entschlossen, einer entgötterten Menschheit die Wahrheit und nichts als die Wahrheit zu sagen. Da es um die nackte Existenz ging, dachte er nicht daran, ein Blatt vor den Mund zu nehmen. Er mutet uns eine Tragikomödie zu, die er vor der düsteren Folie einer total entzauberten Welt abspielen läßt.

Obwohl Busch die Welt so nahm, wie sie sich ihm darbot, konnte er sie nicht für die Beste aller Welten halten. Und doch verhalf ihm sein Humor immer wieder dazu, auch ein versöhnliches Wort zu finden. Und so klingt auch sein letzter Gedichtband in die bewegenden Verse aus:

»Haß, als minus und vergebens,
Wird vom Leben abgeschrieben.
Positiv im Buch des Lebens
Steht verzeichnet nur das Lieben.
Ob ein Minus oder Plus
Uns verblieben,
Zeigt der Schluß.«

Am 9. Juni 1905 hatte Wilhelm Busch seinem Neffen Otto Nöldeke ein versiegeltes Manuskriptkonvolut mit der Aufschrift
»Hernach« übergeben. Dabei hatte er ausdrücklich darum ge-
beten, den Inhalt erst nach seinem Tode der Öffentlichkeit vorzulegen. Es handelte sich dabei um einzelne Blätter, die nach
dem Abschluß der großen Bildergeschichten entstanden waren. Künstlerisch bewegte sich Busch mit ihnen, wie sich dann
zeigen sollte, noch ganz auf der Höhe seines Könnens. Abnut-
zungserscheinungen konnte man nirgendwo feststellen. Unter
diesen Nachlaßpapieren fanden sich immerhin so herausragende Stücke wie »Prosaischer Kauz«, »Die Zeit«, »Der Dorf-
politiker«, »Der fliegende Frosch« und vor allem das grandiose
Schlußstück »Sorglos«, das einen Totenschädel mit einem »fatalen Lächeln« und einen gänzlich unbefangenen Raben darauf
zeigt. Darunter stehen die abermals desillusionierenden
Worte:

»Selbst mancher Weise
Besieht ein leeres Denkgehäuse
Mit Ernst und Bangen. –
Der Rabe ist ganz unbefangen.«

Nach Buschs Tode fand man unter seinen nachgelassenen Pa-
pieren eine Reihe von Zetteln und Kartonstücken, die, auf beiden Seiten mit Bleistift beschrieben, eine Reihe von Gedan-
kensplitter festhalten, die man der Nachwelt nicht vorenthalten
wollte. Diese »Spricker«, wie Busch seine wie zufällig abgefal-
lenen aphorischen Einfälle zu nennen pflegte, verrieten noch

einmal den großen Epigrammatiker, der nicht bombastisch, sondern mit möglichst simplen Worten seine letzten Einsichten und Weisheiten hinterlassen wollte. Was ihm so beiläufig einfiel, das wollte er dann aber doch vor dem Vergessen bewahren.

Gerade diese letzten verstreuten Gedanken Buschs, von denen viele in den Büchmann eingegangen sind, runden das Bild des Wortkünstlers Busch auf eine bemerkenswerte Weise ab. Sie dokumentieren, welche Gedanken den alternden Meister noch beschäftigten, der seinen »philosophischen Ballon« nicht gerade ziellos in die Höhe schießen ließ. Aber immerhin finden sich neben manchen Aphorismen zum Hausgebrauch auch Formulierungen darunter, die noch einmal seinen Glauben an die Wiedergeburt bekräftigten – wie diese: »Leben heißt: ein Tyrann sein. Sterben ist Einwintern.« Für das Letzte, was Busch dieser Menschheit noch zu überliefern hatte, das steht fest, hat er sich des Wortes bedient, das ihm so souverän wie nicht vielen in Deutschland zu Gebote stand.

Im April 1907, also nicht einmal ein Jahr vor seinem Tode, brachte Wilhelm Busch noch einmal ein Gedicht zu Papier, in dem er die Summe eines Lebens zog, das nicht reich an äußeren Sensationen, wohl aber an inneren Erlebnissen war und ihm so manches geistige Abenteuer bescherte. Der wunschlosen Existenzlosigkeit entrissen, hatte er sich höchst unsanft auf diesen blauen Planeten versetzt gefühlt. Wohl oder übel hatte er gute Miene zum bösen Spiel gemacht.

Schließlich hatte er sich mit dem Leben ausgesöhnt und sich mit dessen Imponderabilien, so gut es eben ging, arrangiert. So war er dann, ohne irgendwo sonderlich anzuecken, durchs Leben »geholpert«.

»Mein Lebenslauf ist bald erzählt.
In stiller Ewigkeit verloren
Schlief ich, und nichts hat mir gefehlt,
Bis daß ich sichtbar ward geboren.
Was aber nun? – Auf schwachen Krücken,

Ein leichtes Bündel auf dem Rücken,
Bin ich getrost dahingeholpert,
Mitunter grad, mitunter krumm,
Und schließlich mußt ich mich verschnaufen.
Bedenklich rieb ich meine Glatze
Und sah mich in der Gegend um.
O weh! Ich war im Kreis gelaufen,
Stand wiederum am alten Platze,
Und vor mir dehnt sich lang und breit,
Wie ehedem, die Ewigkeit.«

Busch hatte das Jahrhundert der Weltkriege klar vorausge-
sehen. Noch für die Regierungszeit Kaiser Wilhelms II. sagte
er eine Katastrophe voraus, die die ganze Welt erschüttern
würde. Er selbst machte sich allerdings rechtzeitig aus dem
Staube; sein Soll an Weltgeschichte war offensichtlich erfüllt.
Sein letztes Wort war und blieb der betonte Hinweis auf die
Kräfte des Herzens, die allein die Menschen aus dem Dilemma,
in das sie nicht ohne eigene Schuld hineingeschlittert waren,
herausführen könnte. Jeder hatte für seinen bescheidenen Teil
die Pflicht, an einem neuen und womöglich besseren Weltgebäude mit Hand anzulegen. Diese Einsicht war übrigens eine
positive Konsequenz seines Reinkarnationsglaubens, für den
er zur Feder griff, um zu bekennen:

»Es geht ja leider nur soso
Hier auf der Welt, sprach Salomo.
Dies war verzeihlich. Das Geschnatter
Von tausend Frauen, denn die hatt er,
Macht auch den Besten ungerecht.
Uns aber geht es nicht so schlecht.
Wer, wie es Brauch in unsern Tagen,
Nur eine hat, der soll nicht sagen
Und klagen, was doch mancher tut:
›Ich bin für diese Welt zu gut.‹
Selbst wem es fehlt an dieser einen,

Der braucht darob nicht gleich zu weinen
Und sich kopfüber zu ertränken.
Er hat, das mag er wohl bedenken,
Am Weltgebäude mitgezimmert,
Und wenn er so in sich gegangen,
Gewissenhaft und unbefangen,
Dann kusch er sich und denke froh:
Gottlob, ich bin kein Salomo;
Die Welt, obgleich sie wunderlich,
Ist mehr als gut genug für mich.«

Womit verbrachte Busch, dessen Phantasie über Jahrzehnte
hin unablässig tätig gewesen war, solange er eine Bildergeschichte nach der anderen in die Welt hinaus schickte, die Zeit
in dem ländlichen Tusculum, das er sich geschaffen hatte und
das ihm noch mehr Distanz zur Welt als sonst vermittelte? Das
Malen hatte er bekanntlich in Mechtshausen völlig aufgegeben.
Seitdem seine Sehschärfe nachgelassen hatte und er sich mit
einer Brille nicht befreunden konnte, hatte selbst das Zeichnen
seinen Reiz für ihn verloren. Dafür blieb ihm nun aber um so
mehr Zeit zum Schreiben und zum Lesen. Er hatte in der Tat
noch ein gewaltiges Lesepensum nachzuholen. Systematisch
erarbeitete er sich noch die Höhepunkte der Weltliteratur,
wobei er allerdings die Moderne möglichst aussparte. Dem Naturalismus begegnete er bis zuletzt mit eher wachsender Skepsis. Er sah keinen besonderen Sinn in der Kunst, nur die Nacht-
seiten des Lebens auszuleuchten und das Lichte und Schöne
ungesehen zu unterschlagen.

Vor allem stellen nun Biographien und Autobiographien das
geeignete Lesefutter für den erfahrenen Menschenkenner dar,
der es einfach nicht lassen konnte, immer ein wenig hinter die
Weste seiner Zeitgenossen zu blinzeln. Er hat Erstaunliches
dabei zutage gefördert, was anderen wahrscheinlich entgangen
wäre.

Auch seine volkskundlichen Studien nahm Busch in seiner
Spätzeit wieder auf. Er steuerte sogar dem »Korrespon-

Im Pfarrgarten von Mechtshausen 1904

denzblatt des Vereins für niederdeutsche Sprache« einen fundierten Beitrag über »Volksüberlieferungen aus Wiedensahl« bei. Mit dem Herausgeber dieses Organs, Dr. Christoph Fr. Walther, führte er eine ausführliche Korrespondenz über Fachfragen.

Das besondere Steckenpferd Buschs in seinen Altersjahren war aber seine Beschäftigung mit der deutschen Etymologie. Friedrich Kluges »Etymologisches Wörterbuch der deutschen Sprache« gehörte zu seinen immer griffbereiten Arbeitsinstrumentarien. Er versah sein Handexemplar mit Hunderten von Marginalien, vorzugsweise mit plattdeutschen Versionen bestimmter Wörter.

Ansonsten beschränkte sich Busch keineswegs darauf, »das Gedeihen der Bäume, Blumen und Menschen« in kontemplativer Zurückgezogenheit zu beobachten. Er hatte noch ein pralles Programm zu erfüllen, ehe er sich dazu bereit fand, das

Feld, das er ein Leben lang beackert hatte, widerstandslos zu räumen und es anderen zu überlassen.

»Es soll mir schon recht sein, wenn es noch ein paar Jährchen so weitergeht«, bemerkte er mit sichtlichem Behagen zu der Lebensform, die er sich in Mechtshausen geschaffen hatte. Es ging dann auch in der Tat im neuen Wohnort noch ungefähr ein Jahrzehnt weiter, ehe er zu einer Reise in ein Land aufbrach, aus dem er eines Tages auf eine gewandelte Welt zurückkehren würde, um wieder Hand an diese Erde zu legen. Bis ihm die Stunde schlagen und der Tod den bekannten schwarzen Punkt setzen würde, hatte er noch ein gestrichenes Pensum zu erledigen. Immerhin fielen dabei noch eine erkleckliche Anzahl von Versen ab, die durchaus ausreichten, zwei Gedichtbände zu füllen.

Der Lektürekanon Buschs sagt viel über seine Einstellung zur Literatur aus. Die Moderne war darin, wie gesagt, so gut wie ausgespart. Doch ging Busch nicht gleichgültig und desinteressiert an seinen niederdeutschen Landsleuten Theodor Storm oder Detlev von Liliencron vorbei. Auch Fritz Reuter stellte für ihn einen ungetrübten Lesegenuß dar. Da er immer fürchten mußte, »Schnüffler« würden aus seiner Lektüre auf gewisse Vorbilder und Abhängigkeiten schließen, hüllte er sich generell in Schweigen, wenn man ihn nach seinen Leseerfahrungen fragte. Er schätzte dergleichen »literarische Haussuchungen« so ganz und gar nicht. Mit seiner allzu großen Offenherzigkeit hatte er früher schon schlechte Erfahrungen gemacht.

Ferner weiß man, daß Busch ganz besonders Charles Dickens schätzte. Als er sich aber trotz aller Vorbehalte dem Naturalismus gegenüber dazu zwang, Zola einmal gegen den Strich zu lesen und sich mit der besten Absicht in dessen Roman »Paris« vertiefte, zog er in einem Brief an Grete Meyer folgendes Resümee: »Nicht Wohltätigkeit, sondern Gerechtigkeit, lautet die Parole. Ja, wenn's mal ginge!«

Die von Zola behandelten Probleme der Arbeiterschaft beschäftigten ihn durchaus. Daher hatte er auch gegen Gerhart Hauptmanns »Weber« durchaus keine Bedenken anzumelden.

294

Die soziale Thematik hatte er ja selbst in »Eduards Traum« aufgegriffen und bei dieser Gelegenheit ein paar bemerkenswerte Kommentare für nachdenkliche Leser geliefert.

»Was darin bleibend Gutes steckt, kann ich nicht beurteilen«, äußerte er sich über die moderne Literatur. »Aber das Wertvolle bleibt doch. Am liebsten sind mir die Norweger und Russen. Bei letzteren kommt ja auch das Interesse herzu, daß ich gern etwas über Rußland wissen möchte. Aber auch abgesehen davon sind sie mir interessant. Sie haben beobachtet, und was auf Beobachtung beruht, ist immer interessant, ob sich's um Grafen oder Lumpen handelt. Die Lumpen sind mir fast noch lieber als die anderen, die konventionellen Menschen.«

Mit den höchsten Attributen bedachte Busch übrigens Gottfried Keller: »Er ist einer von den ›Reichsunmittelbaren‹, die das Recht haben, ihre eigenen Münzen zu schlagen. Nur fürcht ich, die meisten lassen sein Geld durch die Finger gleiten, ohne zu merken, wie apart das Gepräge ist.« Ansonsten stieß Busch auf genügend Goldadern, wenn er sich in Shakespeare, Lessing, Goethe oder Schiller vertiefte.

Zu seinem 75. Geburtstag hatte sich der Meister diesmal zu seiner Nichte Grete Meyer, die inzwischen mit dem Juraprofessor Thomsen in Münster verheiratet war, zurückgezogen. Sie war übrigens eine Schwester der Mechtshausener Pfarrfrau und war dort ein immer gern gesehener Gast. Obwohl Busch jedem »Klavierlärm« mit Skepsis zu begegnen pflegte, waren die Vorspielstunden der Nichte ein ausgesprochener Ohrenschmaus für ihn. Bei solchen Anlässen standen Bach, Mozart, Haydn, Beethoven und Schubert auf dem Programm.

Jenen 15. April 1907 verbrachte Busch ohne alle Belästigungen im Professorenhaus in Münster, das sich direkt an die alte Stadtmauer anlehnte und von einem zauberhaften Garten umgeben war. Auch diesmal hatte die Post alle Hände zu tun, um die Glückwunschadressen für Busch zu bewältigen. Es wandten sich diesmal auch viele Unglückliche und Verzweifelte an ihn, die mit seiner Hilfe rechneten. Aber dem Freudenbringer im Ruhestande fiel es diesmal merklich schwer, ein paar aufmunternde Worte zu finden. Er hatte offenbar zu viele Blicke hinter die blanken Fassaden des neuen Reiches getan, um einen Zweckoptimismus zu heucheln. Daher meinte er auch, 75 Jahre wären eigentlich für einen mitfühlenden Menschen mehr als genug.

Aus den eingegangenen Briefen verspürte er schon deutlich eine verhaltene Kritik am kapitalistischen Ungeist seiner Zeit. Das Geld konzentrierte sich immer mehr in den Händen von wenigen, während andere, die zwar nicht weniger tüchtig waren, aber nicht die nötige Skrupellosigkeit aufbrachten, um ihre Ziele durchzusetzen, das Nachsehen hatten. Als Dank an seine unsichtbare Gemeinde schrieb er sich diesmal seinen pauschalen Geburtstagsdank vom Herzen:

>>Ich weiß nicht mehr genau, wie es gekommen.
Kurzum! Nach längerem Verborgensein
Hab ich dereinst auf Erden Platz genommen,
Um auch einmal am Licht mich zu erfreun.
Und alsogleich faßt mich die Zeit beim Kragen
Und hat mich neckisch, ohne viel zu fragen,
Bald gradeaus, bald wiederum im Bogen,
Durch diese bunte Welt hindurchgezogen.

Inzwischen pflück ich an des Weges Rand
Mir dies und das, was ich ergötzlich fand.
Auch leert ich manchmal manchen vollen Krug
Mit guten Freunden, bis es hieß: Genug!
Nur eins erschien mir oftmals recht verdrießlich:
Besah ich was genau, so fand ich schließlich,
Daß hinter jedem Dinge höchst verschmitzt
Im Dunkel erst das wahre Leben sitzt.

Allein, wozu das peinliche Gegrübel?
Was sichtbar bleibt, ist immerhin nicht übel.
Nun kommt die Nacht. Ich bin bereits am Ziele.
Ganz nahe hör ich schon die Lethe fließen.

Und sieh! Am Ufer stehen ihrer viele,
Mich, der ich scheide, freundlich zu begrüßen.
Nicht allen kann ich sagen: Das tut gut!
Der Fährmann ruft. Ich schwenke nur den Hut.«

Im Mai 1807 hatte ihm Freund Bachmann aus Ebergötzen noch
einen Besuch in Mechtshausen abgestattet. Dann mußte Busch
im August zur Kenntnis nehmen, daß der Freund weit entlege-
ner Tage in Bad Ems einem Schlaganfall erlegen war. Kurz vor
Weihnachten 1907 starb dann auch noch die nur fünf Monate
alte Tochter Grete Meyers. Schon selbst den Tod vor Augen,
fand Busch damals Trostworte, die seine ganze Gelassenheit
dem Tode gegenüber belegen. Er hatte sich innerlich offenbar
bereits vom Leben verabschiedet. Die Trennungslinien zwischen den beiden Welten, deren Bürger er war, hatten sich
schon zu verwischen begonnen. »Was soll ich viel sagen?«
schloß er diesen denkwürdigen Brief. »Ich stehe auf der Grenze
zwischen Hier und Dort, und fast kommt es mir vor, als ob
beides dasselbe wäre.«
    Nachdem Buschs Freund Hermann Levi bereits im Mai 1900
einem langen und qualvollen Leiden erlegen, und im März 1904
auch Franz von Lenbach, eben 68jährig, ihm vorangegangen
war, fühlte sich Busch in dieser Welt ein wenig allein gelassen
und vereinsamt. »Mehrmals mein Deputat an Jahren hab ich
erhalten«, äußerte er sich Grete Meyer gegenüber. »Solange
ich mich leidlich befinde, will ich die Zulage dankbar entgegen-
nehmen, ob ich gleich mit Walter von der Vogelweide mich
oftmals frage: Ist mir mein Leben geträumet oder ist es wahr?«
    Im Juni 1907 hatte Wilhelm Busch auch seinen letzten Be-
such in Frankfurt abgestattet und von den Keßlers, die ihm so
sehr ans Herz gewachsen waren, Abschied genommen. Hier
traf er auch noch ein letztes Mal mit Kaulbach und dessen Frau
zusammen. Irgendwie lag damals bereits ein Hauch von Abschied über diesen menschlich so anrührenden Begegnungen.
Nun bewegte er bereits die Worte in seinem Herzen, die er vor
Jahren schon an seine »Helene« gerichtet hatte:

»Mir ist so, als müßt ich bald verreisen,
Die Backenzähne schenkt ich schon den Mäusen,
Als müßt ich wieder mal den Ort verändern
Und weiter ziehn nach unbekannten Ländern.
Mein Bündel ist geschnürt. Ich geh zur See,
Und somit, Lenchen, sag ich dir ade.«

Busch hatte seinen Blick wie immer mutig nach vorn gerichtet. Er überließ sich nicht larmoyant irgendeiner Altersmelancholie. Schließlich hatte er nach alledem, was er erreicht hatte, keinen Grund, mit dem Leben zu hadern. Als im Frühling der Wirbel um seinen 75. Geburtstag endlich verebbt war, raffte er sich noch einmal zu einem Gedicht auf, in dem ein Lyriker zu sprechen scheint, der bei Joseph von Eichendorff in die Schule gegangen war. Noch einmal ließ er wie zum Abschied allen Glanz eines deutschen Frühlings aufleuchten.

»Mein Herz, sei nicht beklommen,
Noch wird die Welt nicht alt,
Der Frühling ist wiedergekommen,
Frisch grünt der deutsche Wald.

Seit Ururvätertagen
Stehen die Eichen am See,
Die Nachtigallen schlagen,
Zur Tränke kommt das Reh.

Die Sonne geht auf und unter
Schon lange vieltausendmal,
Noch immer eilen so munter
Die Bächlein ins blühende Tal.

Hier lieg ich im weichen Moose
Unter dem rauschenden Baum,
Die Zeit, die wesenlose,
Verschwindet wie ein Traum.

Von kühlen Schatten umdämmert,
Versink ich in selige Ruh;
Ein Specht, der lustig hämmert,
Nickt mir vertraulich zu.

Mir ist, als ob er riefe:
Heija, mein guter Gesell,
Für ewig aus dunkler Tiefe
Sprudelt der Lebensquell.«

Am 7. Januar 1908 hatte Busch sich vorgenommen, nach Hannover zu reisen, um dort wie in jedem Jahr seine Bankangelegenheiten zu erledigen. Am Abend zuvor hatte er jedoch über Schmerzen in der Brust geklagt. Der herbeigerufene Arzt stellte eine akute Herzschwäche fest. Zwei Tage saß er noch in seinem Lehnstuhl am Ofen und studierte in seinem »Kluge«. Dann aber, am 9. Januar in der Frühe, starb er ohne längeres Leiden so friedlich, wie er gelebt hatte, seinen eigenen Tod. Ohne viel Aufhebens hatte er seinen Abschied von der Welt genommen. Auf die Frage seiner Schwester, ob er auch bequem liege, hatte er noch mit den Worten »Ja danke, ganz gut« geantwortet. Dann hatte er sich zur Seite gelegt und war sanft, kaum merklich für die Umherstehenden, entschlafen. Eine höhere Macht, das stand für ihn fest, hatte ihn sanft entrückt. In neuer Gestalt würde er eines Tages wiederkommen, um dort anzuknüpfen, wo sein Lebensfaden abgerissen war. Mit neuen Kräften würde er noch einmal zu dieser kühnen Berg- und Gratwanderung ansetzen und sein Bestes tun, um zu seinem Ziel zu gelangen.

Daß man ihn nicht, wie viele angenommen hatten, in sein Heimatdorf Wiedensahl überführte, war ganz im Sinn des Toten. Ihm wäre es mit Sicherheit gleichgültig gewesen, was mit seinem höchst vergänglichen Leib geschehen würde.

Natürlich fand sich eine ansehnliche Gemeinde zu seiner Beerdigung in Mechtshausen ein. Nur wenige begriffen damals überhaupt, wen man da zu Grabe trug. Immerhin war Busch

Grabstätte

einer der populärsten Deutschen gewesen, der unverwischbare Spuren hinterlassen hatte. Zwar war es in den letzten Jahren still um ihn geworden, als er sich bewußt aus dem Tagesgeschehen zurückgezogen hatte und man nicht mehr Jahr für Jahr eine seiner mehr als nur amüsanten Bildergeschichten zu erwarten hatte. Aber die Werke, die von ihm vorlagen und die eine Aura von Unsterblichkeit ausstrahlten, beschäftigten nicht nur die Deutschen. Sie wurden auch übersetzt und in aller Welt gekauft und mit nicht nachlassender innerer Beteiligung gelesen und sogar geliebt. Sie waren durchaus kein museales literarisches Erbgut, mit dem sich nur die Literarhistoriker befaßten oder aber Menschen, die den Anspruch einer gediegenen Allgemeinbildung erhoben. Man lebte mit diesen Büchern und ging mit Buschs Traumfiguren wie mit alten Bekannten um.

In diesen Januartagen des Jahres 1908 steuerten die meisten deutschen Zeitungen ihre Nekrologe zum Tode des Humoristen bei. Wenige dürften diesen einsamen Weltbetrachter, der sich immer mehr aus der Erscheinung entrückt hatte, bereits als den gewürdigt haben, der er in Wirklichkeit war, als den sicherlich größten deutschen Humoristen und wahrscheinlich auch den größten Humoristen überhaupt. Bei einer Sondierung der Weltliteratur wird man auf kaum einen stoßen, der das Groteske so souverän zum Gesamtkunstwerk steigerte wie eben dieser Mann aus dem entlegenen Wiedensahl. Busch muß sich seines exzeptionellen Ranges stets bewußt gewesen sein. Allerdings schlug er kein Kapital aus dieser Erkenntnis. Im Gegenteil hatte er immer der »Schwindelware« Ruhm mißtraut und sich entsprechend in dieser Menschenwelt verhalten. Aber je weniger er sich selbst aus der Welt machte, um so mehr machte sie sich aus ihm.

Am 13. Januar 1908, einem auffallend klaren Wintertag, begrub man Wilhelm Busch auf dem kleinen Dorffriedhof von Mechtshausen. Allerdings ganz so still, wie Busch sich seinen letzten Gang wohl vorgestellt hatte, ging diese Leichenfeier dann eben doch nicht vonstatten. Im Tode holte ihn der Ruhm, dem er sich immer entzogen hatte, dann doch noch ein. Reporter und Fotografen waren zur Stelle und bestürmten die Familienmitglieder mit Fragen. Es schien, als hielte dieses niedersächsische Land, dessen urwüchsiges Geschöpf Busch gewesen war, für einen winzigen Augenblick den Atem an. Man war um eine bedeutende, im wahren Sinne des Wortes einzigartige Persönlichkeit in diesem Lande ärmer geworden. Es bestand also durchaus Grund, um einen Mann wie diesen zu trauern.

In Mechtshausen waren Kränze und Blumen von Vereinen, Verlagen, vor allem aber von Freunden und Verehrern des Toten eingetroffen. Selbst der Kaiser in Berlin hatte sich durch den Hildesheimer Regierungspräsidenten vertreten lassen. Eine Leichenrede gab es allerdings nicht. Busch hatte sich dergleichen ausdrücklich verbeten, und sein Neffe Otto Nöldeke beschränkte sich daher auf das übliche evangelische Trauerzeremoniell. Er sprach den 90. Psalm über das frische Grab in diesen Wintermorgen hinein. Dann sangen die Kinder der Dorfschule Ernst Moritz Arndts innigen Choral »Geht nun hin und grabt mein Grab, denn ich bin des Wanderns müde«.

Nun hatte die Natur, die große Bildnerin, einen einzigartigen Mann und bedeutenden Künstler wieder in den großen Kübel zurückgeworfen, aus dem sie, wie Busch meinte, das Material zu entnehmen pflegte, aus dem sie wieder neue Geschöpfe nach ihren Vorstellungen formte. Sie hatte ihn für eine kleine Ewigkeit aus dieser Welt zurückgenommen, ohne allerdings die Spuren seiner Erdentage verwischen zu können. Eines Tages würde er, zu neuen Taten gerüstet, wieder auf diesem blauen Planeten auftauchen und sich verwundert die Augen reiben.

Zeittafel

1832	15. April, 6 Uhr morgens: Heinrich Christian Wilhelm Busch in Wiedensahl geboren. Vater: Johann Friedrich Wilhelm Busch. Mutter: Henriette Dorothea Charlotte Busch, geb. Kleine
1841	September: Erziehung durch seinen Onkel, Pastor Georg Kleine, in Ebergötzen bei Göttingen Freundschaft mit Erich Bachmann
1844	Besuch in Wiedensahl
1847	Konfirmation in Lüthorst. September: Polytechnische Schule in Hannover
1851	Juni: Übersiedlung nach Düsseldorf. Student der dortigen Kunstakademie
1852	Mai: Nach Antwerpen. Student der Königlichen Akademie der Künste
1853	März: Schwere Typhuserkrankung. Rückkehr nach Wiedensahl. Sammeln von Märchen
1854	Naturwissenschaftliche Studien in Lüthorst. November: Aufbruch nach München. Studium an der Akademie der Künste. Mitglied der Künstlervereinigung »Jung-München«
1856	Sommer in Brannenburg. November: Besuch in Wiedensahl
1857	Lüthorst. Arbeit an der Märchensammlung. Beschäftigung mit Bienenzucht
1858	Januar: Lüthorst. Liebhabertheater. Mai: Wieder in München. Intensives Studium. Oktober: Erste Beiträge in den »Fliegenden Blättern«
1860	Februar: Operettenlibretto. Oktober: Nikotinvergiftung
1861	Operettentexte: »Hänsel und Gretel« und »Der Vetter auf Besuch«
1862	Februar: Regie des Münchener Künstlerfaschings
1863	Bis August in München. Erstes Zusammentreffen mit Anna Richter in Wolfenbüttel
1864	Herbst: »Bilderpossen« erscheinen bei Heinrich Richter in Dresden
1865	»Max und Moritz« bei Caspar Braun in München
1866	Juni: Schlaganfall der Mutter. Busch in Wiedensahl
1867	Juni: Erster Besuch im Hause Keßler in Frankfurt am Main. Beginn der Freundschaft mit Johanna Keßler. Beiträge in verschiedenen Zeitschriften. »Hans Huckebein, der Unglücksrabe«
1868	Mehrfache Reisen nach Frankfurt. August: Tod des Vaters. »Die kühne Müllerstochter«
1869	Eigenes Atelier in Frankfurt. April: »Schnurrdiburr oder die Bienen.« Beschäftigung mit der Philosophie Schopenhauers
1870	Januar: Tod der Mutter. Juni: »Der heilige Antonius von Padua«.
1871	Oktober: Verlagsvertrag mit Otto Bassermann
1872	April: »Die fromme Helene«. Oktober: »Bilder zur Jobsiade«. November: »Pater Filuzius«. Umzug ins Wiedensahler Pfarrhaus

1873	Reise zur Weltausstellung nach Wien. München: Künstlerverein »Allotria«. Freundschaft mit Franz von Lenbach, Friedrich August von Kaulbach und Lorenz Gedon. Juni: »Der Geburtstag oder die Partikularisten«. September: Hollandreise
1874	Mai: »Dideldum«. Oktober: »Kritik des Herzens«
1875	Januar: Briefwechsel mit Maria Anderson beginnt. April und Mai: Intensive Maltätigkeit in Wolfenbüttel. Oktober: Treffen mit Maria Anderson in Mainz. November: »Abenteuer eines Junggesellen«
1876	Dezember: »Herr und Frau Knopp«
1877	August: »Julchen«. September: Eigenes Atelier in München. Bekanntschaft mit Paul und Anna Lindau. Dezember: Zerwürfnis mit Johanna Keßler
1878	Mai: »Die Haarbeutel«. Juli: Borkum. Bekanntschaft mit Marie Hesse. August: Schwager Hermann Nöldeke stirbt
1879	Februar: Umzug ins Pfarrwitwenhaus in Wiedensahl. Juni: »Fipps der Affe«
1880	August: München. Freundschaft mit Hermann Levi. Dezember: »Stippstörchen für Äuglein und Öhrchen«
1881	Februar: Nikotinvergiftung. März und April: Letzter Aufenthalt in München. Juni: »Der Fuchs« und »Die Drachen«. Juli: Wolfenbüttel. Bekanntschaft mit Grete Fehlow
1882	Januar: Bäderkur in Wolfenbüttel. Juni: »Plisch und Plum«
1883	Juni: »Balduin Bählamm«. Dezember: Lorenz Gedon stirbt
1884	Juni: »Maler Klecksel«. Herbst: Der »Humoristische Hausschatz« beginnt zu erscheinen. Oktober: Wolfenbüttel. Treffen mit Hermann Levi
1886	April: Rom-Reise. Besuch bei Lenbach. Mai: »Über Wilhelm Busch und seine Bedeutung« von Eduard Daelen. Oktober und Dezember: »Was mich betrifft« in der Frankfurter Zeitung
1888	8. Mai: Bruder Gustav stirbt. August: Kunstreise nach Holland mit Lenbach
1891	April: »Eduards Traum«. August: Versöhnung mit Johanna Keßler durch Lenbachs Vermittlung. September: Zweite Hollandreise mit Lenbach. Oktober: Treffen mit Keßlers in Rehburg und Lauterberg
1892	Reger Briefwechsel mit Nanda Keßler
1893	Frühjahr: »Von mir über mich«. »Der Nöckergreis«. August: Jubiläumsausgabe der »Frommen Helene«
1895	April: »Der Schmetterling«
1896	Oktober: Abfindungsvertrag mit Bassermann. Briefwechsel mit Grete Meyer
1898	Oktober: Übersiedlung nach Mechtshausen
1899	Etwa neunzig Gedichte für neuen Gedichtband
1901	»Volksüberlieferung aus Wiedensahl« im »Korrespondenzblatt für niederdeutsche Sprachforschung«
1902	15. April: 70. Geburtstag. Große Resonanz
1904	März: Franz von Lenbach stirbt. April: Gedichtsammlung »Zu guter Letzt«
1907	Januar: »An Helene« für die Festausgabe der »Frommen Helene« zum 75. Geburtstag. Juni: Letzter Besuch in Frankfurt. Hier Begegnung mit Kaulbach
1908	6. Januar: Plötzliche Erkrankung. 9. Januar: Wilhelm Busch stirbt um acht Uhr in der Frühe.

304

Bibliographie

Werkausgaben

Sämtliche Werke. Bd. 1–8. Hrsg. v. Otto Nöldeke. München 1943

Wilhelm Busch Werke. Bd. 1–4. Historisch – kritische Gesamtausgabe. Hrsg. v. Friedrich Bohne. Hamburg 1959. Später hrsg. als »Gesamtausgabe in vier Bänden«. Wiesbaden 1968–1974

Sämtliche Werke und eine Auswahl der Skizzen und Gemälde in zwei Bänden. Hrsg. v. Rolf Hochhuth. Gütersloh 1959

Narrheiten und Wahrheiten. Mit einer Einleitung v. Friedrich Bohne. Frankfurt/Main 1959

Späße und Weisheiten. Mit einem Nachwort v. Friedrich Bohne. Frankfurt/Main 1959

Bildergeschichten, Gedichte, Briefe. Auswahl und Nachwort v. Erwin Ackerknecht. Königstein 1959

Die Gesamtausgabe des Zeichners und Dichters. Bd. 1–6. Hrsg. v. Hugo Werner. Stuttgart–Salzburg 1959

Wilhelm-Busch-Buch. Sammlung lustiger Bildergeschichten. Mit etwa 460 Bildern und einer Biographie v. Otto und Hermann Nöldeke. Berlin-Grunewald 1930

Neues Wilhelm-Busch-Album. Mit 150 zum Teil farbigen Bildern. Berlin-Grunewald 1911

Wilhelm-Busch-Album. Humoristischer Hausschatz. Mit 1700 Bildern
Bd. 1. Dieses war der erste Streich. Mit einer Einleitung v. Herbert Sandberg und erläuternden Texten v. Wolfgang Teichmann. Berlin 1959
Bd. 2. Eins, zwei, drei im Sauseschritt. Mit einleitenden Texten v. Wolfgang Teichmann. Berlin 1960
Bd. 3. Summa summarum. Mit einem Aufsatz v. Friedrich Möbius und einer Biographie v. Wolfgang Teichmann. Berlin 1961

Mit Wilhelm Busch auf Reisen. Ausgewählt und begleitet v. Hans Stengel. Düsseldorf 1985

Mit Wilhelm Busch durch die Jahreszeiten. Für jedes Wetter ausgewählt v. Hans Stengel. Düsseldorf 1986

Mit Wilhelm Busch in Küche und Keller. Ausgewählt und zubereitet v. Hans Stengel. Düsseldorf 1986

Mit Wilhelm Busch in kranken und gesunden Tagen. Vergnügliche Rezepturen. Zusammengestellt von Hans Stengel. Düsseldorf 1987

Mit Wilhelm Busch im Garten. Eine Blütenlese v. Hans Stengel. Düsseldorf 1990

Wilhelm Busch: Sämtliche Briefe. Kommentierte Ausgabe in 2 Bdn. Hrsg. v. Friedrich Bohne unter Mitarbeit v. Paul Meskemper und Ingrid Haberland. Hannover 1969

Ist mir mein Leben geträumet? Briefe eines Einsiedlers. Gesammelt und hrsg. v. Otto Nöldeke. Leipzig 1935

Bibliographien

Abich, Richard: Wilhelm-Busch-Bibliographie. Aus der Sammlung des Wilhelm-Busch-Archivs. In: Mitteilungen der Wilhelm-Busch-Gesellschaft
Vanselow, Albert: Die Erstdrucke und Erstausgaben der Werke von Wilhelm Busch. Ein bibliographisches Verzeichnis, Bis 1908. Leipzig 1913

Darstellungen

Ackerknecht, Erwin: Wilhelm Busch als Selbstbiograph. München 1949

Balzer, Hans: Wilhelm Buschs Spruchweisheiten. Frankfurt 1956

Balzer, Hans: Nur was wir glauben, wissen wir gewiß. Lebensweg des lachenden Weisen Wilhelm Busch. Berlin 1959

Beer, Ulrich: ... gottlos und beneidenswert. Wilhelm Busch und seine Psychologie. München 1982

Bernhardt, Hans: Die Stellung Wilhelm Buschs in der Literatur des 19. Jahrhunderts, Diss. Marburg 1950

Bohne, Friedrich: Wilhelm Busch und der Geist seiner Zeit. Diss. Leipzig 1931

Bohne, Friedrich: Wilhelm Busch. Leben – Mensch – Schicksal. Zürich 1958

Bonati, Peter: Die Darstellung des Bösen im Werk Wilhelm Buschs. Bern 1973

Cremer, Hans: Die Bildergeschichten Wilhelm Buschs. Düsseldorf 1939

Daelen, Eduard: Über Wilhelm Busch und seine Bedeutung. Eine lustige Streitschrift. Düsseldorf 1886

Dangers, Robert: Wilhelm Busch. Sein Leben und sein Werk. Berlin-Grunewald 1930

Dangers, Robert: Wilhelm Busch, der Künstler und Weise. Einblick in sein Schaffen, Zürich 1950

Döring, Maria: Humor und Pessimismus bei Wilhelm Busch. Diss. München 1948

Ehrlich, Joseph: Wilhelm Busch, der Pessimist. Sein Verhältnis zu Arthur Schopenhauer. Bern–München 1962

Glockner, Hermann: Wilhelm Busch, der Mensch, der Zeichner, der Humorist. Tübingen 1932

Flügge, Gerhard: Wilhelm Busch. Leipzig 1967

Grand-Careret, John: Les mœurs et la caricature en Allemagne, en Austriche, en Suisse. Paris 1885

Hermann, Georg: Wilhelm Busch, Berlin 1902 (Moderne Essays zur Kunst und Literatur, 17)

Heuss, Theodor: Wilhelm Busch. In: Große Deutsche. Deutsche Biographie. Bd. V., S. 361–363. Berlin 1956

Hofmiller, Josef: Wilhelm Busch. In: Von Dichtern, Malern und Wirtshäusern. München 1938. S. 3–29

Kayser, Wolfgang: Wilhelm Buschs grotesker Humor. Göttingen 1958

Kayser, Wolfgang: Das Groteske. Seine Gestaltung in Malerei und Dichtung. Oldenburg: 1957

Kramer, Wolfgang: Das graphische Werk bei Wilhelm Busch, Diss. Frankfurt 1936

Kraus, Joseph: Ausdrucksmittel der Satire bei Wilhelm Busch. Diss. Los Angeles 1968

Kraus, Joseph: Wilhelm Busch in Selbstzeugnissen und Bilddokumenten. Reinbek 1971

Lindau, Paul: Wilhelm Busch. In: Nord und Süd. Bd. 4. S. 257–272. Berlin 1878

Lotze, Dieter P.: Wilhelm Busch. Boston 1979

Lotze, Dieter: Wilhelm Busch. Leben und Werk. Stuttgart 1982

Lumpe, Christel: Das Groteske im Werk Wilhelm Buschs. Diss. Göttingen 1953

Martini, Fritz: Deutsche Literatur im bürgerlichen Realismus. Stuttgart 1974

Marxer, Peter: Wilhelm Busch als Dichter. Zürich 1967

Möbius, Friedrich: Wilhelm Busch als bildender Künstler des 19. Jahrhunderts. In: Summa summarum, Berlin 1961

Nöldeke, Hermann, Adolf und Otto: Wilhelm Busch, München 1909

Nöldeke, Otto: Wilhelm Busch. – Ernstes und Heiteres. Berlin 1938

Novotny, Fritz: Wilhelm Busch als Zeichner und Maler. Wien 1943 (Sammlung Schroll)

Schaukal, Richard von: Wilhelm Busch. Berlin–Leipzig 1905

Scher, Peter: Wilhelm Busch. Stuttgart 1938 (Die Dichter der Deutschen)

Sorg, Bernhard: Zur literarischen Schopenhauerrezeption im 19. Jahrhundert. Heidelberg 1975

Teichmann, Wolfgang: Sein Lebenslauf ist bald erzählt. in: Summa summarum. Berlin 1961

Ueding, Gert: Wilhelm Buschs mißratene Kinder. In: Wilhelm-Busch-Jahrbuch 1974. S. 5–20

Ueding, Gert: Wilhelm Busch, das 19. Jahrhundert en miniature. Frankfurt 1977

Volkmann, Otto Felix: Wilhelm Busch der Poet. Seine Motive und seine Quellen. Leipzig 1910. Nachdruck Hildesheim 1973

Winther, Fritz: Wilhelm Busch als Dichter, Künstler, Psychologe und Philosoph. Berkeley 1910

Werkregister

Personenregister